SCHÄFFER
POESCHEL

Eusebia de Pol

Sponsoring-Guide

Wer sponsert was?

2004
Schäffer-Poeschel Verlag Stuttgart

Bibliografische Information Der Deutschen Bibliothek
Die Deutsche Bibliothek verzeichnet diese Publikation in der Deutschen Nationalbibliografie;
detaillierte bibliografische Daten sind im Internet über http://dnb.de abrufbar

Gedruckt auf chlorfrei gebleichtem, säurefreiem und alterungsbeständigem Papier

ISBN 3-7910-2280-6

© 2004 Schäffer-Poeschel Verlag für Wirtschaft · Steuern · Recht GmbH & Co. KG
www.schaeffer-poeschel.de
info@schaeffer-poeschel.de

Einbandgestaltung: Willy Löffelhardt
Satz: Dörr + Schiller GmbH, Stuttgart
Druck und Bindung: Ebner & Spiegel GmbH, Ulm
Printed in Germany
Juli 2004

Schäffer-Poeschel Verlag Stuttgart
Ein Tochterunternehmen der Verlagsgruppe Handelsblatt

Inhaltsverzeichnis

Die Autorin:
Eusebia de Pol, Geschäftsführerin der Berliner
Fundraising-Agentur »Fundoffice«, ist Publizistin
und Soziologin M.A. sowie ausgebildete Referentin
für Fundraising und Sponsoring mit beruflichen
Stationen in den Bereichen Öffentlichkeitsarbeit,
Marketing und Veranstaltungsmanagement.
Der Sponsoring-Guide ist ihr zweites Buch.

Vorwort

Die derzeitig angespannte Wirtschaftslage macht sich in vielen Teilbereichen des öffentlichen Lebens stärker bemerkbar. Vor allem staatliche Zuwendungen werden reduziert oder ganz gestrichen. Viele Non-Profit-Organisationen, staatliche Einrichtungen, sowie Kunst- und Kulturforen sehen sich heute gezwungen, neue Wege der Mittelbeschaffung zu gehen. Neben EU-Mittelakquise, Mäzenatentum oder Spendenbeschaffung ist das Sponsoring eines der meistversprechenden Instrumente, Unterstützung auf der Basis von Leistung und Gegenleistung zu erhalten.

Vor allem der Kontakt zur freien Wirtschaft fällt vielen Verantwortlichen nicht kommerzieller Organisationen schwer. Wie begegne ich potenziellen Sponsoren?

Der vorliegende Sponsoring Guide gibt darauf Antworten, gewährt viele Einblicke in die Unternehmen und enthält praktische Tipps. Das übersichtliche Nachschlagewerk ist ein Wegbegleiter und stellt knapp aber präzise die deutsche Sponsoring-Landschaft vor. Denn schließlich geht es um die Frage: »Wer sponsert was?«

Das vorliegende Buch bietet Module, die als praktischer Wegweiser individuell bei der Suche nach passenden Sponsoren und für eine gelungene Sponsor-Partnerschaft eingesetzt werden können. Nach welchen Kriterien suche ich einen zukünftigen Sponsor aus? Wie bereite ich mich auf das Sponsor-Gespräch vor? Wie trete ich mit dem potenziellen Sponsor in Kontakt bzw. halte ihn? Was kann ich meinem Sponsor-Partner bieten? Wie binde ich ihn an meine Organisation?

Jeder, der versucht, Geld-, Sachmittel oder Dienstleistungen zu akquirieren, steht vor der schwierigen und arbeitsintensiven Aufgabe, passende Sponsoren zu finden. Im Sponsoring Guide findet man eine Übersicht der Sponsoring-Aktivitäten von 180 Unternehmen. Deren Engagement wird den Themenbereichen Bildung, Kultur, Kunst, Soziales, Sport, Umwelt und Wissenschaft zugeordnet. Dabei geht es nicht darum, gelegentlich erbrachte Leistungen der Unternehmen zu skizzieren, sondern deren dauerhafte Allianzen und Sponsor-Partnerschaften vorzustellen. Nur so wird klar, wie sich ein Unternehmen nach außen positioniert und ob es sich lohnt, in Kontakt zu treten.

Der Sponsoring Guide ist darüber hinaus ein praxisorientiertes Nachschlagewerk, das informative Interviews mit Sponsoring-Verantwortlichen namhafter Firmen und Non-Profit-Organisationen publiziert und dadurch einen Einblick in das Alltagsgeschäft des Sponsoring gewährt. So wird deutlich, warum Projekte angenommen bzw. abgelehnt werden und wie sich eine Organisation darstellt bzw. was sie im »Gepäck« haben sollte, um Sponsoren zu gewinnen.

An dieser Stelle bedanke ich mich bei meinen ambitionierten Interviewpartnern für ihren fachlichen Einblick und ihre Offenheit. Herzlichen Dank an alle Unternehmen, die den Fragebogen ausgefüllt haben. Ich freue mich, dass mein Verlag an die Idee des Sponsoring-Guide glaubt und die Umsetzung ermöglicht hat. Ich danke meiner Familie und meinen Freunden für deren liebevolle Unterstützung und Almuth Wenta für ihren fachlich-kritischen Einsatz.

Berlin, April 2004   Eusebia de Pol

Teil I

1 Definition Sponsoring

Sponsoring (engl.: Förderung) basiert auf einem klaren Vertragsgeschäft, einem fairen Austausch von Leistung und Gegenleistung. Das heißt, Finanzmittel, Sachleistungen und Dienstleistungen seitens der Sponsoring-Geber werden gegen Image- und Know-how-Transfer, Kommunikationsleistungen, Logoplatzierungen, Emotionalisierungen sowie verkaufsfördernde Maßnahmen seitens der Sponsoring-Nehmer ausgetauscht. Beide Sponsoringpartner streben hierbei einen nachhaltigen Nutzengewinn an.

Sponsoring-Geber sind in der Regel Wirtschaftsunternehmen, Sponsoringnehmer kommen sowohl aus dem Profit- als auch aus dem Non-Profit-Bereich. Dem Profitbereich sind Partnerschaften mit Medien oder Profisportlern, dem Non-Profit-Bereich Kooperationen mit Organisationen der Bereiche Kunst, Kultur, Bildung, Wissenschaft, Sport, Soziales, Umwelt zuzuordnen.

2 Sponsoring im strategischen Kommunikationsmix

Seitens der Sponsoring-Geber, d. h. der Unternehmen, ist Sponsoring immer mehr ein integrativer Anteil des strategischen Kommunikationsmixes, ein willkommenes Instrument, das die PR- bzw. Marketingabteilung eines Unternehmens festlegt, um positive Marketing- und Kommunikationsziele zu erreichen. Ziellose, aufgrund persönlicher Präferenzen der Unternehmensleitung eingegangene Sponsor-Partnerschaften verlieren in diesem Zusammenhang immer mehr an Bedeutung.

Sponsoring-Aktivitäten seitens der Unternehmen werden in folgendes Umfeld eingebunden:

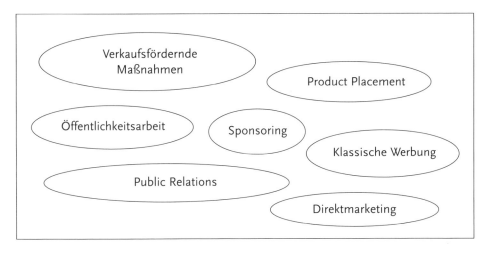

3 Sponsoring und gesellschaftliche Verantwortung

Weder die großen Unternehmen noch der Mittelstand werden sich in Zukunft der so genannten »Corporate Responsibility« (unternehmerischen Verantwortung) entziehen können. Sich als »Corporate Citizen«, d.h. als Unternehmensbürger zu profilieren, gesellschaftliches Engagement zu demonstrieren, wird weiter an Bedeutung gewinnen und in die Marketing-Strategie der Unternehmen integriert werden. Dazu sagt Jan Pommer von der Bob Bomliz Group: »Wir beobachten, dass gerade kleinere und mittelständische Unternehmen den Gedanken des Corporate Citizenship stärker aufgreifen. Das ist ein absoluter Trend. Die Unternehmen merken, dass sie ihr Image verbessern können, und zum anderen, dass sie auch gesellschaftliche Verantwortung dokumentieren können.«

Hierbei geht es nicht darum, den Staat aus seiner Verantwortung zu entlassen, sondern als verantwortungsbewusstes Unternehmen gegenüber der Öffentlichkeit und vor allem gegenüber den Kunden und Mitarbeitern aufzutreten. An diesen gesellschaftlichen Trend muss ein strategisch durchdachtes Sponsoring-Anliegen anknüpfen!

4 Sponsoring-Arten

Ein Unternehmen kann als Exklusiv-Sponsor, Haupt-Sponsor, Titel-Sponsor oder Co-Sponsor in folgenden Sponsoring-Bereichen aktiv werden:

- Bildungssponsoring: Schulen, Weiterbildungen;
- Kultursponsoring: Festivals, Veranstaltungen, Filme, Denkmäler;
- Kunstsponsoring: Museen, Galerien, Künstler;
- Lokal- und Regionalsponsoring: Umfeld, Standort;
- Mediensponsoring: Internet, Zeitungen, TV, Radio;
- Religionssponsoring: Kirchen, kirchliche Einrichtungen;
- Sozialsponsoring: Behinderte, Frauen, Kinder, Alte, Kranke, Ausländer;
- Sportsponsoring: Sportarten, Mannschaften, Sportler;
- Umweltsponsoring: Natur, Ökologie;
- Wissenschaftssponsoring: Universitäten, Forschungseinrichtungen.

Die Bereiche lassen sich wiederum u.a. unterteilen in:

- Institutionelles Sponsoring: z.B. Erhalt von öffentlichen Einrichtungen, Übernahme von Betriebskosten oder Kosten für einen Lehrstuhl;
- Projekt-Sponsoring: Sponsoring von bestimmten, genau definierten Projekten (Wettbewerbe, Vortragsreihen, Kampagnen, Events);
- Personen-Sponsoring: Förderung von Einzelpersonen wie Sportlern oder Künstlern;
- Marken/Produkt-Sponsoring: stark an ein Unternehmensprodukt, an eine Marke gebundenes Sponsoring (ein Sportgeräte-Hersteller fördert einen Fitnessclub);
- Image-Sponsoring: Sponsoring-Nehmer sollte vor allem zum Image des Unternehmens passen (Krankenkasse sponsert Breitensport).

5 Steuerliche Aspekte des Sponsorings

5.1 Unternehmen

In einem Unternehmen wird Sponsoring als Betriebsausgabe deklariert. Durch das Sponsorship werden wirtschaftliche Vorteile angestrebt, die durch klare Marketingstrategien nachweisbar sein müssen. Wirtschaftliche Vorteile sind etwa eine Imagesteigerung, werbewirksame Logoplatzierung oder Nennungen auf diversen Werbeträgern, sowie gezielte Medien- und Öffentlichkeitsarbeit. Vertragliche Vereinbarungen über den Zeitpunkt, die Dauer und die Form der Gegenleistungen sind notwendig. Eine spontane, unmotivierte Förderaktion des Vorstandes lässt sich somit nicht als Betriebsausgabe definieren. Die Sponsoringausgaben mindern den steuerpflichtigen Gewinn in voller Höhe. Näheres hierzu s. I 9.

5.2 Non-Profit-Organisationen

Auch für eine gemeinnützige Körperschaft, eine Non-Profit-Organisation, sind Sponsoringgelder Einkünfte aus einer Gewerbetätigkeit. Diese Einnahmen werden fiskalisch in der Regel nicht dem ideellen Bereich oder der Vermögensverwaltung, sondern dem wirtschaftlichen Geschäftsbetrieb zugeordnet und sind zu versteuern. Bei Jahresumsätzen von mehr als 17.500 € besteht Umsatzsteuerpflicht. Bei Einkünften im Bereich wirtschaftlicher Geschäftsbetrieb von mehr als 30.678 € im Jahr fallen außerdem noch Gewerbe- und Körperschaftsteuer an. Die wirtschaftliche Betätigung darf den ideellen Hauptzweck nie überragen, denn dadurch könnte die Gemeinnützigkeit der Organisation auf dem Spiel stehen. Abhilfe schaffen hier so genannte Fördergesellschaften oder Fördervereine.

6 Zusammenarbeit mit Sponsoring-Agenturen?

Bevor Sie sich auf die Suche nach einem passenden Sponsor-Partner begeben, stellt sich die Frage, ob der Aufwand, den eine strategische Sponsorensuche erfordert, in einem ausgewogenen Verhältnis zu den zeitlichen, personellen und finanziellen Ressourcen innerhalb Ihrer Organisation steht. Eine aussichtsreiche Mittelbeschaffung durch Sponsoring bedarf einer mittel- bis langfristigen Planung. Sie sollten mindestens eine halbe Personalstelle und somit auch entsprechende Gehaltskosten einkalkulieren. Setzen Sie dies in Relation zu den Angeboten erfahrener Sponsoring- bzw. Fundraising-Agenturen. Wie gut externe Agenturen arbeiten, finden Sie durch deren Referenzlisten und Gespräche mit aktuellen oder ehemaligen Auftraggebern heraus. Informieren Sie sich über das Service-Paket der jeweiligen Agenturen und darüber, nach welchem Vergütungssystem sie arbeiten. Das wichtigste Kriterium für den nachhaltigen Erfolg einer Zusammenarbeit ist das »Briefing« vorab, d. h. die exakte Instruktion und Vermittlung Ihrer Zielvorstellungen und überprüfbaren Wünsche. Die Zusammenarbeit mit Agenturen ist sicherlich immer eine Einzelfallprüfung.

So ist z. B. Maria Schumm-Tschauder, Projektleiterin des Förderprogramms »Jugend und Wissen« der Siemens AG, von zwischengeschalteten Agenturen weniger überzeugt und empfiehlt »das direkte Gespräch mit Mitarbeitern des Unternehmens.«

Die Entscheidung für die Zusammenarbeit mit einer Agentur formuliert Stefan Mannes von kakoii so: »Agenturen sind ja nicht per se teuer. Es kommt immer darauf an, was man die Agentur machen lässt, in was für einem Umfang und wie die Aufgabenstellung ist. Dennoch, wer große Ziele hat, sollte bereit sein zu investieren, genauso wie man in Büroräume, Personal oder den Computer investiert.«

7 Sponsoring und Netzwerke

So strategisch ein Sponsoring-Anliegen vorab auch geplant sein kann, so helfen Kontakte und ein starkes Beziehungsnetzwerk vor allem in Zeiten leerer Kassen, geeignete Sponsor-Partner zu finden. Überlegen Sie vorab genau, welche Mitarbeiter Sie in welchen Unternehmen kennen. Oder um es mit Klaus Siebenhaar, Leiter Abteilung Development & Marketing, Jüdisches Museum Berlin zu sagen:

»Fundraising ist ein »process of nonstop cultivation«. Nichts geht ohne Beziehungen. Es geht um höchst emotionale Dinge, die mit Identifikation, mit Sich-gut-fühlen und Sich-aufgehoben-fühlen, zu tun haben.«

Halten Sie Ausschau nach Multiplikatoren und binden Sie diese ein. Notieren Sie sich alle Namen und scheuen Sie sich nicht, den Kontakt zu suchen. Sie werden erstaunt sein, wie viele Möglichkeiten sich plötzlich ergeben!

Suchen Sie das Gespräch mit Politikern (auch mit deren Lebenspartnern), zu Personen des öffentlichen Lebens und zu Vertretern von Verbänden. Auch die Mitgliedschaft in Clubs (z. B. Lions, Rotary) kann nur von Vorteil sein. Sie müssen Lobbyarbeit betreiben, sich und Ihre Organisation nach außen tragen. Nur so werden potenzielle Sponsoren auf Sie aufmerksam.

8 Einführung in die Module

Die folgenden Ausführungen bieten praktische Ratschläge und Tipps, die anhand von austauschbaren Modulen dargestellt sind und je nach Bedarf und Stand der Dinge eingesetzt werden können.

Vorab sollten Sie Folgendes beachten: Planen Sie Ihre Sponsoring-Aktivitäten immer mittel- bis langfristig. Dies bestätigt auch Eberhard Duchstein, Inhaber der Buchhandlung Anita Reuffel in Koblenz: »Ich will Verbindungen aufbauen. Als mittelständischer Kaufmann möchte ich ein stabiles Netzwerk aufbauen und da sucht man natürlich kontinuierliche Beziehungen.«

Analysieren Sie den Sponsoring-Markt, Ihr Umfeld, Ihre Mitbewerber zielgerichtet und konsequent. Unternehmen, die sich bereits als Sponsoren engagieren, erreicht man besser und kann sie schneller überzeugen. Denken Sie sich in das Unternehmen hinein und versuchen Sie Ihr Anliegen mit dem Unternehmen und dessen konkreten bzw. offensichtlichen Bedürfnissen zu verknüpfen. Nutzen Sie das Potenzial Ihres gepflegten Beziehungsnetzwerkes, um Sponsoren zu finden.

Zeigen Sie Engagement und Professionalität im Umgang mit potenziellen Sponsoren! Übergeben Sie nur gut aufgearbeitete und übersichtliche Informationen über Ihre Organisation und Arbeit. Überlegen Sie vorab genau, worin der Nutzen eines Sponsorships für ein Unternehmen liegt. Seien Sie begeistert, sorgen Sie für einen innovativen, unverbrauchten Ansatz.

Bilden Sie sich in regelmäßigen Abständen in den Bereichen Sponsoring, Fundraising, Public Relations und Marketing weiter. Denn eine Begegnung auf gleicher fachlicher Ebene ist eine Bereicherung. Gehen Sie nur Allianzen ein, von denen Sie überzeugt sind, die einer kritischen Prüfung standhalten. Die Zusammenarbeit mit Sponsoren sollte für beide Seiten gewinnbringend sein. Es geht beim Sponsoring nicht um Bittstellen und Spendeneinholen, sondern um einen gleichberechtigten, fairen Geschäftsaustausch, der auf Gegenseitigkeit beruht. Dazu meint Annette Brackert, Referentin des Kulturkreises der deutschen Wirtschaft: »Im Sponsoring der Zukunft geht es darum, langfristige Partnerschaften aufzubauen. Nachhaltigkeit ist das Stichwort, um stärker eine Win-win-Situation auf beiden Seiten herzustellen.«

Hat Ihre Organisation in der Öffentlichkeit bereits einen guten Ruf, gelingt es Ihnen leichter, Unternehmen als Sponsoren zu gewinnen. In erster Linie geht es um Glaubwürdigkeit und Inhalte, die Sie positiv zu transportieren haben.

Versuchen Sie durch eine geschickte Sponsor-Partnerschaft ein gutes Feedback von Ihren Mitgliedern, aber auch von der Öffentlichkeit zu erhalten. Achten Sie auf den richtigen Zeitpunkt für eine Partnerschaft. Seien Sie in der Art der Kontaktanbahnung zu potenziellen Sponsoren kreativ, verlieren Sie aber ihr eigentliches Anliegen nicht aus den Augen. »Unsere grundsätzlichen inhaltlichen Positionen sind jedoch unantastbar«, stellt dazu Olav Bouman vom WWF Deutschland fest.

Laden Sie potenzielle Sponsoren vorab zu interessanten »get togethers« ein. Machen Sie sie dabei neugierig auf Ihre Organisation, glänzen Sie mit Ihrer Arbeit, Ihrem Know-how, Ihren positiven Taten und lassen Sie Ihre Gäste teilhaben und binden Sie sie ein. Thomas Port von der Deutsche Bahn AG benennt die Erwartungen seitens des potenziellen Sponsoring-Gebers: »Man muss in sich ein ›Feuer‹ haben, um bei einem potenziellen Sponsor Faszination und Begeisterung zu wecken. Das schaffen mehr als neunzig Prozent der Anfrager nicht, dass sie von ihrer Idee so überzeugt sind und sie glaubwürdig rüberbringen. Das ist das größte Problem.«

Recherchieren Sie, welche Unternehmen Sie in der Vergangenheit bereits durch eine Spende unterstützt haben. Diese Unternehmen kommen als potenzielle Sponsoren in Frage. Streuen Sie Ihre Sponsorensuche nicht, sondern suchen Sie strategisch und zielgerichtet. Wenden Sie sich an ein überschaubares unternehmerisches Klientel.

Klaus Siebenhaar vom Jüdischen Museum Berlin empfiehlt dazu: »Ich kann Ihnen nur raten, nicht mit irgendwelchen flächendeckenden Maßnahmen zu beginnen, sondern im eigenen Umfeld. Weiterhin den richtigen Ansprechpartner zu finden und so ein Netzwerk zu errichten.«

Stecken Sie nicht viel Geld in Hochglanzbroschüren. Bleiben Sie in Ihrer Darstellung authentisch und glaubhaft. Unterscheiden Sie sich von anderen Organisationen. Dies erreichen Sie, indem Sie ihre Konkurrenz im Auge behalten, deren Engagement analysieren und sich entsprechend verbessern. Gehören Sie zu den Vorreitern der Mittelbeschaffung durch Sponsoring. So sind Sie anderen Organisationen immer einige Schritte voraus. Unterschätzen Sie die Wirkung von Medien-partnerschaften bezüglich Sponsor-Partnerschaften nicht. Arbeiten Sie, falls vorhanden, eng mit Ihrer PR-Abteilung und mit wohlgesonnen Medienvertretern zusammen.

Nutzen Sie die Synergieeffekte der internen Zusammenarbeit mit Ihren Kollegen und den fachlichen Austausch mit Kollegen aus anderen Organisationen, um erfolgreich Sponsoring betreiben zu können. Definieren Sie klar, in welchen Punkten Sie sich von anderen Organisationen unterscheiden bzw. positiv abheben. Verbringen Sie viel Zeit für die Formulierung Ihres Sponsoring-Anliegens in Briefform. Suchen Sie die richtigen Worte, emotionalisierte und dennoch gut nachvollziehbare, sachliche Formulierungen, präzise und glaubwürdig. Bedenken Sie: Ihr Gesprächspartner in der Sponsoringabteilung eines Unternehmens ist auch nur ein Mensch. Denken Sie über einen Fundraising-Mix nach und versteifen Sie sich nicht allein auf Sponsoring-Maßnahmen. Seien Sie flexibel. So kann etwas entstehen, das vielleicht noch interessanter ist, als ursprünglich erwartet oder erhofft. Arbeiten Sie in wichtigen Punkten mit Profis, mit Agenturen zusammen. Das erspart Arbeit, Nerven und Zeit und ist im Endeffekt effektiver.

Signalisieren Sie auch Interesse an dem Unternehmen, seinen Produkten, seiner Geschäftsentwicklung. Es sollte nicht der Eindruck entstehen, dass Sie allein am Geld interessiert sind. Siegbert Ketelhut von der VNG – Verbundnetz Gas AG in Leipzig fasst es so zusammen: »Wenig Verständnis habe ich für solche Antragsteller, die sich nicht vor der Formulierung ihres Anliegens über das Unternehmen und seine Produkte informieren.«

Seien Sie gewappnet, dass Sie Absagen bekommen werden. Das sollte Sie nicht beirren, sondern anspornen weiterzumachen. Haben Sie Mut und fragen Sie nach dem Grund der Absage. Bedenken Sie, dass eine gute, persönliche Ebene zu Sponsoring-Gebern von großem Vorteil für zukünftige Projekte ist. Halten Sie bereits vorhandene Kontakte durch gelegentliche Treffen oder Zusendung von Informationsmaterialen warm. Investieren Sie in Ihre vorhandenen Beziehungen. Betreiben Sie effektives Zeitmanagement und führen Sie zwischendurch immer wieder Evaluationen durch, um aktuelle Kenntnis darüber zu gewinnen, wie sich Ihr Sponsoring-Vorhaben entwickelt.

8.1 Modul A: Analyse der Ausgangslage

Zeitaufwand: ca. drei bis fünf Arbeitstage, je nach Sponsoring-Vorhaben und Größe der Organisation.

In diesem ersten Schritt werden die internen Voraussetzungen einer Organisation bezüglich eines Sponsoringvorhabens geprüft.

1. Nachdenken über einen zukünftigen, mit Entscheidungsmacht ausgestatteten Ansprechpartner für das Sponsoring

Dieser sollte sich zwischen dem Profit- und Non-Profit-Bereich bewegen können, fachlich kompetent sein, die Organisation sehr gut kennen, über hervorragende soziale Kompetenzen, d.h. Ausstrahlung, Überzeugungskraft, Begeisterungsfähigkeit, gute Umgangsformen verfügen und den gesamten Prozess über zur Verfügung stehen.

2. Offene Kommunikation mit den Mitarbeitern über das Sponsoringvorhaben

Beziehen Sie Ihre Bedenken und Erwartungen an eine Zusammenarbeit mit Wirtschaftsunternehmen ein.

- **Analyse und Darstellung der bisherigen Zusammenarbeit mit Wirtschaftsunternehmen:** Um welche Unternehmen handelt es sich, wie kam es zur Zusammenarbeit, was hat gut, was weniger gut funktioniert?
- **Erstellung einer Bedarfsanalyse:** Was soll durch das Sponsoring erreicht werden? Listen Sie die einzelnen Punkte auf.
- **Sammlung der Zahlen und Fakten der Organisation:** Stellen Sie folgende Daten zusammen: Gründungsdaten, Umsatzgröße, Organigramm, Mitarbeiteranzahl, Organisationszweck, Vereins- und Organisationsgeschichte, Vereins-Kodex, Unternehmensphilosophie, Ranking, Referenzen, Auszeichnungen, Preise, Zertifizierungen, staatliche Anerkennung, Schirmherrschaft, Geschäftsentwicklung, Standort, Ausstattung, Corporate Identity, Corporate Design, Unternehmenskultur, berufliche Erfahrung der Mitarbeiter, Glaubwürdigkeit, Bekanntheitsgrad, Darstellung des eigenen Netzwerkes/Kontakte (berufliche und persönliche Verbindungen zu Multiplikatoren wie Werbeagenturen, Prominenten, Politikern, Vorständen, Verbänden).
- **Zusammenstellung bereits vorhandener Werbematerialien:** Tragen Sie Ihre vorhandene Imagebroschüre, Flyer, gegebenenfalls Video, Plakate, Anzeigen, Homepageinhalte, Pressespiegel und weitere Broschüren zusammen.
- **Einbettung des Sponsoring:** Je nach Größe Ihrer Organisation sollte das Sponsoring in den Bereichen Public Relations, Marketing oder Fundraising angesiedelt werden.
- **Budgetierung der zukünftig anfallenden Kosten einer Sponsoring-Stelle:** Kalkulieren Sie die Kosten, die eine halbe bis ganze Personalstelle erfordert.
- **Externe Informationsbeschaffung:** Sammeln und analysieren Sie kommerzielle Werbesendungen und Direkt-Mails sowie an Sie herangetragene Veranstaltungshinweise, Booklets, Flyer und Artikel, auf denen potenzielle Sponsoren genannt sind.

8.2 Modul B: Stärken-Schwächen-Analyse

Zeitaufwand: ca. ein bis zwei Arbeitstage, je nach Sponsoring-Vorhaben.

Durch eine Gegenüberstellung der positiven und negativen Aspekte eines Projektes gewinnt man weitere Erkenntnisse und erhält einen klaren Überblick.

1. Wo liegen die Stärken und die Schwächen des durch Sponsoring zu fördernden Projektes, bezogen auf die Zusammenarbeit mit Wirtschaftsunternehmen?
2. Ist das geplante Projekt konkret und überschaubar?
3. Bietet das Projekt möglichen Sponsoren interessante Verwendungsmöglichkeiten?
4. Welches Alleinstellungsmerkmal lässt sich herausarbeiten?
5. Ist es einzigartig, außergewöhnlich oder gar spektakulär?
6. Lässt es sich gesellschaftlichen Bereichen/Brennpunkten/Trends zuordnen?

7. Hat das Projekt einen kommunikativen Nutzen?
8. Kann eine breite bzw. nutzbringende Öffentlichkeit begeistert werden?
9. Ist der finanzielle Rahmen des Projektes abschätzbar?
10. Profitiert das Projekt durch den Bekanntheitsgrad der Organisation?
11. Ist ein kompetenter Ansprechpartner vorhanden?
12. Ist das Projekt für eine langfristige Sponsoring-Partnerschaft geeignet?
13. Existiert ein schlüssiges Konzept, inklusive ansprechbarer und informativer Materialien?

8.3   Modul C: Chancen-Gefahren-Analyse

Zeitaufwand: ca. ein bis zwei Arbeitstage, je nach Sponsoring-Vorhaben.

Diese Analyse bezieht sich auf die bevorstehenden Aufgaben. Die Antworten auf folgende Fragen bieten Argumente, die für das Gespräch mit potenziellen Sponsoren wichtig sind. So sind Sie auch gegenüber Einwänden gewappnet.

1. Wo liegen die Chancen und Gefahren des Wirtschaftsunternehmens durch ein Sponsoring-Engagement?
2. Gelingt seitens des Unternehmens eine direkte bzw. indirekte Zielgruppenansprache?
3. Ist eine Imageprofilierung bzw. -steigerung möglich?
4. Kann der Umsatz/Absatz gesteigert werden?
5. Kann eine Produktneueinführung mit dem Sponsoring verbunden werden?
6. Wird eine Mitarbeitermotivation durch ein positives Engagement erreicht?
7. Werden Emotionen bei den Kunden/Händlern erzeugt?
8. Wird eine positive Darstellung in den Medien, in der Öffentlichkeit erreicht?
9. Ist es möglich, durch das Sponsoring gesellschaftliche Verantwortung zu demonstrieren?
10. Schaffen Sponsor und Sponsor-Partner eine funktionierende Austauschplattform?
11. Ist eine Aufwertung des Unternehmensstandortes möglich?
12. Findet ein Know-how-Transfer statt?

8.4   Modul D: Analyse des Umfeldes der Organisation

Zeitaufwand: ca. zwei bis vier Arbeitstage, je nach Sponsoring-Vorhaben und Größe der Organisation.

Eine Grundvoraussetzung für erfolgreiches Sponsoring besteht darin, den Markt und das gesamte Umfeld der Organisation zu beobachten und analysieren.

1. **Konkurrenzanalyse:**
   - Ist Sponsoring in anderen Organisationen als Mittelbeschaffung anerkannt?
   - Welche Organisationen gehen Sponsoring-Partnerschaften ein?
   - Mit welchen Wirtschaftsunternehmen arbeiten sie zusammen?
   - Wie wurde/wird diese Zusammenarbeit in der Öffentlichkeit dargestellt?
   - Werden Sponsoring-Richtlinien nach außen getragen?

2. Umfeldanalyse:
- Welche Wirtschaftsunternehmen (auch kleine und mittelständische Unternehmen) liegen im räumlichen Radius der Organisation?
- Welche Bevölkerungsschichten wohnen im Umfeld?
- Welche öffentlichen Einrichtungen sind in der Nähe?
- Welche Wirtschaftkraft hat die Region?

3. Gesellschaftsanalyse:
- Welche Themen dominieren die Tagesmeldungen in den Medien?
- Welche gesellschaftlichen Trends liegen aktuell vor (z. B. Umweltbewusstsein, Bildungsdefizite, zunehmende Emotionalisierung, hohe Arbeitslosigkeit)?
- Welche aktuellen Gesellschaftsstudien sind relevant (Shell-Studie, Pisa-Studie)?

4. Analyse von Fachzeitschriften:
- Gibt es neue Sponsoring-Arten?
- Wer engagiert sich aktuell wo?
- Welche Ideen für Gegenleistungen gibt es?

5. Analyse von Unternehmensmeldungen:
- Wie sehen die aktuellen Quartalszahlen von Unternehmen aus?
- Gibt es Negativschlagzeilen, die nur durch einen Imageschub korrigiert werden können?
- Gibt es Informationen über Personalwechsel in den Unternehmen?

8.5 Modul E: Analyse der Vor- und Nachteile weiterer Fundraising-Instrumente

Zeitaufwand: ca. zwei bis vier Arbeitstage, je nach bereits vorhandenen Fundraising-Fachkenntnissen.

Sponsoring ist nicht unbedingt die geeignetste Form, um Mittel für ein Projekt zu beschaffen. Daher sollten vor der Entscheidung für das Instrument des Sponsoring unbedingt andere Fundraising-Möglichkeiten auf ihre Erfolgsaussichten geprüft werden. In der Regel finanzieren Sponsoren nicht das komplette Projekt, sondern streben Teilfinanzierungen an.

Mögliche Instrumente der Mittelbeschaffung sind:

- Stiftungsgelder beantragen;
- Spendenaufruf (Veranstaltungen, Sammlungen, Auktionen, Mailings, Payroll-Giving, Matching, Cause-related-Marketing, derivative Absatzleistungen, Affinity Credit Card, Affiliate Programm, Devisen-Sammlung, Check-out-Aufschlag, Aufrunden von Rechnungen – Erklärungen dazu sind in einschlägigen Fundraising-Handbüchern zu finden);
- Gewinnung von Testimonials (Prominente als Mittelbeschaffer);
- Merchandising-Produkte anbieten;
- Medien-Partnerschaften eingehen (Humanitarian Broadcasting, Internet click and help, shop and help, win and help);
- Medienrechte verkaufen;
- Mäzenatentum (Gewinnung von Einzelpersonen);
- Erbschafts-Fundraising betreiben;
- öffentliche Gelder akquirieren (Homepages der Ministerien hierfür studieren);

- EU-Mittel beantragen (entsprechende Programme auf dem EU-Server http://europa.eu.int/index_de.htm abrufen).

8.6 Modul F: Kriterien der Unternehmenswahl

Zeitaufwand: ca. zwei bis drei Arbeitstage, je nach Größe des zu recherchierenden Unternehmens und der Zugänglichkeit von Informationen.

In diesem Schritt ist zu klären, welche Informationen für eine Zusammenarbeit mit Unternehmen notwendig sind und wie der Markt von Wirtschaftsunternehmen nach Kompatibilität zur Organisation, nach gemeinsamen Zielmärkten und finanziellen Möglichkeiten analysiert werden kann. Des Weiteren werden Kriterien aufgestellt, um einen Unternehmenskodex zu prüfen.

1. Können die Kontaktdaten der Ansprechpartner im Unternehmen beschafft werden?
2. Wie sieht es mit der Umsatzgröße, finanzielle Möglichkeiten, den Entwicklungstendenzen und dem Background des Unternehmens aus (einschlägige Informationen in Branchenbüchern, Markenhandbüchern, Messehandbüchern, Fachzeitschriften, der Regenbogenpresse, IHK-Listen, Nachschlagewerken)?
3. Wie ist das Unternehmen positioniert?
4. Was kann in Erfahrung gebracht werden über Gründungsdaten, Geburtstage und Jubiläumszeiten?
5. Ist ein Standortwechsel des Unternehmens geplant?
6. Was ist der Claim, Leitspruch, Werbespruch?
7. Wie sieht die gesellschaftspolitische Strategie des Unternehmens aus?
8. Wie lautet die Unternehmensphilosophie?
9. Welche Produkte werden hergestellt?
10. Haben die Entscheidungsträger im Unternehmen persönliche Interessen (Informationen hierzu in der Wirtschaftspresse, Regenbogenpresse, im Fernsehen, Radio und Internet)?
11. Sind Mitarbeiter des Unternehmens für das Projekt zu erwärmen?
12. Stellt sich das Unternehmens seiner gesellschaftlichen und sozialen Verantwortung (Corporate Citizenship oder Corporate Community)?
13. Wie sieht das bisherige Förderverhaltens des Unternehmens aus?
14. Gibt es eine Affinität zwischen Wirtschaftunternehmen und Organisation bezüglich gemeinsamer Bedürfnisse, Präferenzen und Defizite?
15. Wo liegen die Schwachstellen des Unternehmens?
16. Zu welchem Zeitpunkt im Jahr verabschiedet das Unternehmen seinen Kommunikations- bzw. Sponsoringetat?

8.7 Modul G: Richtlinien der Zusammenarbeit
   mit Wirtschaftsunternehmen

Zeitaufwand: ca. zwei bis fünf Arbeitstage, je nach Größe der Organisation und Anspruch an die Zusammenarbeit mit Unternehmen.

Viele Organisationen bevorzugen es, vor dem Eingehen von Sponsor-Partnerschaften Sponsoring-Richtlinien zu erstellen. Die folgenden Fragen dienen dazu, diese zu formulieren:

1. Welchen Stellenwert soll das Sponsoring in Zukunft innerhalb der Organisation einnehmen?
2. Was soll konkret mit dem Sponsoring erreicht werden?
3. Welche Sponsoring-Arten kommen für die Organisation in Frage (Kultursponsoring, Bildungssponsoring, Ökosponsoring, Mediensponsoring, Sozialsponsoring)? Hat eine davon Priorität?
4. Worin soll der Hauptnutzen eines Sponsoring für die Organisation liegen?
5. Was kann die Organisation einem Sponsor als Gegenleistung bieten? Wird ein Katalog darüber erstellt?
6. Darf ein Sponsoring-Partner Einfluss auf Inhalt oder Form eines Projektes haben?
7. Gibt es einen Ansprechpartner für Sponsoring-Aktivitäten innerhalb der Organisation?
8. Welche unternehmerischen Werte setzt die Organisation beim Sponsor-Partner voraus, z. B. Verantwortungsbewusstsein, Transparenz, Nachhaltigkeit?
9. Mit welchen Unternehmen ging man bislang Sponsor-Partnerschaften ein?
10. Wie will man an Informationen über zukünftige Partner herankommen (Internet, Geschäftsbericht, Rating-Agenturen, Empfehlungen)?
11. Wie sollen die neu erstellten Richtlinien intern bzw. extern kommuniziert werden (z. B. auf der Homepage, im Intranet, in Seminaren, in Workshops)?
12. Sind Finanzabteilung und Rechtsabteilung mit den steuerrechtlichen Merkmalen des Sponsorings vertraut?
13. Wie groß ist die Bereitschaft, inhaltlich mit den verschiedenen Fachabteilungen des Sponsors zusammenzuarbeiten?
14. Welche Messinstrumente sollen oder können zur Erfolgskontrolle eines Sponsoring eingesetzt werden (z. B. Clippings, Erfassung und Befragung von Teilnehmern)?
15. An welchen Gütesiegeln bzw. Zertifikaten, Rating-Agenturen, Test-Zeitschriften, anerkannten Indexen (wie der Natur-Aktien-Index) orientiert man sich bei der Auswahl der Sponsoren?
16. In welchem Zeitabstand sollen die aufgestellten Richtlinien nach ihrer weiteren Gültigkeit überprüft, überarbeitet und aktualisiert werden?

8.8 Modul H: Zielgruppen

Zeitaufwand: ca. ein bis zwei Arbeitstage, je nach Größe des Projektes.

Bevor eine Sponsoring-Partnerschaft beginnt, sollte geklärt werden, welche Zielgruppen die Non-Profit-Organisation und welche das Unternehmen hat, um den Grad der Kompatibilität, der Vereinbarkeit zu bestimmen. Eine Zusammenführung der Zielgruppen kann interessante Synergieeffekte bewirken. Die Zielgruppenanalyse kann sowohl anhand einfacher Bordmittel (wie eigene Befragung der Mitglieder/Kunden) als auch mit Hilfe von Marktforschungsinstituten umgesetzt werden.

Zielgruppen lassen sich nach folgenden Kriterien bestimmen:

1. soziodemographischen (z. B. Alter, Geschlecht, Einkommen, Beruf, Haushalts-größe),
2. Konsumverhalten (z. B. Einkaufsverhalten, Produktwahl),
3. Mediennutzung (z. B. Wahl, Dauer),
4. psychographischen (z. B. Lebensweise, Alltagseinstellung, Wertvorstellungen).

8.9 Modul I: Ziele der Unternehmens-Kooperationen

Zeitaufwand: ca. ein bis drei Arbeitstage, je nach Größe des Projektes.

Hier erfolgt die Festlegung klar umrissener und messbarer Ziele. In einem Ist-Soll-Vergleich wird die Ausgangslage »Ist« der Zielsetzung »Soll« gegenüber gestellt, um die notwendigen Entwicklungsschritte zu dokumentieren.

Es kann hierbei in operative und kommunikative Ziele unterschieden werden. Bei den operativen Zielen handelt es sich um praktische, nach innen gerichtete Handlungsanweisungen, wie das Projekt durchgeführt und finanziert werden soll. Die kommunikativen Ziele richten sich nach außen. Es wird definiert, wie welche Bereiche der Medien und Öffentlichkeit angesprochen werden.

Beispiel:
Teilfinanzierung des bundesweiten Fotowettbewerbes im Rahmen des Europäischen Jahres der Menschen mit Behinderung 2003 über Sponsoring

1. Hauptziel:
   - Es geht darum, Teilkosten des Wettbewerbes in Höhe von etwa XY € über Sponsoring zu decken.
2. Operative Ziele:
   - Das Projekt soll schuldenfrei durchgeführt und abgeschlossen werden.
   - Neben Medien- und Wirtschaftspartnern sollen Prominente und Multiplikatoren gewonnen werden.
   - Das Projekt soll werbewirksam sein, die Medien zur Berichterstattung veranlasst werden.
3. Kommunikative Ziele:
   - Das Projekt inklusive der damit verbundenen Maßnahmen und Aktionen ist ein ideales Mittel,
     - um Verbände, Organisationen, Medien, Wirtschaftsunternehmen sowie auch prominente Persönlichkeiten als Unterstützer für die gemeinsame Sache zu gewinnen,
     - um Unternehmen die Möglichkeit zu bieten, sich gegenüber der Öffentlichkeit als sozial verantwortungsvolles Unternehmen zu positionieren.

8.10 Modul J: Strategie

Zeitaufwand: ca. ein bis zwei Arbeitstage, je nach Größe des Projektes.

Die Strategieentwicklung ist eine der zentralen Maßnahmen zur Vorbereitung von Sponsoring-Aktionen. Hierbei geht es um die Positionierung der Organisation, des Projektes gegenüber einem Wirtschaftsunternehmen. Des Weiteren dient die Festlegung der Strategie dazu, zu klären, wie welche potenziellen Sponsor-Partner gewonnen werden. Die Strategieentwicklung dient der Fokussierung.

Durch die Definition des USP (Unique Selling Proposition), d.h. des Alleinstellungsmerkmals der Organisation und des zu finanzierenden Projektes, soll klar werden, wie es sich von Wettbewerbern unterscheidet, was es einzigartig macht. Diese Einmaligkeit soll potenzielle Sponsoren motivieren, sich im besonderen Maße für die Organisation oder das Projekt zu interessieren.

Beispiel:
USP für den bundesweiten Fotowettbewerb im Rahmen des Europäischen Jahres der Menschen mit Behinderung 2003.

Unique Selling Proposition:
Der im »Europäischen Jahr der Menschen mit Behinderung 2003« mit 580 Schulen stattfindende Fotowettbewerb »Mein Alltag – Dein Alltag« ist das Herzstück der von fünf namhaften diakonischen Einrichtungen und zwei erfahrenen Werbeagenturen durchgeführten bundesweiten Kampagne »Einfach ganz normal«. In seiner Einmaligkeit verbindet der Fotowettbewerb alltäglich mit der Kamera festgehaltene Augenblicke behinderter und nichtbehinderter Kinder und Jugendlicher mit kreativen, künstlerischen Aspekten, sozialen Ansichten, viel Glamour und modernen Kommunikationsmitteln, um eines zu zeigen:

Mein Alltag – dein Alltag = unser Alltag.

8.11 Modul K: Botschaft

Zeitaufwand: ca. zwei bis drei Arbeitstage, je nach Größe des Projektes.

Die Formulierung von Botschaften trägt dazu bei, die Zielgruppen optimal zu erreichen und klare und verständliche Kommunikationsinhalte zu transportieren.

Als allgemein gültiger Überbau sollen die Kernbotschaften betrachtet werden. Die aufgelisteten Zielgruppenbotschaften richten sich bereits an feingliedrigere, ausgewählte Teilbereiche.

Beispiel:
Botschaften für den bundesweiten Fotowettbewerb im Rahmen des Europäischen Jahres der Menschen mit Behinderung 2003.

1. **Kernbotschaft**: Für die Umsetzung des Fotowettbewerbes »Mein Alltag – Dein Alltag« suchen wir Sponsoren.
2. **Mitschwingende Kernbotschaft 1:** Der Fotowettbewerb »Mein Alltag – Dein Alltag«, Herzstück der Dachkampagne »Einfach ganz normal«, gibt Eindrücke aus

dem Alltagsleben geistig behinderter und nichtbehinderter Schüler und Jugendlicher wieder und schafft vielfältige Begegnungsmöglichkeiten.

3. **Mitschwingende Kernbotschaft 2:** Im »Europäischen Jahr der Menschen mit Behinderung 2003« bietet der Fotowettbewerb mit einem großen Abschluss-Event und einer begleitenden Wanderausstellung eine herausragende Gelegenheit, soziales Engagement zu zeigen.

4. **Zielgruppenbotschaften: Botschaften an die Unternehmen (Sponsoren, Geld-, Sach- und Dienstleistungen)**
   - Initiator des Fotowettbewerbes »Mein Alltag – Dein Alltag« sind bundesweit anerkannte und etablierte diakonische Einrichtungen.
   - Die Jury setzt sich aus prominenten Persönlichkeiten zusammen.
   - Das Abschluss-Event wird der Höhepunkt des Wettbewerbes sein mit Showeinlagen, Kunsthappening und vielen Werbemöglichkeiten.
   - Der Wettbewerb wird durch eine gezielte Medienkampagne gestützt.
   - Die Hauptzielgruppe der Schüler ist jung, kreativ, engagiert, clever und konsumfreudig.
   - Sponsoren erhalten entsprechende Gegenleistungen.

5. **Botschaften an die Medien (Unterstützer):**
   - Der Wettbewerb geht einer Frage nach: Sieht der Alltag von geistig Behinderten genauso aus wie der Alltag von nichtbehinderten Schülern und Jugendlichen?
   - Initiator des Fotowettbewerbes »Mein Alltag – Dein Alltag« sind bundesweit anerkannte und etablierte diakonische Einrichtungen.
   - Die Jury setzt sich aus prominenten Persönlichkeiten zusammen, u.a. einem berühmten Fotografen und mindestens zwei Stars.
   - Das Abschluss-Event wird der Höhepunkt des Wettbewerbes sein mit Showeinlagen, Kunsthappening und vielen Möglichkeiten der Berichterstattung.
   - Es finden zwei Pressekonferenzen statt, bei denen prominente Jurymitglieder anwesend sein werden.

6. **Botschaft an die breite Öffentlichkeit:**

Mein Alltag – Dein Alltag = unser Alltag.

8.12 Modul L: Zeitplan

Zeitaufwand: ca. zwei bis vier Arbeitstage, je nach Größe des Projektes.

Ein Zeitplan ist deshalb so wichtig, weil er einen Überblick liefert, zu welchem Zeitpunkt des Projektes welche Instrumente wann als Maßnahme zum Einsatz kommen und wann sie letztendlich umgesetzt werden. Ein Zeitplan bietet gleichzeitig Übersicht und Kontrolle, verschafft Sicherheit.

Beispiel:
Zeitplan für den bundesweiten Fotowettbewerb im Rahmen des Europäischen Jahres der Menschen mit Behinderung 2003.

Zeitpunkt	Instrument	Maßnahmen	Umsetzung
Anfang Januar 2003 Start Sponsoring-Konzept			
Anfang Januar bis Ende Januar	Sponsoren-recherche für die Durchführung des Wettbewerbs und die Bereitstel-lung der Preise	Recherche, Er-stellung des Mus-tervertrags, Erstel-lung der Sponso-renbriefe, Erstel-lung Leistungen/ Gegenleistungen	
Mitte März bis Ende April	Ansprache Sponsoren		Ansprache poten-zieller Sponsoren auf der Grundlage der Recherchen und Materialen, evtl. Sponsorentreffen und Vertragsunter-zeichnung
Ende Juni	Pressekonferenz		Eröffnungspresse-konferenz mit Hilfe der Medienmittei-lung in Zusammen-arbeit mit den Spon-soren
Anfang Juli 2003 Start des Projektes			
Anfang August bis Ende September			Umsetzung des Projektes
Ende September bis Ende Oktober			Abschluss-veranstaltung
Ab Ende Oktober	Evaluation des Sponsoring-Konzeptes		

8.13 Modul M: Maßnahmen (M1 bis M8)

Bei den Maßnahmen handelt es sich um die konkrete Umsetzung des Sponsoring-Vorhabens. Basierend auf den vorhergehenden Analyseergebnissen, erstellten Kriterien, formulierten Richtlinien, Strategien und Botschaften wird nun konkret mit der praktischen Arbeit begonnen. Es werden bestimmte, passende Unternehmen als potenzielle Sponsoring-Partner ausgewählt, Leistung, Gegenleistung und Nutzen formuliert, Verträge aufgesetzt sowie Briefe geschrieben und Telefongespräche geführt.

8.13.1   M1: Auswahl potenzieller Sponsoren, d. h. Unternehmen, die Sponsoring betreiben

Zeitaufwand: ca. vier bis acht Arbeitstage, je nach Größe des Projektes.

Basierend auf Modul F (den Kriterien und der Matrix zur Unternehmenswahl), erfolgt nun die praktische, zielgerichtete Suche und Auswahl potenzieller Sponsoren. Welche Unternehmen kommen in Frage? Warum sind die ausgewählten Unternehmen kompatibel? Es sollte ganz strategisch und zielgerichtet nach passenden potenziellen Unternehmen recherchiert und die Ergebnisse in einer übersichtlichen Liste zusammengestellt werden. Notieren Sie sich die wichtigsten Unternehmensdaten und die Gründe, warum Sie vor allem dieses bestimmte Unternehmen ausgesucht haben. Dies sind Informationen, die für das Gespräch mit Sponsoren notwendig sind. Stellen Sie sämtliche Informationen, die Sie von der Homepage des Unternehmens, aus Presseberichten oder anderen Quellen gewonnen haben, zusammen. Zu beachten ist auch, ob Exklusivsponsoren, Hauptsponsoren oder Co-Sponsoren gesucht werden. Und die meisten Unternehmen bestehen auf einer Branchenexklusivität.

8.13.2   M2: Formulierung der Leistung und Gegenleistung

Zeitaufwand: ca. zwei bis drei Arbeitstage, je nach Größe des Projektes.

Sponsoring basiert immer auf dem Wechselspiel von Leistung und Gegenleistung. Ein gegenseitiger Nutzen der Sponsoring-Partner sollte klar erkennbar sein, damit beide Seiten eine Zusammenarbeit rechtfertigen können.

1. **Klassische Gegenleistungen der nutznießenden Organisationen sind:**
   - Vergabe von freien Eintrittskarten,
   - namentliche Erwähnungen,
   - Sonderveranstaltungen: Führungen, Begehungen, Werkstattgespräche, Tag der offenen Tür, Fachveranstaltungen, Workshops, Fortbildungen, gemeinsame Kampagnen, Beratungsleistungen für Unternehmensmitarbeiter,
   - Vergabe von Werbe- und Ausstellungsflächen für Produktpräsentationen,
   - Know-how-Transfer: Erfahrungsaustausch,
   - Herausgabe von Publikationen,
   - Logoplatzierung auf Fahnen, Banden, VIP-Zelten, Plakaten, Foldern, Postern, Eintrittskarten, Katalogen, Broschüren, den Materialien der Presse- und Öffentlichkeitsarbeit sowie den elektronischen Medien, auf Trikots und anderen Kleidungsstücken, Merchandising-Produkten, in Inseraten,
   - Überlassung von Nutzungsrechten,
   - Vergabe von Titeln, z. B. »Offizieller Sponsor«,
   - Erwähnung der Sponsoren in der Pressearbeit (Hinweis in der Presseerklärung, der Pressemappe, Erwähnung in der Pressekonferenz),
   - Kommunikation der Sponsoring-Förderung in der Betriebszeitung oder Geschäftspost.

2. **Klassische Leistungen der Unternehmen sind:**
   - **Finanzielle Unterstützung**: Geldzahlung, Preissponsoring, Vergabe von Stipendien,
   - **Sachleistungen:** technische Geräte, Fahrzeuge, Möbel, Büromaterial, Ausstattung,
   - **Medialeistungen:** Unterstützung der Public Relations, der Online-Präsenz,
   - **Dienstleistungen:** Know-how-Transfer, Überlassung von Arbeitskräften (Corporate Volunteering/Secondment), Vertrieb von Merchandising-Produkten, Bewirtung, Übernachtung, Transport, Logistik, Bereitstellung von Räumen.

8.13.3 M3: Formulierung des Nutzens für Unternehmen

Zeitaufwand: ca. ein bis zwei Arbeitstage, je nach Größe des Projektes.

Ohne entsprechende Nutzenabsprache wird es nicht gelingen, Sponsorships zu schließen. Der potenzielle Partner möchte vorab wissen, was er davon hat. Die Argumente dienen nicht nur dazu, Sponsoren zu überzeugen, sie sind auch hilfreich, damit der Sponsoring-Beauftragte eines Unternehmens sein Kooperationsvorhaben nach innen kommunizieren kann und somit überzeugende Argumente erhält.

> **Beispiel:**
> Formulierung des Nutzens für den Sponsor im Rahmen des bundesweiten Fotowettbewerbes während des Europäischen Jahres der Menschen mit Behinderung 2003.

1. Das Projekt bietet dem Hauptsponsor ein breit gefächertes Repertoire an Themenbereichen, mit denen er sich profilieren kann: soziales Engagement, Kinder und Jugendliche, Kunst, moderne Kommunikation.
2. Das Projekt ist überschaubar, zeitlich und sachlich eingegrenzt. Es ist perfekt, um sich gezielt zu engagieren.
3. Der Sponsor gewinnt Hintergrundinformationen und Erkenntnisse über eine seiner Zielgruppen, die der qualitativen Marktforschung nahezu gleichkommen.
4. Der Hauptsponsor, wie auch seine Mitarbeiter, bekommt durch das Projekt die Möglichkeit, über den Tellerrand hinauszuschauen, erhält eine »Emotionale Schulung«. Die Mitarbeiter werden sensibilisiert und setzen sich mit einem Thema jenseits des eigenen Tagesgeschäftes auseinander.
5. Die Organisation XY übernimmt den Hauptteil der Medien- und Öffentlichkeitsarbeit. Der Sponsor wird automatisch zum positiven Nutznießer dieses Engagements.
6. Das Abschluss-Event bietet dem Hauptsponsor die einmalige Chance, durch direkte Ansprache seiner Zielgruppe zu begegnen und sich mit ihr auszutauschen.
7. Das soziale, emotionalisierte Engagement in der Öffentlichkeit bringt dem Hauptsponsor eine Imagesteigerung bei seinen Zielgruppen, eine Steigerung des Goodwills in der Öffentlichkeit.
8. Das Abschluss-Event bietet dem Sponsor die Möglichkeit, nicht nur das Unternehmen, sondern auch sein/e Produkt/e in ein positives Licht zu stellen und seine Leistung vor einem interessieren Publikum zu demonstrieren.
9. Falls der Hauptsponsor bei der Gruppe der 10- bis 20-jährigen Kinder und Jugendlichen noch nicht so bekannt ist, kann dies durch das Sponsoring des Projektes erreicht werden.

10. Der Hauptsponsor erhält durch das Projekt die Chance, Trendsetter im Vergleich zu anderen Unternehmen zu sein: Er demonstriert die Notwendigkeit bürgerschaftlichen und unternehmerischen Engagements im sozialen Bereich.
11. Das Projekt bietet sich optimal an, um ein neues Produkt einzuführen.

8.13.4 M4: Varianten einer Zusammenarbeit mit Wirtschaftsunternehmen

Zeitaufwand: ca. ein bis zwei Arbeitstage, je nach Kreativität und Größe des Projektes.

Überlegen Sie sich in diesem Schritt, welche kreativen Sponsoring-Pakete Sie schnüren können. Welche besonderen Vorzüge eines Unternehmens (besondere Branche, positives Image, prominente Werbeträger, repräsentative Räume, gute Lage etc.) können Sie geschickt für Ihr Sponsoring-Projekt nutzen? Spielen Sie mit den Varianten und entscheiden Sie sich für die aussichtsreichste.

> **Beispiel:**
> Sponsoring-Varianten für den bundesweiten Fotowettbewerb im Rahmen des Europäischen Jahres der Menschen mit Behinderung 2003.

1. »**Spending Time**«: Der Hauptsponsor ist zusätzlich Zeitspender, d. h. er stellt seine Mitarbeiter während der Arbeitszeit für das zu sponsernde Projekt frei, z. B. Axa, Nike, Vodafone.
2. »**My Star**«: Der Hauptsponsor setzt seinen Werbeträger (Testimonial) als Jurymitglied ein, z. B. Deutsche Post und Thomas Gottschalk, O_2 und Franz Beckenbauer, E-Plus und Rudi Völler.
3. »**Art Forum**«: Der Hauptsponsor ist in erster Linie daran interessiert, die Fotoausstellung als Kunst zu betrachten und in seinen Räumen zu präsentieren.
4. »**Pure Foto**«: Der Hauptsponsor ist Fotohersteller, und hat bereits einige Fotowettbewerbe durchgeführt. Er bringt Erfahrung und Know-How mit.
5. »**Like a prayer**«: Der Hauptsponsor hat großen Bezug zum religiösen Bereich, z. B. HUK Coburg.
6. »**We proudly present**«: Der Hauptsponsor erkennt die Chance einer Produkteinführung (z. B. Siemens: PC für Behinderte; Cook: Behindertenreisen) und möchte sich im Markt profilieren. Gleichzeitig kann er direkt seine Leistung vor seiner Zielgruppe demonstrieren.
7. »**All Sports**«: Der Fotowettbewerb wird als sportlicher Wettbewerb betrachtet. Der Hauptsponsor kommt wie auch einige Jurymitglieder aus dem Sportbereich.
8. »**Make it two**«: Der Hauptsponsor richtet das Projekt aus, die hauseigene Stiftung (Kunst) übernimmt weitere Kosten, z. B. Deutsche Bank, Allianz.
9. »**Make-up**«: Der Hauptsponsor möchte sich ein besseres soziales Image zulegen. Das Projekt bietet ihm die Chance der Steigerung des Goodwills in der Öffentlichkeit.
10. »**Modern Times**«: Alles ist technisch ausgelegt: Der Hauptsponsor kommt aus dem Kommunikationsbereich: Telefon, Kamera, PC usw.
11. »**Just Mobile**«: Der Hauptsponsor, die Jurymitglieder und die Preise zeichnen sich durch Mobilität aus. Zum Beispiel Deutsche Post, Deutsche Bahn, Autohersteller, Mobil-Telefon-Hersteller oder Handy-Anbieter wie Vodafone, D2, E-Plus, O_2.

12. »**It makes sense**«: Die Sponsoren und Preise sind pädagogisch wertvoll und sinnvoll ausgewählt. Sie haben etwas mit Schule, mit Lernen zu tun. Sponsoren hierfür können z. B. Bertelsmann oder Langenscheidt sein.
13. »**Get together**«: Der Hauptsponsor kommt aus dem Nahrungsmittelbereich. Sein Engagement kann die Ausrichtung einer Party sein.
14. »**Don't imitate, innovate**«: Hauptsponsor ist trendy und bei der Zielgruppe der Kinder und Jugendlichen angesagt (z. B. Deutschland sucht den Superstar, Coca-Cola, Fotohandys, Werbung für den Fotowettbewerb auf Müller-Milch-Verpackungen).
15. »**To know him is to love him**«: Es wird ein Hauptsponsor gewonnen, der bereits Sponsor-Partner der Organisation ist bzw. war.
16. »**Pure Media**«: Der Hauptsponsor ist gleichzeitig Medienpartner, z. B. RTL (Gute Zeiten, Schlechte Zeiten) Bravo, Stern u. Ä.

8.13.5 M5: Erstellung eines Sponsoring-Mustervertrages
Zeitaufwand: ca. zwei bis drei Arbeitstage, je nach Größe des Projektes.

Sie benötigen nicht unbedingt einen schriftlichen Vertrag, um ein Sponsorship rechtskräftig zu machen. Dennoch ist sehr dazu anzuraten. Im Vertrag wird die Zusammenarbeit in jeder Einzelheit geregelt und festgelegt, was Unstimmigkeiten vorbeugt. Vor allem auf der Formulierung der Leistungen und Gegenleistungen sollte das besondere Augenmerk liegen. Je detaillierter der Vertrag, desto besser. Lassen Sie den Vertrag durch Dritte prüfen. Für kleine Organisation mit kleinem Projekt reichen in der Regel Musterverträge, die entsprechend ergänzt werden. Verträge großer Projekte sollten unbedingt einem Rechtsanwalt vorgelegt werden.

> **Beispiel:**
> Mustervertrag für den bundesweiten Fotowettbewerb im Rahmen des Europäischen Jahres der Menschen mit Behinderung 2003.

1. **Einleitung**
   - Dieser Vertrag regelt die Zusammenarbeit zwischen der Organisation XY und dem Hauptsponsor XY.
   - Zweck des Vertrages ist es, das Projekt XY für Marketing, PR und Werbung optimal zu nutzen.
2. **Art und Dauer des Vertrages**
   - Der Hauptsponsor kann die Bezeichnung »Offizieller Hauptsponsor« des Projektes exklusiv nutzen.
   - Der Vertrag dauert von ...... bis ......
   - Die ausrichtende Organisation sichert dem Hauptsponsor Branchenexklusivität zu. Die Rechte anderer werden mit dem Hauptsponsor abgesprochen.
3. **Leistungen des Hauptsponsors**
   - Der Hauptsponsor zahlt der Organisation XY für die unter dem Punkt 2 eingeräumten Rechte einen Sponsoring-Betrag von ...... € (zzgl. MwSt.) Die zweckgebundene Zahlung erfolgt nach Rechnungsstellung durch die Organisation XY, jedoch spätestens bis ......
   - Der Hauptsponsor bietet Unterstützung im Bereich Medien- und Öffentlichkeitsarbeit für das Projekt XY an. Er platziert darüber hinaus nach Möglichkeit Artikel über das Projekt, z. B.

- – im hauseigenen Mitarbeitermagazin,
- – im Kundenmagazin,
- – auf der firmeneigenen Homepage und
- – im Intranet.
- ■ Der Hauptsponsor stellt, sofern vorhanden, seinen offiziellen Werbeträger zu Werbezwecken zur Verfügung.
- ■ Der Hauptsponsor vermittelt eigene Mitarbeiter, die sich sozial engagieren möchten, als Zeitspender (Secondment/Volunteering).
- ■ Der Hauptsponsor beteiligt sich an der Evaluation des Projektes.

4. Leistungen der Organisation XY

- ■ Die Organisation XY ist zuständig für die Planung, Konzeption und Ausrichtung des Projektes XY, einschließlich .....
- ■ Die Organisation XY bringt jahrelange Erfahrung und Know-how beim Ausrichten von Veranstaltungen mit. Darüber hinaus bietet sie einen einwandfreien Leumund, ein gutes Image und einen hohen Bekanntheitsgrad.
- ■ Die Organisation XY erbringt mit dem Projekt die Leistung, zum Beispiel soziales Engagement, Kunst (Kreativität), Neue Medien und Jugend zusammenzuführen, und bietet dem Hauptsponsor eine Innovation.
- ■ Die Organisation XY erteilt dem Hauptsponsor die Erlaubnis der Kommunikation der Sponsoring-Förderung gegenüber der Öffentlichkeit.
- ■ Die Organisation XY erstellt eine offizielle Homepage für das Projekt mit herunterladbaren Teilnahmeunterlagen und einer Austausch-Plattform (Chatroom).
- ■ Die Organisation XY schaltet eine Hotline, über die auch, falls gewünscht, (vorher abgestimmte und beschränkte) Auskünfte über die Arbeit des Hauptsponsors erteilt werden.
- ■ Die Organisation XY übernimmt die Gestaltung und Umsetzung sämtlicher im Rahmen des Projektes erforderlichen Druckerzeugnisse.
- ■ Der Hauptsponsor ist mit seinem Logo auf allen Drucksachen und Werbemitteln im Zusammenhang mit dem Fotowettbewerb präsent:
  - – auf dem Ankündigungs-Flyer und den Teilnahmeunterlagen,
  - – auf der offiziellen Foto-Wettbewerb Homepage; das Logo ist mit einem Link auf die Homepage des Hauptsponsors versehen,
  - – auf der Pressemappe,
  - – auf den Medienmitteilungen,
  - – auf der Hintergrundwand bei der gemeinsamen Pressekonferenz,
  - – auf der Brandingfläche (2 qm) des Abschluss-Events,
  - – auf den 50 Eintrittskarten für die VIPs und
  - – im VIP-Bereich des Abschluss-Events.
- ■ Die Organisation XY übernimmt den Hauptpart der Presse- und Öffentlichkeitsarbeit, um zur Teilnahme am Projekt aufzurufen, aber auch, um ein Bewusstsein für das soziale, im Wettbewerb implementierte Thema zu schaffen.
- ■ Der Hauptsponsor ist eingeladen, in den Räumen der Organisation XY an einer gemeinsamen Pressekonferenz zum Thema ...... teilzunehmen. Hier wird dem Hauptsponsor eine Möglichkeit der Selbstdarstellung geboten.
- ■ Die Organisation XY stellt den Claim XY und ihr Logo dem Hauptsponsor zu Werbezwecken für den Zeitraum von ...... bis ...... zur Verfügung.

- Die Organisation XY tritt durch das Projekt mit der auch für den Hauptsponsor attraktiven Zielgruppe in Kontakt.
- Die Organisation XY stellt dem Hauptsponsor kostenlos 50 Eintrittskarten für das Abschluss-Event bereit.
- Die Organisation XY schafft auf dem Abschluss-Event eine VIP-Zone zur Bewirtung der Prominenten und für die wichtigen Kunden und Gäste des Hauptsponsors. Die Organisation XY ermöglicht so einen interessanten Austausch.
- Die prominenten Gäste der Organisation XY stehen dem Hauptsponsor insgesamt 30 Minuten zu Werbezwecken (Autogramme, Interviews, Promotion) zur Verfügung.
- Die Organisation XY stellt engagierten Mitarbeitern (Zeitspendern) des Hauptsponsors auf Wunsch ein Zeugnis aus.
- Die Organisation XY lädt 20 Mitarbeiter des Hauptsponsors zum nächsten »Tag der offenen Tür« ein.

5. Ungültigkeit, Recht und Gerichtsstand

- Sind einzelne Teile dieses Vertrages ungültig, so ist der Vertrag als Ganzes davon nicht berührt.
- Im Falle der Nichteinhaltung des Vertrages in einzelnen Punkten hat der Hauptsponsor das Recht, den Sponsorbeitrag angemessen zu kürzen.
- Im Falle einer Verschiebung oder Absage der Veranstaltung wird der Sponsorbeitrag entsprechend den erbrachten Leistungen und Gegenleistungen in gegenseitiger Absprache gekürzt.
- Die Vertragspartner bemühen sich, eventuelle Streitigkeiten gütlich zu regeln. Kann keine Einigung erzielt werden, sind die staatlichen Gerichte zuständig. Gerichtsstand ist XY.
- Dieser Vertrag wird in zwei Exemplaren – eines für den Hauptsponsor, eines für die Organisation – ausgestellt und gegenseitig unterzeichnet.

Beispiel:

Ort, Datum	Ort, Datum
Für die Organisation	Für den Hauptsponsor

Quelle: Angelehnt an Bortoluzzi-Durbach, E./Frey, H: Sponsoring. Der Leitfaden für die Praxis, Haupt Verlag, Bern, 2000.

8.13.6 M6: Anleitung zur kreativen Formulierung eines Mailings an potenzielle Sponsoren

Zeitaufwand: ca. drei Arbeitstage, unabhängig von der Größe des Projektes.

1. Das Anschreiben sollte eine Länge von einer Seite nicht überschreiten. Vergewissern Sie sich, dass die Kontaktdaten korrekt sind, die Namen der Ansprechpartner stimmen.
2. Die Überschrift bzw. die Betreffzeile müssen herausstechen. Nehmen Sie sich deshalb für die Formulierung genügend Zeit.
3. Präsentieren Sie im Anschreiben kurz Ihre Organisation und deren Glaubwürdigkeit.

4. Skizzieren Sie das zu unterstützende Projekt und machen Sie deutlich, welcher Nutzen aus der Unterstützung entsteht. Beschreiben Sie den Bedarf, ohne zu unter- bzw. zu übertreiben. Emotionalisieren Sie! Bringen Sie ein kleines Beispiel aus dem Alltag, eine nette Anekdote. Schaffen Sie Bilder, visualisieren Sie!

5. Holen Sie den Adressaten da ab, wo er vermutlich steht, versetzen Sie sich in ihn hinein und versuchen Sie, ihn auf gleicher Ebene anzusprechen. Bilden Sie kurze und klare Sätze, kurze Textabschnitte. Benutzen Sie dabei kurze Wörter, viele Verben, möglichst keine Fremdwörter. Stellen Sie Fragen, platzieren Sie Ausrufezeichen, unterstreichen Sie evtl. wichtige Aussagen.

6. Nutzen Sie das PS, um auf etwas explizit hinzuweisen. Bewahren Sie die textliche und graphische Übersichtlichkeit. Es sollte klar erkennbar sein, dass es sich nicht um einen Serienbrief handelt. Stellen Sie im Prinzip die gleichen Überlegungen an, die Sie aus Bewerbungsschreiben kennen. Bedenken Sie, dass Sie sich von der breiten Masse unterscheiden müssen.

7. Vermeiden Sie es, im ersten Anschreiben um Geld zu bitten. Fragen Sie nach finanzieller Unterstützung, nach einem kompetenten Partner. Falls Sie doch eine Summe erwähnen, formulieren Sie geschickt eine Gegenleistung wie: »Für nur 100 € unterstützen Sie das Projekt XY«.

8. Nehmen Sie mit Ihrem Projekt Bezug auf das Unternehmen, dessen Philosophie, Produkte, Image usw. Vergessen Sie nicht den so genannten »Call to Action«, die Aufforderung an den Empfänger, auf das Anschreiben zu reagieren! Kündigen Sie an, wann und wie Sie sich wieder melden. Haken Sie zu gegebener Zeit, d. h. nach Ablauf der angekündigten Frist, nach. Und – bedanken Sie sich unbedingt!

Dem Anschreiben legen Sie Folgendes bei:

- Projektskizze bzw. kurze Beschreibung (max. eine Seite),
- Aufstellung der Leistung und Gegenleistung (max. eine Seite),
- Kurzdarstellung der Organisation, möglichst bebildert (max. eine Seite),
- grobe Budgetierung (max. eine Seite).

Sowohl der Anhang als auch das Anschreiben sollten dem Image der Organisation entsprechen und nicht durch übertriebene Materialkosten und zu ausgereifte Professionalität den Eindruck erwecken, dass seitens der Organisation verschwenderisch agiert wird. Setzen Sie auf Originalität, Schlichtheit und vor allem Authentizität.

Lassen Sie die Sponsoring-Anfrage vorab von neutralen Personen auf Verständlichkeit, Klarheit, Interesse, optische Aufmachung, Rechtschreibung, Stil, Botschaft und Handlungsmotivation überprüfen!

8.13.7 M7: Musterbrief

Beispiel:
Musterbrief für den bundesweiten Fotowettbewerb im Rahmen des Europäischen Jahres der Menschen mit Behinderung 2003:

Unternehmen XY
Ansprechpartner
Abteilung Sponsoring oder Pressestelle/PR oder Vorstand
Anschrift

Ihre Unterstützung baut Brücken!

Sehr geehrte Frau XY,
Catherine hat gestern eine große Party gefeiert. Sie ist 14 Jahre alt geworden. Catherine mag Glitzerjeans, liebt die Superstars und möchte gern Dirigentin werden. Hendrik wird bald 13. Er lebt im gleichen Haus. Er schaut am liebsten »Akte X« an, geht fechten und liebt es zu fotografieren. Hendrik will später mal Schauspieler werden. Einer von beiden ist geistig behindert.
2003 ist das »Europäische Jahr der Menschen mit Behinderungen«. Um Zeichen zu setzen, initiieren wir eine Kampagne unter dem Motto »Einfach ganz normal«. Herzstück ist der Fotowettbewerb »Mein Alltag – Dein Alltag«, der Schüler in ganz Deutschland aufruft, Fotos aus ihrem Alltagsleben einzusenden.
Ziel ist zu zeigen, dass Kinder und Jugendliche mit geistiger Behinderung genauso fühlen, denken, leben, wünschen oder auch träumen wie Schüler ohne Behinderung. Die Fotos lassen einen distanzierten, gleichzeitig intimen, persönlichen Blick in die eigene und scheinbar fremde Welt zu. »Mein Alltag – Dein Alltag« schafft somit Begegnung, baut Brücken und erzeugt Nähe.

Liebe Frau XY, nutzen Sie die Chance mit Ihrem Unternehmen diesen Fotowettbewerb als Hauptsponsor finanziell und ideell zu unterstützen. Bauen auch Sie Brücken.

Eingebettet ist der Fotowettbewerb »Mein Alltag – Dein Alltag« in ein gleichermaßen Öffentlichkeit wie Kinder und Jugendliche ansprechendes Rahmenprogramm mit viel Prominenz, Kunst-Happenings und Showeinlagen, um nur einiges zu nennen.
Sehr gerne möchten wir uns mit Ihnen über die vielfältigen Möglichkeiten Ihres Engagements persönlich austauschen und laden Sie herzlich am 31. März 2003 um 16 Uhr zu einem Sponsor-Treffen ein.
Wir freuen uns auf Sie!

Freundliche Grüße aus Berlin
Ihre

Eusebia de Pol
Fundoffice

PS: Bitte faxen Sie uns beiliegenden Antwortcoupon. Danke.

8.13.8   M8: Formulierung eines Telefongesprächsleitfadens zur Gewinnung von Sponsoren

Zeitaufwand: ca. ein Arbeitstag, unabhängig von der Größe des Projektes.

Vor dem Telefongespräch sollte klar sein, welcher Ansprechpartner der geeignete ist. Hierin gibt es keinen eindeutigen Rat. Sicherlich ist es geschickt, das Gespräch von oben nach unten zu suchen. Gesprächspartner sind dann Vorstände, Geschäftsführer, Sponsoringverantwortliche und PR-Referenten. Formulieren Sie vorab einen Gesprächsleitfaden, der Ihnen die nötige Sicherheit verschafft und das Gespräch nicht ausufern lässt. Schreiben Sie auf, was Sie sagen wollen und wie. Berücksichtigen Sie verschiedene Argumentationslinien, bedenken Sie Einwände und seien Sie argumentativ gewappnet. Je natürlicher, freundlicher und authentischer Sie wirken, desto besser.

Ablauf eines Telefongespräches:

1. Vorbereitung;
2. Eröffnung: Begrüßung, Vorstellung, Funktion, Kompetenz, Thema, Zeitplan, Spielregeln;
3. Einstieg, rhetorische Frage, These, Bild (Überraschungseffekt, aktuelles Ereignis, Metapher), Zitat, Witz, persönliches Erlebnis, anders als erwartet, Anekdote, etwas in Aussicht stellen;
4. deutliche Nutzenansprache;
5. Argumentation (Inhalt) nicht mehr als fünf Argumente, Joker in der Tasche behalten, höchstens 20 Minuten argumentieren;
6. Abschluss: Fazit, Zusammenfassung, Botschaft, Handlungsaufforderung, Einladung, Vision, zum Dialog auffordern, Verabschiedung, Dank, Unterlagen ankündigen, Termin vereinbaren;
7. Auswertung, möglichst Feedback einholen.

8.14   Modul N: Budgetierung

Zeitaufwand: ca. ein bis drei Arbeitstage, abhängig von der Größe des Projektes.

Die Budgetierung dient der Auflistung der Kosten und der Einschätzung möglicher Einnahmen durch die Zusammenarbeit mit einem oder mehreren Wirtschaftunternehmen. Durchschnittlich bewegen sich Sponsoring-Gelder zwischen 15.000 bis 30.000 €. Natürlich werden auch kleinere oder größere Summen angefragt und erhalten. Um sich einen Überblick über einzelne Posten zu machen, empfiehlt sich die Anschaffung des Etat-Kalkulators, der zweimal jährlich (Frühjahr und Herbst) aktualisiert wird und im creativ collection Verlag erscheint.

Beispiel:
Budgetierung für den bundesweiten Fotowettbewerb im Rahmen des Europäischen Jahres der Menschen mit Behinderung 2003:

Leistungsart	Eigenleistung (nur zeitliche Aufwendungen, Einzelauflistung oder pauschal	Fremdkosten (zeitliche und technische Aufwendungen Dritter)	Technischer Bedarf (5–7,5 % der Eigenleistungen)	Reisekosten
Zeitkosten				
Erstellung einer Homepage, um Online-Sponsoring zu betreiben	X Std. × Y € = **XY €**			
Konzeption und Grafik: Mailing, Sponsoring-Booklet	X Std. × Y € = **XY €**			
Durchführung Presse- und Öffentlichkeitsarbeit	X Std. × Y € = **XY €**			
Erstellung Sponsoring-Konzept	**XY €**			
Sponsorenakquise und Betreuung	X Std. × Y € = **XY €**			**XY €**
Zwischensumme 1	**XY €**			

Leistungsart	Eigenleistung (nur zeitliche Aufwendungen, Einzelauflistung oder pauschal	Fremdkosten (zeitliche und technische Aufwendungen Dritter)	Technischer Bedarf (5–7,5 % der Eigenleistungen)	Reisekosten
Sachkosten				
Druck und Produktion von Materialien		**XY €**		
Versand- und Portokosten		Infobrief Standard: à 0,41 € X = **XY €**		
Allgemeine Bürokosten (= 6 % der EL)			**XY €**	
Zwischensumme 2		**XY €**		
Gesamtsumme Bedarf: XY €				

8.15 Modul O: Evaluation

Zeitaufwand: ca. ein bis zwei Arbeitstage, abhängig von der Größe des Projektes.

Die Evaluation dient der internen und externen Erfolgskontrolle und ist unabdingbar.

Formulieren Sie im Vorfeld des Projektes Fragen, die Sie mühelos zur Wirkungskontrolle einsetzen können. Nicht nur am Ende eines Projektes ist es sinnvoll, nach dem Erfolg zu fragen. Es ist nur positiv, wenn zwischenzeitlich der Stand der Dinge abgefragt wird, damit notwendige Korrekturen vorgenommen werden können. Die Evaluation sorgt auch für interne Akzeptanz und Rechtfertigung Ihrer Arbeit gegenüber der Geschäftsleitung.

Beispiel:

Evaluationsfragebogen für den bundesweiten Fotowettbewerb im Rahmen des Europäischen Jahres der Menschen mit Behinderung 2003:

Nr.	Die Vorbereitungsphase		
	Wie lange dauerte die Suche nach dem Hauptsponsor?		Std. à XY €
	Wie viele potenzielle Hauptsponsoren (HS) kamen zum Sponsorentreffen?		pot. HS
	Gab es erwähnenswerte Zwischenfälle beim Hauptsponsorentreffen? Begründung, wenn ja:	ja	nein
	Wie lief die Zusammenarbeit mit dem Hauptsponsor in der Vorbereitungsphase? Begründung, wenn schlecht:	gut	schlecht
	Wann hat der Hauptsponsor die finanzielle Unterstützung überwiesen?		Datum
	Wie lange dauerte die Suche nach den Co-Sponsoren?		Std. à XY €
	Wie viele Co-Sponsoren (Co-S) wurden gewonnen?		Co-S
	Wie viele Sachmittel wurden durch Co-Sponsoren akquiriert?		Preise
	Ort der Pressekonferenz: Hauptsponsor (HS) oder Organisation (D)	HS	D
	Die Durchführungsphase		
	Wie oft hat man sich in der Durchführungsphase mit dem Hauptsponsor getroffen?		... mal
	Wie oft hat man sich in der Durchführungsphase mit den Co-Sponsoren getroffen?		... mal

Nr.	Die Vorbereitungsphase		
	Gab es Beschwerden seitens der Mittelgeber oder Unterstützer? Wenn ja, welche?	ja	nein
	Das Ende des Projektes und die Tage danach		
	War der Hauptsponsor zufrieden? Falls nein, warum nicht?	ja	nein
	Waren die Co-Sponsoren zufrieden? Falls nein, warum nicht?	ja	nein
	Hat der Hauptsponsor eine Evaluation bezüglich des Wettbewerbes gemacht?	ja	nein
	Hat der Hauptsponsor Interesse an einer langfristigen Zusammenarbeit bekundet? Wenn ja, in welcher Form und in welchem Bereich?	ja	nein
	Hat ein oder haben mehrere Co-Sponsoren Intcresse an einer Zusammenarbeit bekundet?	ja	nein
	Waren die Sponsoren zufrieden mit den Logoplatzierungen? Wenn nein, warum nicht?	ja	nein
	Hat der Hauptsponsor den Claim »Mein Alltag – Dein Alltag« zu Werbezwecken benutzt?	ja	nein
	Hat der Sponsor den Titel »offizieller Sponsor« PR-mäßig für sich genutzt?	ja	nein
	Gab es einen Dankesbrief der Sponsoren über die erfolgreiche Zusammenarbeit? (Referenzschreiben)	ja	nein
	War das Sponsoring-Konzept schlüssig? Wenn nein, warum nicht?	ja	nein
	War die Zusammenarbeit mit dem Sponsoring-Team erfolgreich? Wenn nein, warum nicht?	ja	nein

8.16 Modul P: Das erste Treffen

Das Treffen sollte in den Räumen der Organisation oder im Rahmen des zu unterstützenden Projektes stattfinden. Bieten Sie potenziellen Sponsoren ein interessantes Rahmenprogramm an. Dies beginnt mit der Verteilung der Sponsorenmappe, die Informationen über die Organisation, Formulierung des Nutzens, der Leistungen und Gegenleistungen, Projektskizze, Fotos und evtl. Lebensläufe enthält. Stellen Sie wenn möglich das Projekt mit einer Powerpoint-Präsentation oder auf eine originelle Art vor. Hilfreich kann es sein, wenn Sie kleine Aufmerksamkeiten verteilen oder am Ende des Treffens so genannte Give-aways mitgeben.

Inhaltlich geht es darum, die beidseitigen Vorstellungen und Erwartungen gemeinsam zu analysieren: Was will jede Seite durch das Sponsoring erreichen? Sind diese Vorstellungen kompatibel?

Nach Möglichkeit sollten gemeinsame Ziele entwickelt werden. Hilfreich ist dabei, auf Wünsche des Gegenübers einzugehen. Schon das erste Treffen sollte dafür genutzt werden, persönliche Kontakte aufzubauen. Dies gelingt vor allem, wenn Sie Kompetenz, Wissen und Glaubwürdigkeit transportieren. Das erste Treffen sollte nicht beendet werden, ohne dass Sie die weitere Zeitkoordination festlegen und vor allem einen verbindlichen entgültigen Entscheidungstermin finden.

8.17 Modul Q: Nachhaltigkeit

Gelungene Sponsorpartnerschaften halten mehrere Jahren. Um sich auf Dauer gegenseitig positiv zu bereichern, bedarf es eines gelungenen Relationship-Sponsorings, d.h. eines gegenseitigen Beziehungsaufbaus.

Es ist einfacher, einen einmal gewonnenen und überzeugten Sponsor zu halten, als einen neuen zu finden. Holen Sie deshalb stets das Feedback des Sponsors ein. Bedanken Sie sich regelmäßig für die gelungene Zusammenarbeit. Berichten Sie in festgelegten Abständen über den Zwischenstand und Verlauf des gesponserten Projektes. Tauschen sie sich aus, indem Sie ihn regelmäßig einladen.

Informieren Sie ihn z.B. über Online-Newsletter über die Arbeit Ihrer Organisation, aber holen Sie genauso aktuelle Informationen über das Unternehmen. Stellen Sie am Ende der Partnerschaft eine Broschüre über die Zusammenarbeit mit dem Sponsor her und überreichen Sie ihm diese als kleines Dankeschön.

9 Sponsoringerlass des BMF zur ertragssteuerrechtlichen Behandlung des Sponsorings vom 18.02.1998

Schreiben des BMF v. 18.02.1998 IV B 2 – S 2144 – 40/98, IV B 7 – S 0183 – 62/98.

Für die ertragsteuerliche Behandlung des Sponsoring gelten – unabhängig von dem gesponserten Bereich (z.B. Sport-, Kultur-, Sozio-, Öko- und Wissenschaftssponsoring) – im Einvernehmen mit den obersten Finanzbehörden der Länder folgende Grundsätze:

I. **Begriff des Sponsorings:** Unter Sponsoring wird üblicherweise die Gewährung von Geld oder geldwerten Vorteilen durch Unternehmen zur Förderung von Personen, Gruppen und/oder Organisationen in sportlichen, kulturellen, kirchlichen, wissenschaftlichen, sozialen, ökologischen oder ähnlich bedeutsamen gesellschaftspolitischen Bereichen verstanden, mit der regelmäßig auch eigene unternehmensbezogene Ziele der Werbung oder Öffentlichkeitsarbeit verfolgt werden. Leistungen eines Sponsors beruhen häufig auf einer vertraglichen Vereinbarung zwischen dem Sponsor und dem Empfänger der Leistungen (Sponsoring-Vertrag), in dem Art und Umfang der Leistungen des Sponsors und des Empfängers geregelt sind.

II. **Steuerliche Behandlung beim Sponsor:** Die im Zusammenhang mit dem Sponsoring gemachten Aufwendungen können Folgendes sein:

- Betriebsausgaben im Sinne des § 4 Abs. 4 EStG,
- Spenden, die unter den Voraussetzungen der § 10b EStG, § 9 Abs. 1 Nr. 2 KStG, § 9 Nr. 5 GewStG abgezogen werden dürfen, oder
- steuerlich nicht abziehbare Kosten der Lebensführung (§ 12 Nr. 1 EStG), bei Kapitalgesellschaften verdeckte Gewinnausschüttungen (§ 8 Abs. 3 Satz 2 KStG).

1. **Berücksichtigung als Betriebsausgaben:** Aufwendungen des Sponsors sind Betriebsausgaben, wenn der Sponsor wirtschaftliche Vorteile, die insbesondere in der Sicherung oder Erhöhung seines unternehmerischen Ansehens liegen können (vgl. BFH-Urt. v. 03.02.93, BStBl. II 1993, 441, 445, I R 37/91), für sein Unternehmen erstrebt oder für Produkte seines Unternehmens werben will. Das ist insbesondere der Fall, wenn der Empfänger der Leistungen auf Plakaten, Veranstaltungshinweisen, in Ausstellungskatalogen, auf den von ihm benutzten Fahrzeugen oder anderen Gegenständen auf das Unternehmen oder auf die Produkte des Sponsors werbewirksam hinweist. Die Berichterstattung in Zeitungen, Rundfunk oder Fernsehen kann einen wirtschaftlichen Vorteil, den der Sponsor für sich anstrebt, begründen, insbesondere wenn sie in seine Öffentlichkeitsarbeit eingebunden ist oder der Sponsor an Pressekonferenzen oder anderen öffentlichen Veranstaltungen des Empfängers mitwirken und eigene Erklärungen über sein Unternehmen oder seine Produkte abgeben kann.

Wirtschaftliche Vorteile für das Unternehmen des Sponsors können auch dadurch erreicht werden, dass der Sponsor durch Verwendung des Namens, von Emblemen oder Logos des Empfängers oder in anderer Weise öffentlichkeitswirksam auf seine Leistungen aufmerksam macht.

Für die Berücksichtigung der Aufwendungen als Betriebsausgaben kommt es nicht darauf an, ob die Leistungen notwendig, üblich oder zweckmäßig sind; die Aufwendungen dürfen auch dann als Betriebsausgaben abgezogen werden, wenn die Geld- oder Sachleistungen des Sponsors und die erstrebten Werbeziele für das Unternehmen nicht gleichwertig sind. Bei einem krassen Missverhältnis zwischen den Leistungen des Sponsors und dem erstrebten wirtschaftlichen Vorteil ist der Betriebsausgabenabzug allerdings zu versagen, § 4 Abs. 5 Satz 1 Nr. 7 EStG.

Leistungen des Sponsors im Rahmen des Sponsoring-Vertrags, die die Voraussetzungen der RdNr. 3, 4 und 5 für den Betriebsausgabenabzug erfüllen, sind keine Geschenke im Sinne des § 4 Abs. 5 Satz 1 Nr. 1 EStG.

2. **Berücksichtigung als Spende:** Zuwendungen des Sponsors, die keine Betriebsausgaben sind, sind als Spenden (§ 10b EStG) zu behandeln, wenn sie zur Förderung steuerbegünstigter Zwecke freiwillig oder aufgrund einer freiwillig eingegangenen Rechtspflicht erbracht werden, kein Entgelt für eine bestimmte Leistung des Empfängers sind und nicht in einem tatsächlichen wirtschaftlichen Zusammenhang mit dessen Leistungen stehen, BFH-Urt. v. 25.11.87, BStBl. II 1988, 220, I R 126/85 und v. 12.12.90, BStBl. II 1991, 258, I R 65/86.

3. Nichtabziehbare Kosten der privaten Lebensführung oder verdeckte Gewinnausschüttungen: Als Sponsoringaufwendungen bezeichnete Aufwendungen, die keine Betriebsausgaben und keine Spenden sind, sind nicht abziehbare Kosten der privaten Lebensführung, § 12 Nr. 1 Satz 2 EStG. Bei entsprechenden Zuwendungen einer Kapitalgesellschaft können verdeckte Gewinnausschüttungen vorliegen, wenn der Gesellschafter durch die Zuwendungen begünstigt wird, z. B. eigene Aufwendungen als Mäzen erspart, vgl. Abschnitt 31 Abs. 2 Satz 4 KStR.

III. Steuerliche Behandlung bei steuerbegünstigten Empfängern:
Die im Zusammenhang mit dem Sponsoring erhaltenen Leistungen können, wenn der Empfänger eine steuerbegünstigte Körperschaft ist, steuerfreie Einnahmen im ideellen Bereich, steuerfreie Einnahmen aus der Vermögensverwaltung oder steuerpflichtige Einnahmen eines wirtschaftlichen Geschäftsbetriebs sein. Die steuerliche Behandlung der Leistungen beim Empfänger hängt grundsätzlich nicht davon ab, wie die entsprechenden Aufwendungen beim leistenden Unternehmen behandelt werden.

Für die Abgrenzung gelten die allgemeinen Grundsätze, vgl. insbesondere AEAO zu § 67a, Tz. 1/9, StEK AO 1977 Vor § 1 Nr. 10. Danach liegt kein wirtschaftlicher Geschäftsbetrieb vor, wenn die steuerbegünstigte Körperschaft dem Sponsor nur die Nutzung ihres Namens zu Werbezwecken in der Weise gestattet, dass der Sponsor selbst zu Werbezwecken oder zur Imagepflege auf seine Leistungen an die Körperschaft hinweist. Ein wirtschaftlicher Geschäftsbetrieb liegt auch dann nicht vor, wenn der Empfänger der Leistungen z. B. auf Plakaten, Veranstaltungshinweisen, in Ausstellungskatalogen oder in anderer Weise auf die Unterstützung durch einen Sponsor lediglich hinweist. Dieser Hinweis kann unter Verwendung des Namens, Emblems oder Logos des Sponsors, jedoch ohne besondere Hervorhebung, erfolgen. Ein wirtschaftlicher Geschäftsbetrieb – liegt dagegen vor, wenn die Körperschaft an den Werbemaßnahmen mitwirkt. Der wirtschaftliche Geschäftsbetrieb kann kein Zweckbetrieb (§§ 65–68 AO) sein.

Teil II

1 Die Sponsoring-Aktivitäten von 180 Unternehmen

Die Sponsoring-Aktivitäten von 180 Unternehmen vorzustellen, ist auf den ersten Blick nicht unbedingt eine schwere Aufgabe. Tatsächlich hat sich gezeigt, dass sehr viele Unternehmen in Deutschland bereits Sponsorships eingehen, diese aber nicht unbedingt marketing-strategisch an die Öffentlichkeit tragen. So etwas geschieht etwa durch einen Hinweis auf der eigenen Homepage. Oft wird eine auf Gegenseitigkeit beruhende Sponsorpartnerschaft mit der eindimensionalen Spendenvergabe verwechselt. Dennoch, ca. 400 große und mittelständische Unternehmen wurden via E-Mail angeschrieben und ca. 90 haben den entsprechenden Fragebogen bezüglich ihrer Sponsoring-Aktivitäten ausgefüllt. Viele Unternehmen befürchteten zusätzliche Sponsoring-Anfragen und haben deshalb die Aufnahme in den Sponsoring-Guide abgelehnt. Bei weiteren 90 Unternehmen konnten die bestehenden Sponsoring-Aktivitäten der Homepage entnommen werden. Die jeweilige Quelle wurde entsprechend vermerkt.

Die folgende Aufstellung enthält den Namen des Unternehmens, mögliche Ansprechpartner, die relevanten Kontaktdaten, die Bereiche des Sponsoring-Engagements und eine Auswahl konkreter Sponsor-Partnerschaften. Abschließend sind jeweils die Quelle, der Claim und das Tätigkeitsfeld des Unternehmens aufgeführt.

2 Übersicht der Sponsoring-Aktivitäten von Unternehmen in Deutschland inklusive Kontaktdaten

Unternehmen	**A. Sutter GmbH/Holding**
Ansprechpartner	Martin Sutter
Abteilung	Unternehmenskommunikation
Anschrift	Bottroper Str. 20
	D-45141 Essen
Telefon	+49 (0) 201/32 02–2
Fax	+49 (0) 201/32 02–9
E-Mail	martin.sutter@sutter.de
Internet	www.sutter.de
Förderung	Bildung, Kultur, Kunst, Sport
Beispiele	■ Aufbaugymnasium Essen, Projekt »Schule und Wirtschaft«
	■ Förderung der Natur- und Ingenieurwissenschaften an der Universität Essen
	■ Förderung bildender Künstler aus NRW; Kunstkäfig
Quelle	Homepage Sutter GmbH
Claim	»Wir arbeiten für die Kommunikation«
Bereich	Kommunikation

Unternehmen	**ABB AG**
Ansprechpartner	Martin Büllesbach
Abteilung	Leiter Unternehmenskommunikation
Anschrift	Gottlieb-Daimler-Str. 8
	D-68165 Mannheim
Telefon	+49 (0) 621/43 81–2 30
Fax	+49 (0) 621/43 81–3 72
E-Mail	martin.j.buellesbach@de.abb.com
Internet	www.abb.com
Förderung	Soziales
Beispiele	Special Olympics National Games
Quelle	Homepage
Claim	
Bereich	Energie- und Automationstechnik

Unternehmen	**Adam Opel AG**
Ansprechpartner	Edith Spahn
Abteilung	Sponsoring
Anschrift	Adam Opel Haus
	D-65423 Rüsselsheim
Telefon	+49 (0) 61 42/77–37 76
Fax	+49 (0) 61 42/77–86 27
E-Mail	edith.spahn@de.opel.com
Internet	www.opel.de
Förderung	Sport
Beispiele	■ Enjoy Basketball
	■ Opel Triathlon
	■ Opel Performance
Quelle	Homepage
Claim	»Opel. Frisches Denken für bessere Autos.«
Bereich	Automobilhersteller

Unternehmen	**Adecco Personaldienstleistungen GmbH**
Ansprechpartner	Tanja Siegmund
Abteilung	Public Relations
Anschrift	Flemingstraße 20–22
	D-36041 Fulda
Telefon	+49 (0) 661/93 98–2 33
Fax	+49 (0) 661/93 98–2 49
E-Mail	tanja.siegmund@adecco.de
Internet	www.adecco.de/home/start.html
Förderung	Sport

Beispiele	■ Davis Cup
	■ FC Nürnberg
	■ Borussia Fulda
	■ Adecco unterstützt die Integration von Menschen mit Behinderung in den europäischen Arbeitsmarkt
Quelle	Homepage
Claim	
Bereich	Personaldienstleistungen

Unternehmen	**adidas-Salomon AG/World of Sports**
Ansprechpartner	Jan Runau
Abteilung	Leiter Corporate PR und Global PR
Anschrift	D-91074 Herzogenaurach
Telefon	+49 (0) 91 32/84 38 30
Fax	+49 (0) 91 32/84 26 24
E-Mail	jan.runau@adidas.de
Internet	www.adidas-salomon.com/de
Förderung	Sport, adidas-Salomon ist mit seinen Hauptmarken adidas, Salomon und TaylorMade adidas Golf einer der größten Sportsponsoren der Welt.
Beispiele	■ Fußball: adidas ist u.a. offizieller Sponsor, Ausrüster und Lizenznehmer des FIFA World
	■ Olympia: adidas ist die Olympische Marke. Bei den Olympischen Spielen in Athen werden Athleten in 26 Sportarten ausgerüstet, mehr als 3.000 Sportler werden in adidas an den Start gehen, 30 Verbände werden ausgerüstet
	■ Weitere Sportarten: u.a. die New York Yankees (Baseball), Sergio Garcia (Golf), Janica Kostelic (Ski alpin), Ingo Schulz (Leichtathletik), Anna Kournikova (Tennis)
Quelle	Fragebogen
Claim	
Bereich	Sportartikelhersteller

Unternehmen	**Aloys F. Dornbracht GmbH & Co. KG**
Ansprechpartner	Holger Struck
Abteilung/Funktion	Leiter PR und Kulturkommunikation
Anschrift	D-Köbbingser Mühle 6
	58640 Iserlohn
Telefon	+49 (0) 23 71/4 33–1 19
Fax	+49 (0) 23 71/4 33–1 29
E-Mail	hstruck@dornbracht.de
Internet	www.dornbracht.de und www.cultureprojects.com
Förderung	Bildung, Kultur, Kunst, Soziales

Beispiele	■ Hauptsponsoring des deutschen Pavillons auf der Biennale von Venedig 1999 und 2001,
	■ Einzelausstellung von Fabrizio Plessi im Guggenheim SoHo/New York, 1998,
	■ Kooperation mit dem MMK Frankfurt/Dornbracht Installation Project(c), seit 2000.
Quelle	Fragebogen
Claim	
Bereich	Armaturen, Accessoires, Interiors, Culture Projects

Unternehmen	**Alpha 2000 Computer und Bürosysteme GmbH**
Ansprechpartner	Matthias Brühl
Abteilung/Funktion	Geschäftsführer
Anschrift	Robert Schumannstraße 13
	D-04107 Leipzig
Telefon	+49 (0) 341/9 19 18–0
Fax	+49 (0) 341/9 19 18–17
E-Mail	info@alpha2000.de
Internet	www.alpha2000.de
Förderung	Bildung, Soziales
Beispiele	■ LEIPZIGER TAFEL e.V.
	■ Initiative Demokratie
	■ Der Max-Klinger-Schule in Leipzig wurde von alpha 2000 ein neuer moderner HP NetServer TC3100 gesponsert
Quelle	Homepage
Claim	
Bereich	Computer- und Bürosysteme

Unternehmen	**ALSCO Berufskleidungs-Service GmbH**
Ansprechpartner	Franz Werner Wortmann
Abteilung/Funktion	Unternehmenskommunikation
Anschrift	Durchhäuserhof 65
	D-51107 Köln
Telefon	+49 (0) 221/9 86 05–0
Fax	+49 (0) 221/9 86 05–10
E-Mail	hv@alsco.de
Internet	www.alsco.de
Förderung	Bildung
Beispiele	Projekt »Miniköche«
Quelle	Homepage
Claim	»First in textile worldwide«
Bereich	Berufsbekleidung

Unternehmen	**ALTANA AG**
Ansprechpartner	Lars Schewe
Abteilung/Funktion	Corporate Communications
Anschrift	Herbert-Quandt-Haus
Telefon	Am Pilgerrain 15
	D-61352 Bad Homburg v. d. Höhe
Fax	+49 (0) 61 72/17 12–1 73
E-Mail	+49 (0) 61 72/17 12–1 80
Internet	lars.schewe@altana.de
Förderung	www.altana.de
Beispiele	Bildung, Kultur, Wissenschaft
Quelle	■ Unterstützung der Universität Konstanz, der TU Dresden, der WHU Koblenz,
	■ Förderung von Gymnasien und anderen Schulen in Bad Homburg,
	■ Aufbau der Deutschen Bibliothek, Den Haag.
Claim	Homepage
Bereich	»Think on«.

Unternehmen	**AMB Generali Holding AG**
Ansprechpartner	Manfred Schell
Abteilung/Funktion	Konzernpressesprecher
Anschrift	Aachener und Münchener Allee 9
	D-52074 Aachen
Telefon	+49 (0) 241/4 61–37 30
Fax	+49 (0) 241/4 61–38 30
E-Mail	presse@amb.de
Internet	www.amb.de
Förderung	Kultur, Soziales, Sport
Beispiele	■ Medienpreise für konstruktiv kritischen Wirtschaftsjournalismus
	■ Auszeichnungen für moderne Kunst, für den Film-Nachwuchs, für Literatur sowie Architektur
	■ Engagements bei lokalen und überregionalen Kultur- und Freizeitveranstaltungen
Quelle	Homepage
Claim	»Sicherheit. Freiräume. Lebensqualität.«
Bereich	Versicherung

Unternehmen	**American Express**
Ansprechpartner	Ursula Hellstern
Abteilung/Funktion	Pressesprecherin, Leiterin Öffentlichkeitsarbeit
Anschrift	Theodor-Heuss-Allee 112
	D-60486 Frankfurt a.M.
Telefon	+49 (0) 69/97 97–23 32
Fax	+49 (0) 69/97 97–29 19

E-Mail	Ursula.E.Hellstern@aexp.com
Internet	http://home3.americanexpress.com/germany
Förderung	Bildung, Kultur, Kunst, Sport (internationales Engagement), Soziales, Umwelt
Beispiele	■ Aidshilfe FRA Heidelberg
	■ Red Cross für die Hilfe der Flutopfer im Jahr 2002
	■ Ein Projekt in Heidelberg (noch in Planung)
	■ MTV Europe Music Awards und Vonda Shepard Chinatown World Tour 2003
Quelle	Fragebogen
Claim	»Long live dreams.«
Bereich	Karten, Finanzdienstleistungen, Reisebezogene Dienstleistungen

Unternehmen	**Antwerpes & Partner ag berlin**
Ansprechpartner	Torsten Schneider
Abteilung/Funktion	Senior Kundenberater
Anschrift	Magazinstrasse 15–16
	10179 Berlin
Telefon	+49 (0) 30/44 01 55–31
Fax	+49 (0) 30/9 20 53–1 33
E-Mail	torsten.schneider@antwerpes.de
Internet	www.antwerpes.de
Förderung	Wissenschaft
Beispiele	www.rettet-den-botanischen-garten.de
Quelle	Fragebogen
Claim	
Bereich	Werbeagentur

Unternehmen	**AOL Deutschland GmbH & Co. KG**
Ansprechpartner	Marc-Nicolas Oerke
Abteilung/Funktion	Director Branding/Leiter Sponsoring
Anschrift	Millerntorplatz 1
	D-20359 Hamburg
Telefon	+49 (0) 40/3 61 59–77 22
Fax	+49 (0) 40/3 61 59–77 33
E-Mail	aolpresse@aol.com
Internet	www.aol.com
Förderung	Sport
Beispiele	■ Namingright AOL Arena
	■ Exklusiv-Partner des HSV (Hamburger Sportverein)
	■ Hauptsponsor der Hamburg Blue Devils (American Football)

Quelle	Fragebogen
Claim	»In der unendlichen Welt des Internets bietet AOL ein Zuhause. Einen Ort, an dem man Freunde trifft, wo man sich geborgen und sicher fühlt.«
Bereich	Internetunternehmen

Unternehmen	**Arcor AG & Co. KG**
Ansprechpartner	Andreas Stracke
Abteilung/Funktion	Marketing
Anschrift	Alfred-Herrhausen-Alle 1
	D-60760 Eschborn
Telefon	+49 (0) 69/21 69–58 16
Fax	+49 (0) 69/21 69–40 45
E-Mail	andreas.stracke@arcor.net
Internet	www.arcor.de
Förderung	Sport, Soziales
Beispiele	▪ Fußball: Hertha BSC Berlin
	▪ Sozial: Schul@ktiv
	▪ Sozial: Schau!hin
Quelle	Fragebogen
Claim	»Enjoy Communication«
Bereich	Telekommunikationsdienstleister

Unternehmen	**AS – T/E/L/E/K/O/M GmbH**
Ansprechpartner	Albert A. Schöberl
Abteilung/Funktion	Geschäftsführung
Anschrift	Tegernseer Landstr. 33
	D-82008 Unterhaching
Telefon	+49 (0) 89/60 60 00 33
Fax	+49 (0) 89/60 60 00 34
E-Mail	albert.schoeberl@as-telekom.de
Internet	www.as-telekom.de
Förderung	Sport
Beispiele	▪ Eisbären, Ice Tigers, Wild-Wings, Wölfe
	▪ Unterstützung von Vereinen, wenn sie über mindestens 500 aktive oder passive Mitglieder verfügen
	▪ Unser Engagement steht für Gesundheit und einem hohen Maß an Unterhaltungs- und Freizeitwert
Quelle	Homepage
Claim	
Bereich	Sprach- und Datenübertragung

Unternehmen	**AUDI AG**
Ansprechpartner	Frau Rothers
Abteilung/Funktion	Unternehmenskommunikation
Anschrift	D-85045 Ingolstadt

Telefon	+49 (0) 841/89–3 49 00
Fax	+49 (0) 841/89–4 40 40
E-Mail	zentrale@audi.de
Internet	www.audi.de
Förderung	Kultur, Politik, Sport, Wirtschaft
Beispiele	■ Audi Wintersport, Golfsport, Segelsport, Reitsport, Radsport, FC Bayern München
	■ Musikliteratur
	■ Audi im LEGOLAND Deutschland im »Miniland« oder der Audi-Fahrschule
	■ Jahrestagungen des WEF in Davos und IWF-Jahrestagung in Dubai – das Audi Engagement in Politik und Wirtschaft
Quelle	Homepage
Claim	»Erfolg im Zeichen der vier Ringe.«
Bereich	Automobilhersteller

Unternehmen	**Avacon AG**
Ansprechpartner	Andreas Brandtner
Abteilung/Funktion	Bereich Öffentlichkeitsarbeit
Anschrift	Schillerstraße 3
	D-38350 Helmstedt
Telefon	+49 (0) 53 51/1 23–3 35 28
Fax	+49 (0) 53 51/1 23–4 03 61
E-Mail	andreas.brandtner@avacon.de
Internet	www.avacon.de
Förderung	Bildung, Forschung, Kunst, Kultur, Sport
Beispiele	■ Fit for Kids (mit dem Niedersächsischen Fußballverband)
	■ Lange Nacht der Museen in Hannover
	■ Avacon Skater Marathon
Quelle	Fragebogen
Claim	»Unsere Energie für Sie.«
Bereich	Energiedienstleister

Unternehmen	**Aventis Pasteur MSD**
Ansprechpartner	Michael Kölsch
Abteilung/Funktion	Leiter Presse- und Öffentlichkeitsarbeit
Anschrift	Paul-Ehrlich-Straße 1
	69181 Leimen
Telefon	+49 (0) 62 24/59–40
Fax	+49 (0) 62 24/59–4 33
E-Mail	mkoelsch@apmsd.com
Internet	www.apmsd.de
Förderung	Bildung, lokale Institutionen/Vereine, Soziales

Beispiele	■ Kinderwelten ist eine im Herbst 2002 gegründete Initiative von Aventis Pasteur MSD in Deutschland, zu Gunsten von Kindern in aller Welt. Sie unterstützt soziale Organisationen, die sich damit befassen, die Lebensumstände für Kinder zu verbessern.
	■ Benefiz und »Sharety« Gala »Kinderwelten«
	■ Aventis Pasteur MSD hilft Kindern in Afghanistan. Mädchen und Jungen können endlich wieder lernen.
Quelle	Homepage und Fragebogen
Claim	»Impfstoffe fürs Leben.«
Bereich	Herstellung und Vertrieb von Impfstoffen

Unternehmen	**Aventis Pharma Deutschland GmbH**
Ansprechpartner	Roger Jung
Abteilung/Funktion	Kommunikation Deutschland
Anschrift	Königsteinerstr. 10
	D-65812 Bad Soden am Taunus
Telefon	+49 (0) 69/3 05–8 42 80
Fax	+49 (0) 69/3 05–8 44 18
E-Mail	roger.jung@aventis.com
Internet	www.aventis.com
Förderung	Bildung, Kultur, Kunst, Soziales, Sport, Umwelt, internationale und interdisziplinäre Projekte für eine nachhaltige Zukunft durch die Aventis Foundation
Beispiele	■ Gründerinitiative Science4Life, Technologie Stiftung Hessen GmbH, Wiesbaden
	■ Wirtschaftsinitiative Metropolitana Frankfurt Rhein Main, IHK Frankfurt am Main
	■ Minkowski-Preis, European Association for the Study of Diabetes (EASD)
	■ Rheingau Musik Festival, Veranstaltung »Sonnengesang«: Komponistenporträt Sofia Gubaidulina« Kloster Eberbach
Quelle	Fragebogen
Claim	»Our Challenge is Life.«
Bereich	Pharmaunternehmen

Unternehmen	**B. Braun Melsungen AG**
Ansprechpartner	Dr. Bernadette Tillmanns-Estorf
Abteilung/Funktion	Stabsabteilung Unternehmenskommunikation
Anschrift	D-34209 Melsungen
Telefon	+49 (0) 56 61/71–16 30
Fax	+49 (0) 56 61/75–16 30
E-Mail	bernadette.tillmanns-estorf@bbraun.com
Internet	www.bbraun.de
Förderung	Bildung, Kultur, Kunst, Soziales, Sport

Beispiele	▪ Kunstsammlung B. Braun (mehr als 100 Exponate)
	▪ Rembrandt-Ausstellung in Kassel (2002)
	▪ Handball in Melsungen (Melsunger Turnverein, Zweite Bundesliga)
Quelle	Fragebogen
Claim	
Bereich	Medizinische Produkte, Dienstleistungen und Informationen für Ärzte, Pflege, Apotheker und Patienten

Unternehmen	**Bahlsen GmbH & Co.KG**
Ansprechpartner	Kristine Adams
Abteilung/Funktion	Unternehmenskommunikation – Managerin PR & Events
Anschrift	Podbielski Str. 11
	D-30163 Hannover
Telefon	+49 (0) 511/9 60–24 45
Fax	+49 (0) 511/9 60–24 42
E-Mail	Kristine. Adams@Bahlsen.com
Internet	www.bahlsen.com
Förderung	Bildung, Soziales
Beispiele	▪ BILD Herzensbrücke – Projekte im Raum Hannover werden durch einen Teil des Erlöses des jährlich stattfindenden Opernplatzverkaufes unterstützt
	▪ Bauern helfen Bauern – Bauern und soziale Projekte im Kosovo werden auch durch einen Teil des Erlöses vom Opernplatzverkauf unterstützt
	▪ Internationale Schule Hannover Region – gemeinnütziger Förderverein
Quelle	Fragebogen
Claim	
Bereich	Hersteller von süßen Backwaren

Unternehmen	**Bank für Sozialwirtschaft AG**
Ansprechpartner	Bernd Labetzsch
Abteilung/Funktion	Leiter Marketing
Anschrift	Wörthstraße 15–17
	50668 Köln
Telefon	+49 (0) 221/73 56–2 06
Fax	+49 (0) 221/73 56–4 77
E-Mail	b.labetzsch@sozialbank.de
Internet	www.sozialbank.de
Förderung	Soziales
Beispiele	▪ Deutscher Fundraising-Kongress – jährlich
	▪ Deutscher Fundraiserinnen-Tag – jährlich
	▪ Fundraising-Forum Bad Honnef – jährlich
Quelle	Fragebogen
Claim	»Wir machen Glück.«
Bereich	Bankgeschäft

Unternehmen	**BASF Aktiengesellschaft**
Ansprechpartner	Sigrid Adel
Abteilung/Funktion	Corporate Communications BASF-Gruppe
Anschrift	D-67056 Ludwigshafen
Telefon	+49 (0) 621 60/9 92 23
Fax	+49 (0) 621 60/2 01 29
E-Mail	sigrid.adel@basf-ag.de
Internet	www.basf.de
Förderung	Bildung, Kultur, Soziales, Sport, Wissenschaft
Beispiele	■ Karitative Zwecke 31,8%
	■ Schule und Ausbildung 14%
	■ Wissenschaft 5,1%
	■ Beschäftigungsförderung 12,7%
	■ Sport 3,2%
	■ Kultur 24,9%
	■ Sonstiges 9,0%
Quelle	Homepage
Claim	»Innovativ denken. Verantwortlich handeln.«
Bereich	Chemieunternehmen

Unternehmen	**Bayer AG**
Ansprechpartner	Dominique Lerchl
Abteilung/Funktion	Sponsoring
Anschrift	D-51368 Leverkusen
Telefon	+49 (0) 214/30–7 25 16
Fax	+49 (0) 214/30–5 68 47
E-Mail	dominique.lerchl@bayerbbs.com
Internet	www.bayer-ag.de und www.sport.bayer.de
Förderung	Kultur, Soziales, Sport
Beispiele	■ DBS (Deutscher Behinderten Sportbund)
	■ Bayer 04 Fußball
	■ Bayer Giants, Basketball Bundesliga
	■ Bayer Leichtathletik, Individualsportler
	■ Diverse Bundesliga-Ballsportarten
Quelle	Fragebogen
Claim	»Kompetenz und Verantwortung«
Bereich	Unternehmen mit Kernkompetenzen auf den Gebieten Gesundheit, Ernährung, Polymere und Chemie

Unternehmen	**Bayerische Hypo- und Vereinsbank AG**
Ansprechpartner	Regina Geißer
Abteilung/Funktion	GSC4 PR – Kulturengagements
Anschrift	Am Tucherpark 16
	D-80538 München
Telefon	+49 (0) 89/3 78–4 75 90
Fax	+49 (0) 89/3 78–33

E-Mail	regina.geisser@hvb.de
Internet	www.hvb.de
Förderung	Kultur, Sport
Beispiele	■ RAN SAT 1, FC Bayern München
	■ Richard-Strauss-Tage Garmisch-Partenkirchen
	■ Europäische Wochen Passau
Quelle	Fragebogen
Claim	»Leben Sie. Wir kümmern uns um die Details.«
Bereich	Bankgeschäft

Unternehmen	**Beiersdorf AG**
Ansprechpartner	Prof. Manuela Rousseau
Abteilung/Funktion	Sponsoring
Anschrift	Unnastraße 48
	D-20245 Hamburg
Telefon	+49 (0) 49 09/39 91
Fax	+49 (0) 49 09/25 16
E-Mail	manuela.rousseau@beiersdorf.com
Internet	www.beiersdorf.com
Förderung	Bildung, Kultur, Soziales, Sport
Beispiele	■ Deutsche Lebens-Rettungsgesellschaft mit zahlreichen Projekten im sportlichen und sozialen Bereich
	■ Vodafone Masters (Beachvolleyballtournee)
	■ Stiftung Lesen (Grundschulprogramm »tesalino und tesalina«)
Quelle	Fragebogen
Claim	»Auf der ganzen Welt nah am Verbaucher.«
Bereich	Markenartikel: Nivea, 8x4, Eucerin, Labello, Hansaplast

Unternehmen	**berolina Schriftbild GmbH & Co. KG**
Ansprechpartner	Frau Berg
Abteilung/Funktion	PR-Abteilung
Anschrift	Märkische Straße
	D-15806 Dabendorf
Telefon	+49 (0) 33 77/33 23 00
Fax	+49 (0) 33 77/31 31 60
E-Mail	pr@berolina.de
Internet	www.berolina.de
Förderung	Bildung, Sport, Umwelt
Beispiele	■ Mit einem einmaligen Sponsoring-Projekt unterstützt berolina Schulen
	■ Das berolina-Ultra-Team der Laufgemeinschaft Nord aus Berlin
	■ Seit 1993 Unterstützung des Nashorn-Schutzprojektes »Save The Rhino Trust« in Namibia
Quelle	Homepage

Claim	»berolina … das Schriftbild.«
Bereich	Produkte und Lösungen für IT-Drucker

Unternehmen	**betapharm Arzneimittel GmbH**
Ansprechpartner	Karolin Fischer
Abteilung/Funktion	Ansprechpartnerin Sponsoring
Anschrift	Kobelweg 95
	D-86156 Augsburg
Telefon	+49 (0) 821/72 46 30
Fax	+49 (0) 821/7 48 81–4 20
E-Mail	info@betapharm.de
Internet	www.betapharm.de
Förderung	Soziales
Beispiele	■ Gründung unseres beta Institutes für sozialmedizinische Forschung und Entwicklung gGmbH
	■ Internationale Augsburger Nachsorgesymposien
	■ Angebot von Dienstleistungen für Ärzte und Apotheker – Thema: sozialmedizinische Beratungskompetenz
Quelle	Fragebogen
Claim	»… mehr Mensch, weniger Kosten«.
Bereich	Arzneimittel

Unternehmen	**Bewag Aktiengesellschaft**
Ansprechpartner	Ariane Ribbeck
Abteilung/Funktion	Leiterin Marktkommunikation und Service
Anschrift	Puschkinallee 52
	D-12435 Berlin
Telefon	+49 (0) 30/26 71 10 92
Fax	+49 (0) 30/26 71 46 67
E-Mail	ribbeck.ariane@bewag.com
Internet	www.bewag.de
Förderung	Kultur, Kunst, Soziales, Sport, Umwelt
Beispiele	■ Cabuwazi Kinder- und Jugendzirkus
	■ Hertha BSC
	■ 1. FC Union
Quelle	Fragebogen
Claim	
Bereich	Energieunternehmen

Unternehmen	**BMW Group**
Ansprechpartner	Michael Kirsch
Abteilung/Funktion	Leiter Public Relations
Anschrift	Petuelring 130
	D-80788 München
Telefon	+49 (0) 89/3 82–2 51 11
Fax	+49 (0) 89/3 82–2 69 72

E-Mail	presse@bmw.de
Internet	www.press.bmwgroup.com
Förderung	Bildung, Kultur, Kunst, Soziales, Darstellende Kunst, Musik, Bildende Kunst
Beispiele	■ »Wir tragen Verantwortung« für Völkerverständigung und gegen Gewalt.
	■ »Wir tragen Verantwortung« für Bildungsprojekte in Schulen und Kindergärten.
	■ »Wir tragen Verantwortung« für den Kampf gegen HIV und AIDS.
Quelle	Homepage
Claim	
Bereich	Automobilhersteller

Unternehmen	**Brauerei C. & A. VELTINS GmbH & Co.**
Ansprechpartner	Markus Mittelmeier
Abteilung/Funktion	Sponsoring
Anschrift	An der Streue
	D-59872 Meschede-Grevenstein
Telefon	+49 (0) 29/3 49 59–0
Fax	+49 (0) 29/3 49 59–4 93
E-Mail	markus.mittelmeier@veltins.de
Internet	www.veltins.de
Förderung	Kultur, Sport
Beispiele	■ Co-Sponsor FC Schalke Gelsenkirchen 04
	■ Hauptsponsor Arena »Auf Schalke«
	■ Hauptsponsor regionaler Fußball, SSV Meschede sowie TuS Sundern
Quelle	Fragebogen
Claim	
Bereich	Getränkehersteller

Unternehmen	**Bremer Landesbank/Kreditanstalt Oldenburg – Girozentrale**
Ansprechpartner	Matina Lohmüller
Abteilung/Funktion	Kunstsponsoring
Anschrift	Domshof 26
	D-28195 Bremen
Telefon	+49 (0) 421/3 32–21 60
Fax	+49 (0) 421/3 32–22 78
E-Mail	matina.lohmueller@bremerlandesbank.de
Internet	www.bremerlandesbank.de
Förderung	Kunst, Kultur
Beispiele	■ »ArchiSound« Edith-Ruß-Haus für Medienkunst, Oldenburg
	■ »Die Foundation Maeght zu Gast im Neuen Museum Weserburg«, Neues Museum Weserburg Bremen
	■ Peter Campus, Kunsthalle Bremen

Quelle	Fragebogen
Claim	
Bereich	Bankengeschäft

Unternehmen	**BRITA GmbH**
Ansprechpartner	Franka Riedel
Abteilung/Funktion	Presseabteilung
Anschrift	Heinrich-Hertz-Straße 4
	D-65233 Taunusstein
Telefon	+49 (0) 61 28/7 46–6 86
Fax	+49 (0) 61 28/7 46–6 40
E-Mail	fr@brita.net
Internet	www.brita.de
Förderung	Kunst, Kultur, Sport
Beispiele	▪ Musikförderung
	▪ Aktuelle Ausstellungen
Quelle	Homepage
Claim	»Wasser, so wie ich es mag.«
Bereich	Wasserfilter

Unternehmen	**British American Tobacco (Germany) GmbH**
Ansprechpartner	Rainer Stubenvoll
Abteilung/Funktion	
Anschrift	Alsterufer 4
	D-20354 Hamburg
Telefon	+49 (0) 40/41 51–01
Fax	+49 (0) 40/41 51–3 23
E-Mail	rainer_stubenvoll@bat.de
Internet	www.bat.de
Förderung	Kunst, Kultur
Beispiele	▪ Unterstützung herausragender Kunstausstellungen, Galerie der Gegenwart, Ausstellung »Hypermental«
	▪ Tabakhistorische Sammlung, kulturgeschichtliche Bedeutung des Rauchens
	▪ Ausstellungen im BAT Kunst Foyer
	▪ The English Theatre of Hamburg
	▪ Campus Galerie im Foyer des Audimax auf dem Gelände der Bayreuther Universität
Quelle	Homepage
Claim	»Jede Cigarette, die man nicht bewusst genießt, ist eine zu viel.«
Bereich	Tabak, Genussmittel

Unternehmen	**Buchhandlung Anita Reuffel**
Ansprechpartner	Eberhard Duchstein
Abteilung/Funktion	Inhaber
Anschrift	Löhrstr. 92
	D-56068 Koblenz
Telefon	+49 (0) 261/3 03 07–0
Fax	+49 (0) 261/3 03 07–66
E-Mail	info@reuffel.de
Internet	www.reuffel.de
Förderung	Bildung, Kultur, Kunst
Beispiele	■ Verleihung des Josef-Breitbach-Preises der Akademie in Mainz
	■ Literatur-Matinee des Volkshochschulfreundeskreises
	■ Partner des Kulturamtes der Stadt Koblenz bei der Durchführung der Koblenzer Jugendwoche
Quelle	Fragebogen
Claim	
Bereich	Buchhandlung

Unternehmen	**Bundesverband der Deutschen Volksbanken und Raiffeisenbanken e.V. (BVR)**
Ansprechpartner	Dr. Rolf Kiefer
Abteilung/Funktion	Pressesprecher
Anschrift	Schellingstraße 4
	D-10785 Berlin
Telefon	+49 (0) 30/20 21–13 00
Fax	+49 (0) 30/20 21–19 05
E-Mail	kiefer@bvr.de
Internet	www.bvr.de
Förderung	Bildung, Kunst, Kultur, Soziales, Sport
Beispiele	■ Verein Aktive Bürgerschaft
	■ blueOrange – Kunstpreis der Deutschen Volksbanken und Raiffeisenbanken
	■ young.euro.classic
Quelle	Fragebogen
Claim	»Wir machen den Weg frei.«
Bereich	Bankengeschäft

Unternehmen	**Coca-Cola GmbH**
Ansprechpartner	Angelika Elser
Abteilung/Funktion	Public Affairs & Communications
Anschrift	Quartier 205, Friedrichstraße 68
	D-10117 Berlin
Telefon	+49 (0) 30/2 26 06–95 87
Fax	+49 (0) 30/2 26 06–91 10
E-Mail	anelser@eur.ko.com

Internet	www.eur.ko.com
Förderung	Bildung, Sport
Beispiele	■ »Schnapp Dir ein Buch« – Initiative zur Leseförderung in Zusammenarbeit mit der Stiftung Lesen
	■ »1000 Schulen in Bewegung« – Unterstützung von Schulsportfesten mit Aktionsmobil, Spiel- und Sportgeräten
	■ Fußballengagement – Sponsoring zahlreicher Erst- und Zweitligavereine, lokale Nachwuchsförderung
Quelle	Fragebogen
Claim	»Make it real«
Bereich	Getränkehersteller

Unternehmen	**Commerzbank AG**
Ansprechpartner	Peter Pietsch
Abteilung/Funktion	Leiter Pressestelle
Anschrift	Kaiserplatz
	D-60261 Frankfurt
Telefon	+49 (0) 69/1 36 20
Fax	+49 (0) 69/28 53 89
E-Mail	peter.pietsch@commerzbank.com
Internet	www.commerzbank.de
Förderung	Soziales, Umwelt
Beispiele	EUROPARC Initiative zur Förderung des Ehrenamts
Quelle	Homepage
Claim	»Ideen nach vorn«
Bereich	Bankengeschäft

Unternehmen	**DaimlerChrysler AG**
Ansprechpartner	Stefan Bernhart
Abteilung/Funktion	Communications/Corporate Sponsoring
Anschrift	HPC 1026
	D-70546 Stuttgart
Telefon	+49 (0) 711/17–9 34 94
Fax	+49 (0) 711/17–9 86 64
E-Mail	stefan.s.bernhart@daimlerchrysler.com
Internet	www.daimlerchrysler.com/index_g.htm
Förderung	Bildung, Kultur, Kunst, Soziales, Umwelt
	Das Unternehmen unterscheidet Sponsorings schon seit längerem nicht mehr nach den klassischen Sparten, sondern initiiert und unterstützt Projekte der Bereiche: Mobilität, Technologie & Innovation, Good Corporate Citizenship, Interkultureller Austausch.

Beispiele	■ MobileKids – eine Verkehrssicherheitsinitiative für Kinder
	■ SWR 3 New Pop Festival – Kooperation mit dem Radiosender, Verleihung des Awards an Newcomer der Popszene, Konzerte im DaimlerChrysler-Werk Rastatt
	■ DaimlerChrysler Award – Förderung der besten Nachwuchskünstler eines Landes aus verschiedenen Sparten von Kunst und Kultur
	■ 2000 bis 2002: Künstler der Republik Südafrika im Fokus der Förderinitiative
Quelle	Fragebogen
Claim	»Answers for questions to come«
Bereich	Automobilunternehmen

Unternehmen	**DaimlerChrysler Services AG**
Ansprechpartner	Iris Barth
Abteilung/Funktion	Sponsoring
Anschrift	Eichhornstr. 3
	D-10875 Berlin
Telefon	+49 (0) 30/25 54–11 10
Fax	+49 (0) 30/25 54–11 11
E-Mail	iris.barth@daimlerchrysler.com
Internet	www.daimlerchryslerservices.com/debis
Förderung	Kunst, Kultur
Beispiele	■ Europa-Tournee des Detroit Symphony Orchestra (DSO) zum interkulturellen Dialog (2002)
	■ Jährliche Europakonzerte mit den Berliner Philharmonikern
	■ DaimlerChrysler Award für den besten Nachwuchskünstler eines Landes mit Schwerpunkt Südafrika
	■ Unterstützung der Bibliothek von Alexandria mit Büchern und Skripten zur Verbesserung des Dialogs zwischen Orient und Okzident
Quelle	Fragebogen
Claim	
Bereich	Dienstleistungen rund ums Automobil

Unternehmen	**debitel AG**
Ansprechpartner	Silvia Finke
	Joachim Schlienz
Abteilung/Funktion	Kultur und Soziales
	Sport
Anschrift	D-70545 Stuttgart
Telefon	+49 (0) 711/72 17–4 14 bzw. –4 22
Fax	+49 (0) 711/72 17–4 90
E-Mail	silvia.finke@de.debitel.com
	joachim.schlienz@de.debitel.com

Internet	www.debitel.de
Förderung	Bildung, Kultur, Kunst, Soziales, Sport
Beispiele	■ Haupt- und Trikotsponsor VfB Stuttgart
	■ Mitmachen Ehrensache
	■ PCs für Förderschulen
Quelle	Fragebogen
Claim	»Kommunikation ist alles.«
Bereich	Telekommunikation

Unternehmen	**Delta Lloyd Deutschland AG**
Ansprechpartner	Beate Weber-Schnee
Abteilung/Funktion	Öffentlichkeitsarbeit
Anschrift	Schuppstr. 37
	D-65191 Wiesbaden
Telefon	+49 (0) 611/54 03 22
Fax	+49 (0) 611/54 19 31
E-Mail	info@deltalloyd.de
Internet	www.deltalloyd.de
Förderung	Soziales, Regionales
Beispiele	Engagement für benachteiligte oder kranke Kinder
Quelle	Homepage
Claim	»Mehr vermögen.«
Bereich	Lebensversicherungsmarkt

Unternehmen	**Deutsche Bahn AG**
Ansprechpartner	Thomas Port
Abteilung/Funktion	Leiter Sponsoring/Kooperationen
Anschrift	Potsdamer Platz 2
	D-10785 Berlin
Telefon	+49 (0) 30/2 97–6 12 73
Fax	+49 (0) 30/2 97–6 19 13
E-Mail	thomas.port@bahn.de
Internet	www.bahn.de und www.bahn.de/basketball
Förderung	Bildung, Kunst, Kultur, Soziales, Sport, Umwelt
Beispiele	■ Basketball Bundesliga inkl. Bahn Basketball Academy
	■ Stiftung Lesen
	■ Sesamstraße-Bahnhofs-Tour
Quelle	Fragebogen
Claim	»Die Bahn macht mobil.«
Bereich	Transport

Unternehmen	**Deutsche Lufthansa Aktiengesellschaft**
Ansprechpartner	Dr. Karlheinz Haag
Abteilung/Funktion	Leiter Umweltkonzepte Konzern
Anschrift	Flughafen-Bereich West
	D-60546 Frankfurt/M.

Telefon	+49 (0) 69/6 96–9 49 74
Fax	+49 (0) 69/6 96–30 02
E-Mail	karlheinz.haag@dlh.de
Internet	konzern.lufthansa.com/de
Förderung	Soziales, Umwelt
Beispiele	■ Kranichschutz, Living Lakes, Forschungsprojekte zur Minimierung der Umweltbelastung
	■ Wir für Rhein/Main
	■ HelpAlliance e.V. ist eine private, politisch und konfessionell unabhängige Initiative von Lufthansa-Beschäftigten, die sich weltweit sozial engagieren
Quelle	Homepage
Claim	»There's no better way to fly.«
Bereich	Transport

Unternehmen	**Deutsche Post AG Zentrale**
Ansprechpartner	Monika Siebert
Abteilung/Funktion	Konzernkommunikation/Pressestelle
Anschrift	D-53250 Bonn
Telefon	+49 (0) 228/1 82–99 88
Fax	+49 (0) 228/1 82–98 22
E-Mail	pressestelle@deutschepost.de
Internet	www.dpwn.de/de_de/gesellschaft_umwelt/sponsoring/index.html
Förderung	Kultur, Soziales, Sport
Beispiele	■ Von Eishockey bis Triathlon
	■ Gesellschaftliches Engagement, Charity-Aktionen, Unterstützung wohltätiger Zwecke
	■ Intensive Förderung des kulturellen Bereiches
Quelle	Homepage
Claim	»Wir bewegen Welten!«
Bereich	Transport

Unternehmen	**Deutsche Telekom AG**
Ansprechpartner	Christiane Goerdeler
Abteilung/Funktion	Public Relations/Sponsoring
Anschrift	Friedrich-Ebert-Allee 140
	D-53113 Bonn
Telefon	+49 (0) 22 81/81–9 43 21
Fax	+49 (0) 22 81/81–9 43 21
E-Mail	christiane.goerdeler@telekom.de
Internet	www.telekom.de
Förderung	Bildung, Kunst, Kultur, Soziales, Sport, Umwelt
Beispiele	■ FC Bayern München
	■ Renovierung des Brandenburger Tors
	■ Kinder-, Jugend- und Elterntelefon

Im ICE kann man seine Arbeitszeit genauso
sinnvoll nutzen wie im Büro.

Die Bahn macht mobil.

Im ICE können Sie sich auf Meetings, Präsentationen, Projekte und Vorlesungen vorbereiten.
Bei bis zu 300 km/h – aber ganz ohne Hektik. In vier Städten können besonders Ausgeschlafene
den ICE Sprinter nehmen, der Sie noch schneller von City zu City bringt: www.bahn.de.

Quelle	Fragebogen
Claim	»Alles was uns verbindet.«
Bereich	Telekommunikation

Unternehmen	**Deutsche Telekom AG**
Ansprechpartner	Karl Braun
Abteilung/Funktion	Leiter Konzernsportsponsoring
Anschrift	Friedrich-Ebert-Allee-140
	D-53113 Bonn
Telefon	+49 (0) 228/1 81–9 40 80
Fax	+49 (0) 61 51/1 81–9 41 58
E-Mail	Karl. Braun@telekom.de
Internet	www.telekom3.de/de-p/konz/konz/cc-startseite.html
Förderung	Kultur, Soziales, Sport
Beispiele	■ Team Telekom
	■ FC Bayern München
	■ Bonn Baskets
Quelle	Fragebogen
Claim	»Alles was uns verbindet.«
Bereich	Telekomunikation

Unternehmen	**DEUTSCHER HEROLD – Allgemeine Versicherung AG**
Ansprechpartner	Michael Thomas
Abteilung/Funktion	Werbung und Sponsoring
Anschrift	Poppelsdorfer Allee 25–33
	D-53115 Bonn
Telefon	+49 (0) 228/2 68–01
Fax	+49 (0) 228/2 68–39 52
E-Mail	Michael. Thomas@zurich.com
Internet	www.herold.de
Förderung	Sport
Beispiele	■ Co-Partner und Versicherer der Olympiamannschaft
	■ Förderer und Partner des Leistungssports
	■ Förderer Vereinssport
Quelle	Homepage
Claim	
Bereich	Versicherung

Unternehmen	**DKV Deutsche Krankenversicherung AG**
Ansprechpartner	Dr. Karin Baumhöver
Abteilung/Funktion	Öffentlichkeitsarbeit
Anschrift	Aachener Straße 300
	D-50933 Köln
Telefon	+49 (0) 221/5 78 29 89
Fax	+49 (0) 221/5 78 47 05
E-Mail	presse@dkv.com

Internet	www.dkv.com
Förderung	Kultur, Kunst
Beispiele	Deutsches Hygiene-Museum in Dresden
Quelle	Homepage
Claim	
Bereich	Krankenversicherung

Unternehmen	**Dr. Ing. h.c. F. Porsche AG**
Ansprechpartner	Ines Deckstein
Abteilung/Funktion	Presse und Öffentlichkeitsarbeit
Anschrift	Porscheplatz 1
	D-70435 Stuttgart
Telefon	+49 (0) 711/9 11–52 79
Fax	+49 (0) 711/9 11–79 25
E-Mail	info@porsche.de
Internet	www.porsche.de
Förderung	Kultur, Sport
Beispiele	■ Porsche Tennis Grand Prix in Filderstadt
	■ Sanex-WTA-Tour, »Porsche Race to the Tour Championships«
	■ Förderung Eishockey-Club »Bietigheim Steelers«
	■ Ferry-Porsche-Preis für engagierte Abiturienten
	■ Förderung Technologie Centrum Leipzig
	■ Förderung von Filmprojekten, Kooperation mit der Filmhochschule Ludwigsburg
Quelle	Homepage
Claim/Philosophie	»Zu unseren Visionen gehören auch die Emotionen.«
Bereich	Automobilhersteller

Unternehmen	**Drägerwerk AG, Dräger Stiftung**
Ansprechpartner	Anja Komorr
Abteilung/Funktion	Presse- und Öffentlichkeitsarbeit
Anschrift	Moislinger Allee 53–55
	D-23542 Lübeck
Telefon	+49 (0) 451/8 82–26 24
Fax	+49 (0) 451/8 82–39 44
E-Mail	anja.komorr@draeger.com
Internet	www.draeger-stiftung.de
Förderung	Wissenschaft, Forschung, Medizin, Musik, Kunst, Kultur sowie Landschafts- und Umweltschutz vornehmlich im norddeutschen Raum
Beispiele	■ Malenter Symposien
	■ Tonbacher Gesprächskreise
	■ Deutsch-amerikanische Konferenzen, international besetzte Konferenzen zu wechselnden Themen

Quelle	Homepage
Claim	
Bereich	Geräte und Systeme in den Bereichen Medizin-, Sicherheits- und Luft- und Raumfahrttechnik

Unternehmen	**Dresdner Bank Aktiengesellschaft**
Ansprechpartner	Monika Schwarz
Abteilung/Funktion	Leitung Sponsoring
Anschrift	Jürgen-Ponto-Platz 1
	D-60301 Frankfurt am Main
Telefon	+49 (0) 69/2 63–1 92 75
Fax	+49 (0) 160/2 63–5 51 52
E-Mail	monika.m.schwarz@dresdner-bank.com
Internet	www.dresdner-bank.de
Förderung	Bildung, Kultur, Kunst, Soziales, Sport
Beispiele	■ Das Grüne Band für vorbildliche Talentförderung im Verein
	■ English Theatre Frankfurt
	■ Dresdner Bank Golf Cup (eigene Amateurgolfserie)
	■ Linde German Masters (Hauptsponsor)
Quelle	Fragebogen
Claim	»Die Beraterbank«
Bereich	Bankengeschäft

Unternehmen	**E.ON AG**
Ansprechpartner	Sabine Hower
Abteilung/Funktion	Unternehmenskommunikation/Presse
Anschrift	E.ON-Platz 1
	D-40479 Düsseldorf
Telefon	+49 (0) 211/45 79–4 72
Fax	+49 (0) 211/45 79–5 66
E-Mail	sabine.hower@eon.com
Internet	www.eon.com
Förderung	Sport, Kunst, Kultur
Beispiele	■ Fußball: Borussia Dortmund
	■ Public-Private-Partnership mit der Stadt Düsseldorf. E.ON hat mit der Stadt das museum kunst palast neu gegründet
	■ E.ON ist seit Jahren Partner des Whitney Museums in New York
	■ Im Bereich der Klassischen Musik fördert E.ON u. a. die Robert Schumann Hochschule in Düsseldorf, das Münchener Prinzregententheater, die Münchener und Berliner Philharmoniker und das alljährliche Klavier-Festival Ruhr
	■ Weitere Aktivitäten gehen über die Tochtergesellschaften
Quelle	Homepage
Claim	»Neue Energie.«
Bereich	Energie

Unternehmen	**EastLink GmbH**
Ansprechpartner	Andreas Wolske
Abteilung/Funktion	Geschäftsführer
Anschrift	Leipziger Straße 46
	D-09113 Chemnitz
Telefon	+49 (0) 180/5 43 20 60
Fax	+49 (0) 371/4 32 06 26
E-Mail	andreas.wolske@eastlink.de
Internet	www.eastlink.de/company/sponsoring.php3
Förderung	Bildung, Kultur
Beispiele	■ Chemnitzer Schulen gehen online
	■ Chemnitzer Linux-Tag 2004 an der TU Chemnitz
	■ Hosting, Betrieb und Internet – Anbindung des WWW-Server für Städtische Museen & Kunstsammlung Chemnitz
	■ VfB Chemnitz
	■ Virtual Library Museen (Deutschland)
	■ Regionalverband »Hilfe für das autistische Kind«
	■ Smart-Club Chemnitz e.V.
	■ Individual Network e.V. – Chemnitz
Quelle	Fragebogen und Homepage
Claim	
Bereich	Lösungen für das Internet-Geschäft

Unternehmen	**Energieversorgung Offenbach AG (EVO)**
Ansprechpartner	Frau Stock
Abteilung/Funktion	Marketing und Kommunikation
Anschrift	Andréstraße 71
	D-63067 Offenbach a.M.
Telefon	+49 (0) 69/80 60–18 22
Fax	+49 (0) 69/80 60–19 29
E-Mail	kunden@evo-ag.de
Internet	www.evo-ag.de
Förderung	Kultur, Soziales, Sport
Beispiele	■ Offenbacher Kickers (OFC) und kleinere Vereine wie SG Germania 1915 e.V. Klein-Krotzenburg, die Spielvereinigung 03 Neu-Isenburg und der 1. Judo-Club Samurai
	■ Clown Doktoren e.V., Hilfe für Kinder krebskranker Eltern e.V.
	■ RUK Rumpenheimer Kultur e.V., Jugendkunstschule Offenbach e.V., Einhard-Schule-Seligenstadt und die Wintergarden-Konzerte e.V. im Alten Schlachthof
Quelle	Homepage
Claim	»Energie und Services.«
Bereich	Energie

Unternehmen	**entega Vertrieb GmbH & Co. KG**
Ansprechpartner	Bernd Schneider
Abteilung/Funktion	Sponsoring
Anschrift	Postfach 11 07 61
	D-64222 Darmstadt
Telefon	+49 (0) 61 51/9 70–27 35
Fax	+49 (0) 61 51/9 70–28 86
E-Mail	schneiderbe@entega.de
Internet	www.entega.de
Förderung	Kultur, Sport
Beispiele	▪ 1. FSV Mainz 05, Sportverein Darmstadt 1898, entega energyCup und der jährliche entega Grand-Prix der Radprofis
	▪ Darmstädter Residenzfestspiele, Schlossgrabenfest Darmstadt, Mainzer Zeltfestival sowie Kultursommer Südhessen
Quelle	Homepage
Claim	»energie mit esprit.«
Bereich	Energie

Unternehmen	**envia Mitteldeutsche Energie AG**
Ansprechpartner	Mario Grimm
Abteilung/Funktion	Unternehmenskommunikation
Anschrift	Magdeburger Straße 51
	D-06112 Halle/Saale
Telefon	+49 (0) 371/4 82–0
Fax	+49 (0) 371/4 82–29 99
E-Mail	Mario. Grimm@enviaM.de
Internet	www.enviam.de
Förderung	Bildung, Brauchtum, Heimatpflege, Kultur, Regionales, Sport, Wirtschaft, Wissenschaft
Beispiele	▪ FC Energie Cottbus, Chemnitzer FC, enviaM-Fußball-Hallenmasters in Zwickau, Doppel-Zweier und Doppel-Vierer im Rudern, 2. enviaM Mitteldeutscher Marathon von Halle nach Leipzig, Basketball Clubs (MBC) »Die Wölfe«
	▪ Kurt Weill-Fest in Dessau, Händel-Festspiele in Halle und Bad Lauchstädt, Bornaer Musiksommer, Sächsische Mozart-Gesellschaft, Brandenburgische Kunstsammlung, Erstellung eines Kunstkalenders
	▪ Kooperationsverträge mit der Technischen Universität Chemnitz, der Hochschule für Technik, Wirtschaft und Kultur Leipzig sowie der Hochschule Mittweida
	▪ enviaM unterstützt Kommunen, Vereine und Initiativen bei lokalen Projekten wie Stadtfesten, Tagen der offenen Tür und anderen Aktivitäten
Quelle	Homepage
Claim	»Menschen mit Energie«
Bereich	Energie

Unternehmen	**E-Plus Mobilfunk GmbH & Co. KG**
Ansprechpartner	Susanne Bös
Abteilung/Funktion	Marketing Manager
Anschrift	E-Plus-Platz
	D-40468 Düsseldorf
Telefon	+49 (0) 211/4 48–24 27
Fax	+49 (0) 211/4 48–40 99
E-Mail	susanne.boes@eplus.de
Internet	www.eplus.de/nachspiel
Förderung	Sport
Beispiele	■ Deutsche Nationalmannschaft
	■ Rhein Fire (NFL Europe League)
	■ Bambi (Deutschlands größter Medienpreis)
Quelle	Fragebogen
Claim	»Ein + verbindet.«
Bereich	Telekommunikation

Unternehmen	**ESAG Energieversorgung Sachsen Ost AG**
Ansprechpartner	Claudia Kämpfe
Abteilung/Funktion	Marketing
Anschrift	Hauptverwaltung
	Friedrich-List-Platz 2
	D-01069 Dresden
Telefon	+49 (0) 351/4 68–36 09
Fax	+49 (0) 351/4 68–38 02
E-Mail	Claudia_Kaempfe@esag.de
Internet	www.esag.de
Förderung	Sport, Kultur
Beispiele	■ ESAG-Fußball-Camp (kostenloses Camp für Nachwuchs-kicker im Alter von 10–12 Jahren)
	■ ESAG-Fußball-Beirat (Vergabe von Förderpreisen an Fuß-ballvereine für vorbildliche Nachwuchsarbeit)
	■ Musikfestival Sandstein & Musik
Quelle	Fragebogen
Claim	»Alles Service.«
Bereich	Energie

Unternehmen	**ExxonMobil Central Europe Holding GmbH**
Ansprechpartner	Karl-Heinz Schult-Bornemann
Abteilung/Funktion	Sponsoring
Anschrift	Kapstadtring 2
	D-22297 Hamburg
Telefon	+49 (0) 40/63 93–0
Fax	+49 (0) 40/63 93–33 68
E-Mail	karl.schult-bornemann@exxonmobil.com
Internet	www.exxonmobil.de

Förderung	Sport: Motorsport; Umwelt: Baumpflanzaktion; Kunst: Ausstellungen in Museen und Galerien; Kultur: Pegasus Kulturprogramm; Bildung: Schulen und Universitäten; Soziales: wechselnde Schwerpunkte; Sonstiges: Tigerschutz- und Zuchtprogramme
Beispiele	■ Pegasus Preis für Hamburger Privattheater
	■ Wanderausstellung »Tiger in Gefahr« für Zoos im deutschsprachigen Raum
	■ Botanischer Verein zu Hamburg
Quelle	Fragebogen
Claim	
Bereich	Informationen rund um die Suche, Erschließung, Förderung und Vermarktung von Erdgas und Erdöl, Chemie- und Luftfahrtgeschäft sowie Marineschmierstoffe

Unternehmen	**Fielmann AG**
Ansprechpartner	Mike Cuvalo
Abteilung/Funktion	Sponsoring
Anschrift	Weidestraße 118a
	D-22083 Hamburg
Telefon	+49 (0) 40/2 70 76–5 23
Fax	+49 (0) 40/2 70 76–6 26
E-Mail	m.cuvalo@fielmann.com
Internet	www.fielmann.com
Förderung	Umwelt
Beispiele	■ Umweltpädagogik
	■ Fielmann legt größte Freiluftanlage für heimische Falter an
	■ Der Zukunftswald
	■ Fielmann unterstützt Wiederaufforstungen
Quelle	Homepage
Claim	
Bereich	Augenoptiker

Unternehmen	**Ford-Werke AG**
Ansprechpartner	Bernd F. Meier
Abteilung/Funktion	Leiter Sponsoring/Kommunikation
Anschrift	Postfach 71 02 65
	D-50742 Köln
Telefon	+49 (0) 221/90–1 75 20
Fax	+49 (0) 221/90–1 29 84
E-Mail	bmeier@ford.com
Internet	www.ford.de/ie/sponsoring und www.ford.de
Förderung	Sport, Kultur, Bildung, Soziales
Beispiele	■ Fußball Champions League
	■ Ford Köln Marathon
	■ Kölner Freie Theater

Quelle	Fragebogen
Claim	»Besser ankommen.«
Bereich	Automobilhersteller

Unternehmen	**FUJIFILM PHOTO FILM EUROPE GMBH**
Ansprechpartner	Alice Manheller
Abteilung/Funktion	Public Relation
Anschrift	Heesenstraße 31
	D-40549 Düsseldorf
Telefon	+49 (0) 211/50 89–4 15
Fax	+49 (0) 211/50 89–5 59
E-Mail	presse@fujifilm.de
Internet	www.fujifilm.de/aktu/a_spons.html
Förderung	Kunst, Sport
Beispiele	■ DLV Mehrkampf, Leichtathletik Deutsche Meisterschaften, DLV Meeting, Leichtathletik Deutsche Hallenmeisterschaften, Eiskunstlauf Europameisterschaften Malmö
	■ 5. Internationale Naturfototage, Fürstenfeldbruck
Quelle	Homepage
Claim	»Get the picture.«
Bereich	Fotographie

Unternehmen	**GASAG – Berliner Gaswerke Aktiengesellschaft**
Ansprechpartner	Birgit Jammes
Abteilung/Funktion	Unternehmenskommunikation
Anschrift	Reichpietschufer 60
	D-10785 Berlin
Telefon	+49 (0) 30/78 72–30 42
Fax	+49 (0) 30/78 72–10 24
E-Mail	bjammes@gasag.de
Internet	www.gasag.de/de/privatkunden/unternehmen/sponsoring/index.html
Förderung	Kultur, Kunst, Soziales, Sport, Umwelt
Beispiele	■ Kunstfabrik am Flutgraben
	■ Bar jeder Vernunft
	■ Neuköllner Oper
	■ Alte Feuerwache
Quelle	Fragebogen
Claim	»Fühl die Energie.«
Bereich	Energie

Unternehmen	**Gasversorgung Süddeutschland**
Ansprechpartner	Bernhard Büchele
Abteilung/Funktion	Kommunikation
Anschrift	Am Wallgraben 135
	D-70565 Stuttgart

Telefon	+49 (0) 711/78 12–14 05
Fax	+49 (0) 711/78 12–12 91
E-Mail	buechele@gvs-erdgas.de
Internet	www.gvs-erdgas.de
Förderung	Bildung, Kultur, Kunst, Soziales, Sport, Umwelt
Beispiele	■ FH Stuttgart, FH Konstanz, Hochschul-Sponsoring
	■ Sport, Nachwuchsförderung Erdgas-Schüler-Cup
	■ Schulbereich allgemein
Quelle	Fragebogen
Claim	
Bereich	Energie

Unternehmen	**Gebr. Röchling KG**
Ansprechpartner	Ina Breitsprecher
Abteilung/Funktion	Leitung Kommunikation
Anschrift	Richard-Wagner-Straße 9
	D-68165 Mannheim
Telefon	+49 (0) 621/44 02–0
Fax	+49 (0) 621/44 02–2 84
E-Mail	info@roechling.de
Internet	www.roechling.de
Förderung	Bildung
Beispiele	■ Umbau eines Hörsaals für 200 Studenten an der Universität Mannheim
	■ Unterstützung von technisch-wissenschaftlichen Forschungen auf Gebieten, die auch für die Röchling-Firmen interessant sind
Quelle	Homepage
Claim	
Bereich	Technische Kunststoffe, Automobiltechnik, Elektronik und Wehrtechnik

Unternehmen	**Gerling-Konzern Versicherungs-Beteiligungs-AG**
Ansprechpartner	Volker Gasser
Abteilung/Funktion	Unternehmenskommunikation
Anschrift	Gereonshof
	D-50670 Köln
Telefon	+49 (0) 221/1 44–26 47
Fax	+49 (0) 221/1 44–51 27
E-Mail	volker.gasser@gerling.de
Internet	www.gerling.com/de
Förderung	Umwelt
Beispiele	■ Wir fördern sowohl regionale als auch nationale und internationale Umweltschutzprojekte

- Darüber hinaus wird die Entwicklung neuer, umweltschonender Technologien, z. B. zur Nutzung der Solarenergie, gefördert
- Solarprojekt auf der griechischen Insel Samos, Solarpavillon der Hochschule Aachen in Jülich, internationale Tagung zur Wasserstofftechnologie (HYFORUM)
- Unterstützung von Forschungsarbeiten von Universitäten und Facheinrichtungen, die sich mit Umweltschutzfragen befassen

Quelle	Homepage
Claim	»Wir unternehmen Sicherheit.«
Bereich	Versicherung

Unternehmen	**Germanwings GmbH**
Ansprechpartner	Heinz-Joachim Schoettes
Abteilung/Funktion	Unternehmenskommunikation
Anschrift	Terminalstraße 10
	D-51147 Köln
Telefon	+49 (0) 18 05/95 58 55
Fax	+49 (0) 22 03/10 27–3 00
E-Mail	heinz-joachim.schoettes@germanwings.com
Internet	www.germanwings.com
Förderung	Sport
Beispiele	Sponsoring-Partner des 1. FC Köln
Quelle	Homepage
Claim	»Fly high, pay low.«
Bereich	Transport

Unternehmen	**Gerolsteiner Brunnen GmbH & Co. KG**
Ansprechpartner	Stefan Göbel
Abteilung/Funktion	Leiter Corporate Communications
Anschrift	Vulkanring
	D-54567 Gerolstein
Telefon	+49 (0) 65 91/14–2 33
Fax	+49 (0) 65 91/14–2 02
E-Mail	stefan.goebel@gerolsteiner.com
Internet	www.gerolsteiner.de
Förderung	Radsport (Team Gerolsteiner, Niedersachsen Rundfahrt, Hessen Rundfahrt, Rheinland-Pfalz Rundfahrt)
Beispiele	■ Gerry Weber Open Halle
	■ Deutscher Leichtathletik Verband
	■ Team Gerolsteiner
Quelle	Fragebogen
Claim	»So wichtig wie die Luft zum Atmen.«
Bereich	Getränkehersteller

Unternehmen	**GEW RheinEnergie AG**
Ansprechpartner	Christoph Preuß
Abteilung/Funktion	Sponsoring
Anschrift	Parkgürtel 24
	D-50823 Köln
Telefon	+49 (0) 221/1 78–30 36
Fax	+49 (0) 221/1 78–22 34
E-Mail	c.preuss@rheinenergie.com
Internet	www.gewkoelnag.de
Förderung	Sport
Beispiele	■ 1. FC Köln
	■ KEC – Die Haie
Quelle	Homepage
Claim	»fair und nah.«
Bereich	Energie

Unternehmen	**Gothaer Versicherungsbank VVaG**
Ansprechpartner	Dagmar Hildebrandt
Abteilung/Funktion	Marketingmanagerin Sponsoring
Anschrift	Arnoldiplatz 1
	D-50969 Köln
Telefon	+49 (0) 221/3 08–44 46
Fax	+49 (0) 221/3 08–44 20
E-Mail	dagmar_hildebrandt@gothaer.de
Internet	www.gothaer.de
Förderung	Kultur, Sport, Wirtschaft/Wissenschaft
Beispiele	■ Reitsport: Burgturnier Nörten-Hardenberg
	■ Segelsport: Segelyacht »UCA«
	■ Kultur: Projekt »Rilke live«
Quelle	Fragebogen
Claim	»Wir machen das.«
Bereich	Versicherung

Unternehmen	**Hamburger Sparkasse AG**
Ansprechpartner	Dr. Wolfgang Blümel
Abteilung/Funktion	Presse- und Öffentlichkeitsarbeit
Anschrift	Ecke Adolphsplatz/Großer Burstah
	D-20457 Hamburg
Telefon	+49 (0) 40/35 79–34 99
Fax	+49 (0) 40/35 79–35 62
E-Mail	wolfgang.bluemel@haspa.de
Internet	www.haspa.de
Förderung	Kultur, Kunst, Sport

Beispiele	■ Unterstützung des HH Wahrzeichens Michel und Engagement für die Stiftung St. Michaelis
	■ Engagement im Hochseesegeln, Sponsoring des Hamburgischen Vereins Seefahrt e.V.
	■ Engagement im Kunstsponsoring (Malerei der Hamburgischen Sezession, Zusammenarbeit mit dem Museum für Kunst und Gewerbe in Hamburg, Dauerleihgabe einer Haspa-Sammlung an das Museum
Quelle	Fragebogen
Claim	»Meine Bank heißt Haspa.«
Bereich	Bankengeschäft

Unternehmen	**Hamburgische Electricitäts-Werke AG (HEW)**
Ansprechpartner	Christof Coninx
Abteilung/Funktion	Leiter Kommunikation
Anschrift	Überseering 12
	D-22297 Hamburg
Telefon	+49 (0) 40/63 96 27 31
Fax	+49 (0) 40/63 96 27 70
E-Mail	christof.coninx@hew.de
Internet	www.hew.de
Förderung	Kultur, Kunst, Sport
Beispiele	■ Hamburg Freezers (Eishockey), HSV, Triathlon, Cyclassics
	■ Lesetage
	■ Ferienspaß, Weihnachtsbacken
Quelle	Fragebogen
Claim	»Die Energie dieser Stadt.«
Bereich	Energie

Unternehmen	**Hamburg-Mannheimer Versicherungs-AG**
Ansprechpartner	Sebastian Conrad
Abteilung/Funktion	Presse, Information und Sponsoring
Anschrift	Überseering 45
	D-22297 Hamburg
Telefon	+49 (0) 40/63 76–33 32
Fax	+49 (0) 40/63 76–28 57
E-Mail	Sebastian.Conrad@Hamburg-Mannheimer.de
Internet	www.hamburg-mannheimer.de
Förderung	Bildung, Soziales (hauseigene Stiftung »Jugend & Zukunft«), Sport
Beispiele	■ Initiative D21
	■ Bundespreisträger in Mathematik
	■ Stiftung Phönix
Quelle	Fragebogen
Claim	»Glück ist planbar.«
Bereich	Bankengeschäft

Unternehmen	**HANSA-FLEX Hydraulik GmbH**
Ansprechpartner	Thomas Armerding
Abteilung/Funktion	Geschäftsführer
Anschrift	Zum Panrepel 44
	D-28307 Bremen
Telefon	+49 (0) 421/48 90 70
Fax	+49 (0) 421/4 89 07 48
E-Mail	pr@hansa-flex.com
Internet	www.hansa-flex.com
Förderung	Vereinssponsoring
Beispiele	SG Sendenhorst 1910, Lokomotive Leipzig, KSV Tetten,
	SG Weiterstadt, TSV Intschede, SV Höxter, SPVG Allersdorf,
	Nachwuchs-Fussballschule Höxter, SG Uerdingen, TV Oyten
Quelle	Homepage
Claim	
Bereich	Ersatzteillieferant und Hersteller von hydraulischen
	Verbindungselementen

Unternehmen	**HanseMerkur Versicherungsgruppe**
Ansprechpartner	Heinz-Gerhard Wilkens
Abteilung/Funktion	Leiter Presse- und Öffentlichkeitsarbeit
Anschrift	Siegfried-Wedells-Platz 1
	D-20352 Hamburg
Telefon	+49 (0) 30/41 19–13 57
Fax	+49 (0) 40/41 19–36 26
E-Mail	heinz-gerhard.wilkens@hansemerkur.de
Internet	www.hansemerkur.de
Förderung	Soziales, Sport
Beispiele	▪ HanseMerkur Preis für Kinderschutz
	▪ OLYMPUS Marathon Hamburg
Quelle	Fragebogen
Claim	»Wir stehen für Menschen ein. Wir bieten individuelle
	Lösungen. Wir garantieren Sicherheit.«
Bereich	Versicherung

Unternehmen	**Hapag-Lloyd Stiftung**
Ansprechpartner	Horst Monsees
Abteilung/Funktion	Sponsoring und Unternehmenskommunikation
Anschrift	Ballindamm 25
	D-20095 Hamburg
Telefon	+49 (0) 40/30 01–29 84
Fax	+49 (0) 40/30 01–33 53 60
E-Mail	horst.monsees@hlag.de
Internet	www.hlag.de
Förderung	Kultur, Kunst, Soziales

Beispiele	▪ Hamburger Kammerspiele
	▪ Museum für Hamburgische Geschichte
	▪ Ballettschule von John Neumeier
Quelle	Fragebogen
Claim	
Bereich	Transport

Unternehmen	**Hasseröder Brauerei GmbH**
Ansprechpartner	Jorge Mena König
Abteilung/Funktion	Marketingleiter
Anschrift	Auerhahnring 1
	D-38855 Wernigerode
Telefon	+49 (0) 39 43/9 36–2 10
Fax	+49 (0) 39 43/6 36–2 15
E-Mail	Guenter.Baufeld@hasseroeder.de
Internet	www.hasseroeder.de
Förderung	Kultur, Soziales, Sport, Umwelt
Beispiele	▪ SC Magdeburg (1. Handball-Bundesliga)
	▪ Seriensponsor der DTM (Deutsches Tourenwagen Masters)
	▪ Sponsor bei allen großen Boxveranstaltungen (Sauerland/ Universum Boxpromotion/SES)
Quelle	Fragebogen
Claim	
Bereich	Getränkehersteller

Unternehmen	**Heidelberg Cement AG**
Ansprechpartner	Elke Schönig
Abteilung/Funktion	Pressestelle Zentraleuropa West
Anschrift	Berliner Str. 6
	D-69120 Heidelberg
Telefon	+49 (0) 62 21/4 81–95 16
Fax	+49 (0) 62 21/4 81–95 37
E-Mail	elke.schoenig@heidelbergcement.com
Internet	www.hzag.de
Förderung	Kultur, Kunst, Bildung
Beispiele	▪ Bau Art-Kunstsammlung, Unterstützung von Arbeiten des Themas »Bauen« in der zeitgenössischen Kunst
	▪ Kooperation Industrie Schule – KIS
	▪ Musikfestival »Heidelberger Frühling«
Quelle	Heidelberg Cement AG
Claim	»For better building.«
Bereich	Baustoffhersteller

Unternehmen	**Heidenheimer Volksbank eG**
Ansprechpartner	Herr Pröbstle
Abteilung/Funktion	Sponsoring
Anschrift	Karlstraße 3
	D-89518 Heidenheim
Telefon	+49 (0) 73 21/3 11–0
Fax	+49 (0) 73 21/3 11–3 90
E-Mail	info@hdh-voba.de
Internet	www.hdh-voba.de
Förderung	Kultur, Sport
Beispiele	Fast alle Veranstaltungen im Kreis Heidenheim: Konzerte, Ausstellungen, Theaterstücke und Sportveranstaltungen
Quelle	Homepage
Claim	
Bereich	Bankgeschäft

Unternehmen	**Henkel KGaA**
Ansprechpartner	Michael Rolf Fischer
Abteilung/Funktion	Corporate Communications/Corporate Citizenship
Anschrift	D-40191 Düsseldorf
Telefon	+49 (0) 211/7 97–41 91
Fax	+49 (0) 211/7 98–40 40
E-Mail	michael-rolf.fischer@henkel.com
Internet	www.citizenship.henkel.de
Förderung	Bildung, Kultur, Kunst, Soziales, Sport, Umwelt
Beispiele	■ DEG Metro Stars (Eishockey)
	■ MIT-Initiative (Henkel-eigene Initiative zur Förderung der ehrenamtlichen Tätigkeiten der Mitarbeiter + Pensionäre)
	■ Restaurierung Schloss Benrath, Düsseldorf
Quelle	Fragebogen
Claim	»A brand like a friend.«
Bereich	Wasch-/Reinigungsmittel, Kosmetik/Körperpflege sowie Klebstoffe, Dichtstoffe und Oberflächentechnik

Unternehmen	**Herweck AG**
Ansprechpartner	Jörg Herweck
Abteilung/Funktion	Geschäftsführer
Anschrift	Im Driescher 10
	D-66459 Kirkel
Telefon	+49 (0) 68 49/90 09–0
Fax	+49 (0) 68 49/90 09–1 00
E-Mail	info@herweck.de
Internet	www.herweck.de
Förderung	Sport
Beispiele	Herweck sponsert das STT-Rennteam Vette-Racing mit dem Fahrer Mario Schweidler und seinem Delago-Corvette

Quelle	Homepage
Claim	
Bereich	Vollsortiment-Distributor für Telekommunikation

Unternehmen	**HEXAL AG**
Ansprechpartner	Anne Schardey
Abteilung/Funktion	Leitung Unternehmenskommunikation
Anschrift	Industriestraße 25
	D-83607 Holzkirchen
Telefon	+49 (0) 80 24/9 08–12 36
Fax	+49 (0) 80 24/9 08–18 92
E-Mail	presse@hexal.de
Internet	www.hexal.de
Förderung	Soziales
Beispiele	■ HEXAL unterstützt das erste Kinderhospiz mit Sitz in Olpe seit seiner Eröffnung im Jahre 1998 durch regelmäßige Zuwendungen.
	■ Die HEXAL-Initiative »Für eine bessere Zukunft« wurde 2001 ins Leben gerufen. In einer bundesweiten Aufklärungskampagne informiert das Unternehmen mit der fachlichen Unterstützung eines wissenschaftlichen Beirats über das Down-Syndrom.
Quelle	Homepage
Claim	»Arzneimittel Ihres Vertrauens.«
Bereich	Arzneimittel

Unternehmen	**HOCHTIEF Aktiengesellschaft**
Ansprechpartner	Ulrike Grünrock-Kern
Abteilung/Funktion	Leiterin Unternehmenskommunikation
Anschrift	Opernplatz 2
	D-45128 Essen
Telefon	+49 (0) 201/8 24–26 62
Fax	+49 (0) 201/8 24–18 59
E-Mail	ulrike.gruenrock@hochtief.de
Internet	www.hochtief.de
Förderung	Kultur, Kunst, Bildung
Beispiele	■ Meisterhäuser Dessau/Bauhaus-Kunst
	■ Ingenieur-Studiengänge an verschiedenen Universitäten, u.a. TU Berlin, Universität Duisburg-Essen
	■ Initiativkreis Ruhrgebiet/Zeche Zollverein
Quelle	Fragebogen
Claim	» Wir übernehmen das für Sie.«
Bereich	Baudienstleister

Unternehmen	**Holsten-Brauerei AG**
Ansprechpartner	Frau A. Brugger
Abteilung/Funktion	Sponsoring
Anschrift	Postfach 50 07 49
	D-22707 Hamburg
Telefon	+49 (0) 40/3 81 01–0
Fax	+49 (0) 40/3 81 01–7 51
E-Mail	a.brugger@holsten.de
Internet	www.holsten.de
Förderung	Kultur, Sport, Umwelt
Beispiele	■ Multifunktionshalle Color Line Arena
	■ Pferdesport: Galopprennen beim Deutschen Derby in Hamburg-Horn, Deutsches Spring-Derby in Hamburg-Klein Flottbek, Internationales Reit- und Springturnier in Neumünster
	■ Wattenmeer und Schutz von Seeadlern und Kranichen in Schleswig-Holstein, Niedersachsen und Mecklenburg-Vorpommern
Quelle	Homepage
Claim	
Bereich	Getränkehersteller

Unternehmen	**HSH Nordbank AG**
Ansprechpartner	Frank Kranke
Abteilung/Funktion	Sponsoring
Anschrift	D-20079 Hamburg
Telefon	+49 (0) 40/33 33–1 36 58
Fax	+49 (0) 40/33 33–3 43 34
E-Mail	info@hsh-nordbank.com
Internet	www.hsh-nordbank.com
Förderung	Sport
Beispiele	Maxi-Rennyacht »HSH Nordbank«
Quelle	Homepage
Claim	
Bereich	Bankengeschäft

Unternehmen	**HÜBNER GmbH**
Ansprechpartner	Thorsten Mauritz
Abteilung/Funktion	Marketing
Anschrift	Agathofstraße 15
	D-34123 Kassel
Telefon	+49 (0) 561/57 01–2 76
Fax	+49 (0) 561/57 01–1 34
E-Mail	thorsten.mauritz@hubner-germany.com
Internet	www.hubner-germany.com
Förderung	Kunst

Beispiele	Die Künstlerin Penny Yassour sowie Kasseler Kunststudenten präsentieren in der Werkhalle von HÜBNER den mobilen Arbeitsraum. »Big luck« – großes Glück
Quelle	Homepage
Claim	
Bereich	Unternehmen der gummi- und kunststoffverarbeitenden Industrie

Unternehmen	**HUGO BOSS AG**
Ansprechpartner	Philipp Wolff
Abteilung/Funktion	Director of Worldwide Communication
Anschrift	Dieselstraße 12
	D-72555 Metzingen
Telefon	+49 (0) 71 23/94–0
Fax	+49 (0) 71 23/94–20 51
E-Mail	info@hugoboss.com
Internet	www.hugoboss.com
Förderung	Kultur, Kunst
Beispiele	■ HUGO BOSS PRIZE zusammen mit der Guggenheim Foundation. Dieser zählt mittlerweile international zu den anerkannten Kunstpreisen.
	■ Kooperation mit den Salzburger und Bregenzer Festspielen Art & Fashion Serie
	■ Offizieller Partner der 54. Internationalen Filmfestspiele Berlin
Quelle	Homepage
Claim	
Bereich	Mode

Unternehmen	**HVB Group Bayerische Hypo- und Vereinsbank AG**
Ansprechpartner	Regina Geißer
Abteilung/Funktion	Kultursponsoring
Anschrift	Am Tucherpark 16
	D-80538 München
Telefon	+49 (0) 89/3 78–4 75 90
Fax	+49 (0) 89/3 78–4 94 38
E-Mail	regina.geisser@hvb.de
Internet	www.hvbgroup.com
Förderung	Bildung, Kultur, Soziales, Wissenschaft

Beispiele	■ Zu den überregionalen Förderengagements gehören der Stifterverband für die deutsche Wissenschaft, die Max-Planck-Gesellschaft und das Wissenschaftskolleg in Berlin. In Bayern gehört die HVB seit Jahren zu den Förderern der Technischen Universität München (TUM).
	■ Katholische und evangelische Kirchen sowie andere religiöse Vereinigungen, Schulen und soziale Hilfsorganisationen. Wir spenden für viele wohltätige Zwecke, darunter Therapieforschung für Multiple-Sklerose-Kranke, Einrichtungen für Blinde und die Hospizbewegung.
	■ Bildende Kunst, Musik und Bildung stellen die wichtigsten Schwerpunkte des Kulturengagements dar. Darüber hinaus vergab die HVB Group 2002 den Regie-Förderpreis im Rahmen des Münchener Filmfests.
Quelle	Homepage
Claim	
Bereich	Bankengeschäft

Unternehmen	**Hyundai Motor Deutschland GmbH**
Ansprechpartner	Petra Wolf
Abteilung/Funktion	Leiterin PR+Presse
Anschrift	Gottfried-Leibniz-Str. 5
	D-74172 Neckarsulm
Telefon	+49 (0) 71 32/48 72 55
Fax	+49 (0) 71 32/48 72 69
E-Mail	petra.wolf@hyundai.de
Internet	www.hyundai.de
Förderung	Kultur, Kunst, Sport, Soziales
Beispiele	■ Fußball EM und WM (überwiegend ein Engagement des Herstellers, das wir in Deutschland mit verschiedenen Projekten im Bereich Fußball unterstützen)
	■ Schwaben All Stars, DFB-Projekt Pan de Vida für ein Kinderheim in Mexiko
	■ Koreanischer Tenor Kim
Quelle	Fragebogen
Claim	»Always there for you.«
Bereich	Automobilhersteller

Unternehmen	**IBM Deutschland GmbH**
Ansprechpartner	Thomas Mickeleit
Abteilung/Funktion	Direktor Presse- und Öffentlichkeitsarbeit
Anschrift	Pascalstraße 100
	D-70569 Stuttgart
Telefon	+49 (0) 711/7 85–25 84
Fax	+49 (0) 711/7 85–24 33
E-Mail	mickeleit@de.ibm.com

Internet	www.de.ibm.com
Förderung	Bildung, Kultur, Kunst, Soziales
Beispiele	■ Otto-Dix-Preis: Der Otto-Dix-Preis wird seit 10 Jahren gemeinsam mit der Kunstsammlung der Stadt Gera verliehen. Dresdner Frauenkirche: Die IBM fördert den Wiederaufbau der Dresdner Frauenkirche.
	■ Bach Digital: Basierend auf IBM-Know-how wird in einem musikhistorisch einmaligen Projekt die erste digitale Bach-Bibliothek mit offenem Internet-Zugang aufgebaut.
	■ KidSmart-Programm mit Multimedia-Lernstation für den spielerischen PC-Umgang im Vorschulalter.
	■ IBM Mentorplace. Mehr Mädchen in IT-Berufen – unter diesem Motto will die IBM den weiblichen Nachwuchs zu einer Zukunft in der IT-Branche ermutigen und aufzeigen, wie spannend und abwechslungsreich IT-Berufe sein können.
	■ IBM fördert Schülerinitiative für mehr Eigenverantwortung »BASIS 03« macht in Bayern Schule.
Quelle	Homepage
Claim	»Wo die kreativsten Menschen am liebsten nachdenken.«
Bereich	Informationstechnologie

Unternehmen	**Infineon Technologies AG**
Ansprechpartner	Martin Springer
Abteilung/Funktion	Sponsoring
Anschrift	St.-Martin-Str. 53
	D-81669 München
Telefon	+49 (0) 89/2 34–2 41 38
Fax	+49 (0) 89/2 34–2 67 50
E-Mail	martin.springer@infineon.de
Internet	www.infineon.de
Förderung	Sport
Beispiele	Motorsport Sponsoring: Le Mans & ALMS, Porsche Cups, CART, FIA GT, Young Talents Sponsoring, Mountain Biking, Rowing
Quelle	Homepage
Claim	»Never stop thinking.«
Bereich	Halbleiterindustrie

Unternehmen	**Ingram Micro Distribution GmbH**
Ansprechpartner	Alexandra Perry
Abteilung/Funktion	Corporate Communications Manager
Anschrift	Heisenbergbogen 3
	D-85609 Dornach bei München
Telefon	+49 (0) 89/42 08–0
Fax	+49 (0) 89/42 34 15
E-Mail	alexandra.perry@ingrammicro.de
Internet	www.ingrammicro.de

Förderung	Sport, Soziales
Beispiele	■ Michael Stich Stiftung
	■ Dolphine-Aid
	■ Schulen ans Netz!
Quelle	Fragebogen
Claim	
Bereich	Großhändler für den IT-Fachhandel

Unternehmen	**InterNetWire Communications GmbH**
Ansprechpartner	Claudia Krönert
Abteilung/Funktion	Assistentin der Geschäftsleitung
Anschrift	Freisinger Landstraße 21
	D-80939 München
Telefon	+49 (0) 89/32 35 22 60
Fax	+49 (0) 89/55 06 11 99
E-Mail	c.kroenert@internetwire.de
Internet	www.internetwire.de
Förderung	Kultur, Soziales, Sport
Beispiele	■ Lebenshilfe Dortmund e.V.
	■ INKA e.V. – Internationales Netzwerk für Kultur- und Artenvielfalt
	■ F1Welt.com – Das Formel-1-Info-Network
	■ stadtpool.de – Das Jugend-Kulturmagazin für München
	■ Medien-Marathon München – City-Marathon München e.V.
Quelle	Homepage
Claim	
Bereich	Internet-Business-Lösungen

Unternehmen	**ipi GmbH**
Ansprechpartner	Holger Dümpelmann
Abteilung/Funktion	Geschäftsführer
Anschrift	An der Brücke 4
	D-91586 Lichtenau
Telefon	+49 (0) 98 27/9 27 87–0
Fax	+49 (0) 98 27/9 27 87–90 00
E-Mail	H. Duempelmann@ipi-gmbh.com
Internet	www.ipi-GmbH.com
Förderung	Sport, Soziales
Beispiele	■ Wir unterstützen junge Sportlerinnen und Sportler, ihre Talente zu entfalten. Schwerpunkt sind Individualsportarten, die eine große Teamkomponente beinhalten.
	■ Es gibt viele Menschen auf der Welt, die nicht über die gleichen Lebensbedingungen wie wir verfügen. Sie sind lebensbedrohlichen Nöten wie Hunger, Armut und Krankheit meist hilflos ausgeliefert. Im Rahmen unserer Möglichkeiten möchten wir ganz individuell, persönlich und unbürokratisch Hilfe leisten.

Quelle	Homepage
Claim	»Knowledge is Power«
Bereich	IT-Consulting

Unternehmen	**ISD Software und Systeme GmbH**
Ansprechpartner	Sandra Richter
Abteilung/Funktion	Presse
Anschrift	Hauert 4
	D-44227 Dortmund
Telefon	+49 (0) 231/97 93–0
Fax	+49 (0) 231/97 93–1 01
E-Mail	presse@isdcad.de
Internet	www.isdcad.com
Förderung	Kultur, Sport
Beispiele	■ Seit Anfang der 90er Jahre Unterstützung junger Leicht-athleten aus Dortmund auf ihrem Weg zu nationalen und internationalen Erfolgen
	■ Im kulturellen Bereich engagiert sich die ISD 2003 wie seit vielen Jahren auch für das Kulturprogramm im Harenberg City Center (HCC), wo schon vielen jungen Künstlern ein Forum geboten wurde.
Quelle	Homepage
Claim	
Bereich	Systemhaus, das professionelle CAD-/CAM-Lösungen für die Entwicklung, Konstruktion und Fertigung anbietet.

Unternehmen	**Itzehoer Versicherung**
Ansprechpartner	Jens Klopp
Abteilung/Funktion	Kultursponsoring
Anschrift	Hansestr. 10
	D-25521 Itzehoe
Telefon	+49 (0) 48 21/7 73–4 21
Fax	+49 (0) 48 21/7 73–84 21
E-Mail	j.klopp@itzehoer.de
Internet	www.itzehoer.de
Förderung	Kultur, Verkehrssicherheit
Beispiele	■ Partner der landesweiten Aktion »Sicher kommt an« in Schleswig-Holstein und unterstützt zahlreiche Projekte zur Verkehrssicherheitsarbeit und Unfallverhütung. Dies gilt insbesondere für die im Straßenverkehr besonders gefähr-dete Zielgruppe der jungen Fahrer/-innen.
	■ John Lennon Talent Award. Professionelle Förderung für Newcomer
Quelle	Homepage
Claim	»Itzehoer. Die bieten was.«
Bereich	Versicherungen

Unternehmen	**JENDATA Computersysteme GmbH**
Ansprechpartner	Heike Morgenbrot
Abteilung/Funktion	Kommunikation
Anschrift	Konrad-Zuse-Straße 5/7
	D-07745 Jena
Telefon	+49 (0) 36 41/62 46–0
Fax	+49 (0) 36 41/62 46–20
E-Mail	morgenbrot@jendata.de
Internet	www.jendata.de
Förderung	Bildung, Soziales, Sport
Beispiele	■ Golfturnier JENTECH Open 2002
	■ Präsentation der Stadt Kahla
	■ Russlandhilfe e.V.
Quelle	Homepage
Claim	
Bereich	Computersysteme

Unternehmen	**JENOPTIK AG**
Ansprechpartner	Markus Wild
Abteilung/Funktion	Unternehmenskommunikation
Anschrift	Carl-Zeiß-Straße 1
	D-07739 Jena
Telefon	+49 (0) 36 41/65 22 55
Fax	+49 (0) 36 41/65 24 84
E-Mail	info@jenoptik.com
Internet	www.jenoptik.com
Förderung	Bildung
Beispiele	■ Thüringer Landeswettbewerb »Jugend forscht«
	■ Initiative der JENOPTIK AG: Jenaer Gymnasien erhalten modernste Computertechnik.
	■ Multimedia-Kabinette
Quelle	Homepage
Claim	
Bereich	Optik

Unternehmen	**Jung von Matt AG**
Ansprechpartner	Merel Wouters
Abteilung/Funktion	Public Relations
Anschrift	Glashüttenstraße 38
	D-20357 Hamburg
Telefon	+49 (0) 40/43 21–12 98
Fax	+49 (0) 40/43 21–10 00
E-Mail	merel.wouters@jvm.de
Internet	www.jvm.de
Förderung	Bildung, Kultur, Kunst, Sport, Soziales, Umwelt

Beispiele	■ 1. FC St. Pauli
	■ Internationale Gesellschaft für Menschenrechte
	■ www.stiftung-pfadfinden.de
Quelle	Fragebogen
Claim	
Bereich	Werbeagentur

Unternehmen	**Kampmann GmbH**
Ansprechpartner	Kazuko Yokoe
Abteilung/Funktion	Pressereferentin
Anschrift	Postfach 6044
	D-49794 Lingen (Ems)
Telefon	+49 (0) 591/71 08–0
Fax	+49 (0) 591/71 08–3 00
E-Mail	cbauer@kampmann.de
Internet	www.kampmann.de
Förderung	Sport, Regionales Engagement
Beispiele	■ Kampmann Cup
	■ Lingener A-Dressur Cup für Reitvereine im Weser-Ems-Bereich und angrenzende niederländische Vereine
	■ Internationales Dressurfestival Lingen (Ems). Beim Internationalen Dressurfestival 2003 wurden gleichzeitig die 2. Deutschen Meisterschaften der behinderten Dressurreiter/-innen ausgetragen.
Quelle	Homepage
Claim	
Bereich	HKL – Systeme für Heizung – Kühlung – Lüftung, BAU – Eingangsmatten, MED – Bio-Pharmazeutika, Medizintechnik, Pferdepflegeprodukte

Unternehmen	**KfW-Bankengruppe**
Ansprechpartner	Felicitas v. Brevern
Abteilung/Funktion	Sponsoringbeauftragte
Anschrift	Palmengartenstraße 5–9
	D-60325 Frankfurt am Main
Telefon	+49 (0) 69/74 31–22 87
Fax	+49 (0) 69/74 31–48 95
E-Mail	felicitas.brevern@kfw.de
Internet	www.kfw.de
Förderung	Bildung, Kultur, Umwelt und sonstige, auf die Aufgaben der KfW zugeschnittene Projekte!
Beispiele	■ KfW-Award »Europäisch Leben – Europäisch Wohnen«
	■ Rheingau-Musik-Festival
	■ young.euro.classic Festival, Berlin
Quelle	Fragebogen
Claim	
Bereich	Bankengeschäft

Unternehmen	**Klement & Partner IT-Consulting GmbH**
Ansprechpartner	Dietrich Kern
Abteilung/Funktion	Information
Anschrift	Am Sandfeld 16
	D-76149 Karlsruhe
Telefon	+49 (0) 721/9 78 13–0
Fax	+49 (0) 721/9 78 13–22
E-Mail	Kern@klement-partner.de
Internet	www.klement-partner.de
Förderung	Sport, Bildung
Beispiele	■ Internationale Galopprennen Baden-Baden
	■ Badische-Meile
	■ LBBW-Leichtathletikmeeting
	■ Turn- und Sportverein Neureut. Sponsor des Neureuter Straßenlaufs
	■ Leichtathletik-Gemeinschaft Karlsruhe. Sponsor des Fördervereines
	■ Fußballverein Leopoldshafen. Unterstützung durch eigene Internetpräsenz
	■ TV-Friedrichstal
Quelle	Fragebogen
Claim	
Bereich	IT-Consulting

Unternehmen	**KomTel GmbH**
Ansprechpartner	Dipl.-Math. Michael Rohbeck
Abteilung/Funktion	Geschäftsführer
Anschrift	Nordstraße 2
	D-24937 Flensburg
Telefon	+49 (0) 461/90 90–00
Fax	+49 (0) 461/90 90–0 31
E-Mail	info@komtel.de
Internet	www.komtel.de
Förderung	Sport
Beispiele	■ SG Flensburg-Handewitt
	■ TSV Travemünde
Quelle	Homepage
Claim	
Bereich	Telekommunikation

Unternehmen	**Krombacher Brauerei**
Ansprechpartner	Dr. Franz-J. Weihrauch
Abteilung/Funktion	Leiter Öffentlichkeitsarbeit
Anschrift	Hagener Straße 261
	D-57223 Kreuztal-Krombach

Telefon	+49 (0) 27 32/8 80–8 15
Fax	+49 (0) 27 32/8 80–2 54
E-Mail	m.noelle@krombacher.de
Internet	www.krombacher.de
Förderung	Sport, Umwelt
Beispiele	▪ Die Krombacher Brauerei Bernhard Schadeberg setzt dabei auf ganz bestimmte Sportarten, die eine besonders hohe Affinität zum Thema »Bier« aufweisen: Formel 1, Fußball, Leichtathletik, Biathlon
	▪ Das Krombacher Regenwaldprojekt 2003
Quelle	Homepage
Claim	»Krombacher. Eine Perle der Natur.«
Bereich	Getränkehersteller

Unternehmen	**Kuttenkeuler GmbH**
Ansprechpartner	Hans-Willi Müller
Abteilung/Funktion	Geschäftsführung
Anschrift	Dieselstraße 10
	D-50996 Köln
Telefon	+49 (0) 22 36/9 62 03–0
Fax	+49 (0) 22 36/9 62 03–27
E-Mail	vertrieb.schmierstoffe@kuttenkeuler.com
Internet	www.kuttenkeuler.com
Förderung	Sport
Beispiele	Unsere Sponsoring-Aktivitäten umfassen die Bereiche Motorrad (mit Beiwagen) und Pkw
Quelle	Homepage
Claim	
Bereich	Motorenöle, Schmierstoffe und Treibstoffe

Unternehmen	**Landesbank Baden-Württemberg**
Ansprechpartner	Stefan Schütz
Abteilung/Funktion	Leiter Kommunikation
Anschrift	Am Hauptbahnhof 2
	D-70173 Stuttgart
Telefon	+49 (0) 711/1 27–36 77
Fax	+49 (0) 711/1 27–32 78
E-Mail	stefan.schuetz@LBBW.de
Internet	www.LBBW.de
Förderung	Kultur, Kunst, Sport
Beispiele	▪ Sponsoring der Ausstellung »Troia – Traum und Wirklichkeit« (ausgezeichnet mit dem Int. Sponsoring-Award in 2001)
	▪ aktuell: LBBW ist der Partner der Staatsoper Stuttgart
	▪ aktuell: Sponsoring des Int. Reit- und Springturniers in der Schleyerhalle Stuttgart
Quelle	Fragebogen

Claim	»Eine Bank, die weiterdenkt.«
Bereich	Bankengeschäft

Unternehmen	**Landesbank Hessen-Thüringen Girozentrale**
Ansprechpartner	Juliane von Herz
Abteilung/Funktion	Kultur
Anschrift	Neue Mainzer Straße 52–58
	D-60311 Frankfurt am Main
Telefon	+49 (0) 69/91 32–24 12
Fax	+49 (0) 69/91 32–44 79
E-Mail	kultur@helaba.de
Internet	www.helaba.de
Förderung	Kultur, Sport, Regionales: Frankfurt am Main, Erfurt sowie in den Regionen Hessen und Thüringen
Beispiele	■ IronMan Germany Triathlon 2002–2004
	■ Stiftung Sporthilfe Hessen
	■ Helaba-Kunstsammlung
Quelle	Homepage
Claim	Wir suchen Partner, die den gleichen Werten verpflichtet sind wie wir: Exzellenz, Professionalität, Teamgeist und regionale Verbundenheit.
Bereich	Bankengeschäft

Unternehmen	**Licher Privatbrauerei Jhring-Melchior GmbH & Co. KG**
Ansprechpartner	Sibylle Trautmann
Abteilung/Funktion	Presse- und Öffentlichkeitsarbeit
Anschrift	In den Hardtberggärten
	D-35423 Lich
Telefon	+49 (0) 64 04/82–1 47
Fax	+49 (0) 64 04/82–1 17
E-Mail	s.trautmann@licher.de
Internet	www.licher.de
Förderung	Sport, Natur, Kunst, Kultur, Gastronomie: Kochwettbewerbe
Beispiele	■ Eintracht Frankfurt und andere hessische Spitzensport-teams
	■ Hessische Gesellschaft für Ornithologie und Naturschutz
	■ Naturschutzzentrum Hessen
Quelle	Fragebogen
Claim	»Aus dem Herzen der Natur.«
Bereich	Getränkeindustrie

Unternehmen	**LRP – Landesbank Rheinland-Pfalz**
Ansprechpartner	Jürgen Pitzer
Abteilung/Funktion	Corporate Communication
Anschrift	Große Bleiche 54–56
	D-55116 Mainz

Telefon	+49 (0) 61 31/13 28 17
Fax	+49 (0) 61 31/13 25 60
E-Mail	juergen.pitzer@lrp.de
Internet	www.lrp.de
Förderung	Bildung, Denkmalschutz, Kultur, Wissenschaft
Beispiele	▪ Die LRP unterstützt den Dombauverein Mainz e.V. in seinem Bemühen dieses steingewordene Geheimnis instand zu halten, zu pflegen und zu erschließen.
	▪ Kaiser- und Mariendom zu Speyer, Restaurierung der Schraudolph-Fresken
	▪ Deutscher Arbeitsplatzinvestor-Preis
	▪ Center of Finance and Risk Management (COFAR) an der Johannes Gutenberg Universität Mainz
	▪ Informationsstelle für alttestamentliche Exegese und Forschung
Quelle	Homepage
Claim	
Bereich	Bankengeschäft

Unternehmen	**MAST – JÄGERMEISTER AG**
Ansprechpartner	Martin Giugliani
Abteilung/Funktion	Marketing
Anschrift	Jägermeisterstr. 7–15
	D-38296 Wolfenbüttel
Telefon	+49 (0) 53 31/81–2 41
Fax	+49 (0) 53 31/81–2 87
E-Mail	martin.giugliani@jaegermeister.de
Internet	www.jaegermeister.de
Förderung	Kultur (hier insbesondere Musik)
	Die Ausrichtung im Eventmarketing fokussiert zurzeit Aktivitäten in Interessensumfeldern, die sich mit denen der Zielgruppe (18–39 Jahre, out of home, musikbegeistert) und mit den Kernwerten der Marke (wild, souverän, authentisch) decken, d.h. Großevents (> 50.000 Besucher), Sponsorings und eigeninitiierte btl-Maßnahmen, insbesondere im Musikbereich.
Beispiele	▪ Jägermeister Band Support = Musik-Nachwuchs-Förderprogramm
	▪ Orange Events = Marken- und Produktpromotions auf großen Musikevents
	▪ Jägermeister-Bar = Promotion/Sponsoring auf Medien- und Promi-Events
Quelle	Fragebogen
Claim	
Bereich	Genussmittel

Unternehmen	**MAXDATA Computer GmbH & Co. KG**
Ansprechpartner	Guido Forsthövel
Abteilung/Funktion	Sponsoring
Anschrift	Elbestr. 12–16
	D-45768 Marl
Telefon	+49 (0) 23 65/9 52–22 20
Fax	+49 (0) 23 65/9 52–20 55
E-Mail	guf@maxdata.de
Internet	www.maxdata.com
Förderung	Wintersport
Beispiele	Unterstützung von Funktionären, Trainern, Langlauf, Biathlon, Skisprung
Quelle	Telefongespräch
Claim	»Real hard ware.«
Bereich	IT-Produzent

Unternehmen	**McDonald's Deutschland Inc.**
Ansprechpartner	Frau Rücker
Abteilung/Funktion	Direktorin Kommunikation/Pressesprecherin
Anschrift	Drygalski-Allee 51
	D-81477 München
Telefon	+49 (0) 89/7 85 94–4 46
Fax	+49 (0) 89/7 85 94–4 79
E-Mail	
Internet	www.mcdonalds.de
Förderung	Kultur, Soziales/Karikatives, Sport
Beispiele	■ Internationaler Bereich: Fußball-WM und -EM sowie Champions League und Olympische Sommer- und Winterspiele. Basketball-Team von Alba Berlin und den Skyliners in Frankfurt, Fußballer von Eintracht Frankfurt, VfL Wolfsburg, Energie Cottbus und Hannover 96 sowie die Eishockeymannschaft der Hannover Scorpions und die Football-Cracks der Braunschweig Lions
	■ Auf lokaler Ebene unterstützt McDonald's so gut wie jede familienfreundliche Sportart. Gefährliche und umweltzerstörende Disziplinen bleiben außen vor.
	■ McDonald's Kinderhilfe
Quelle	Homepage
Claim	»Ich liebe es.«
Bereich	Fast Food

Unternehmen	**Merck Finck & Co, Privatbankiers**
Ansprechpartner	Stefanie Wagner-Fuhs
Abteilung/Funktion	Kommunikation
Anschrift	Pacellistraße 16
	D-80333 München

Telefon	+49 (0) 89/21 04–15 13
Fax	+49 (0) 89/21 04–15 19
E-Mail	stefanie.wagner-fuhs@merckfinck.de
Internet	www.merckfinck.de
Förderung	Kultur, Kunst
Beispiele	■ Unser Engagement gilt gleichermaßen jungen Nachwuchs-künstlern der klassischen Musik und ambitionierten Projekten der zeitgenössischen Kunst. In unseren Nieder-lassungen können Nachwuchskünstler regelmäßig ihr Werke einem exklusiven Publikum nahe bringen: ›Colette‹, ›Margarita Morales‹, Antonio de Andrés-Gayón. Mit Ausstellungen wie ›Giorgio Morandi‹ – »Die späten Zeichnungen« in der Neuen Pinakothek, München, sucht Merck Finck & Co auch den Weg in die breite Öffentlich-keit.
	■ Kölner Kammerorchester und sein Dirigent Helmut Müller-Brühl
	■ Sergiu-Celibidache-Stiftung; Sergiu-Celibidache-Festival
	■ Merck Finck & Co Golf Cup; Segeln: »Internationale Deut-sche Meisterschaft der Drachenklasse«; Galopprennbahn Riem
	■ Engagement in München, Hamburg, Frankfurt, Berlin, Düsseldorf und Stuttgart. Unser besonderes Augenmerk gilt dabei ambitionierten Projekten, die ohne ein zusätz-liches Engagement seitens der Wirtschaft nicht realisiert werden könnten
Quelle	Homepage
Claim	
Bereich	Banken

Unternehmen	**Merck KGaA**
Ansprechpartner	Dr. Walter Huber
Abteilung/Funktion	Leitung Corporate Communications
Anschrift	Frankfurter Str. 250
	D-64293 Darmstadt
Telefon	+49 (0) 61 51/72–0
Fax	+49 (0) 61 51/72–20 00
E-Mail	corpcom@merck.de
Internet	pb.merck.de
Förderung	Bildung, Kultur, Kunst, Soziales, Sport
Beispiele	■ Jugend forscht
	■ Jahr der Chemie
	■ Spielfest Darmstadt
Quelle	Fragebogen
Claim	
Bereich	Pharma und Chemie

Unternehmen	**Messer Griesheim GmbH**
Ansprechpartner	Wolfhard Petzold
Abteilung/Funktion	Public/Media/Investor Relations
Anschrift	Fütingsweg 34
	D-47805 Krefeld
Telefon	+49 (0) 21 51/3 79–91 46
Fax	+49 (0) 21 51/3 79–91 16
E-Mail	wolfhard.petzold@messer.de
Internet	www.messergroup.com
Förderung	Soziales
Beispiele	■ Eishockey-Verein: KEV Krefeld
	■ Pressetaschenbuch »Umweltschutz und Arbeitssicherheit« (Kroll-Verlag)
	■ Heilpädagogisches Zentrum sowie Lebenshilfe Krefeld (therapeutisches Spielzeug u. a.)
Quelle	Fragebogen
Claim	»Get ahead with Messer.«
Bereich	Gas

Unternehmen	**Michelin Reifenwerke KGaA**
Ansprechpartner	Sabine Hefft
Abteilung/Funktion	Kommunikation
Anschrift	Michelinstraße 4
	D-76185 Karlsruhe
Telefon	+49 (0) 721/5 30–13 36
Fax	+49 (0) 721/5 30–15 55
E-Mail	sabine.hefft@de.michelin.com
Internet	www.michelin.de
Förderung	Umwelt, Verkehrssicherheit
Beispiele	■ Aktion »Achtung Auto!«
	■ Jugendtour Paris-Berlin
	■ Umwelt-Trophy Challenge Bibendum
Quelle	Homepage
Claim	»Höchstleistung ist unser Anspruch. Jederzeit.«
Bereich	Reifen

Unternehmen	**Microsoft Deutschland GmbH**
Ansprechpartner	Inge Paus
Abteilung/Funktion	Pressesprecherin Unternehmenskommunikation
Anschrift	Konrad-Zuse-Straße 1
	D-85716 Unterschleißheim
Telefon	+49 (0) 89/31 76–53 88
Fax	+49 (0) 89/31 76–27 00
E-Mail	t-thilok@microsoft.com
Internet	www.microsoft.com
Förderung	Bildung, Soziales

Beispiele	▪ »Schlaumäuse – Kinder entdecken Sprache« – www.schlaumaeuse.de: Förderung von 200 Kindergärten aus sozial schwachen Gebieten bei der Entwicklung von Sprachkompetenz.
	▪ Integration von Behinderten in das Berufsleben: Unterstützung des Vereins »cba – Cooperative Beschützende Arbeitsstätten e.V.«
	▪ Hochbegabtenförderung
Quelle	Fragebogen
Claim	»Ihr Potenzial. Unser Antrieb« und »Momente, die begeistern.«
Bereich	Personal Computer

Unternehmen	**Mitsubishi Motors Deutschland GmbH**
Ansprechpartner	Harald Rettig
Abteilung/Funktion	Sponsoring
Anschrift	Hessenauer Straße 2
	D-65468 Trebur
Telefon	+49 (0) 61 47/2 07–3 36
Fax	+49 (0) 61 47/2 07 2 29
E-Mail	harald.rettig@mitsubishi-motors.de
Internet	www.mitsubishi-motors.de
Förderung	Bildung, Kultur, Sport
Beispiele	▪ Im Bereich Sport der Reit- und Pferdesport. Herausragend die Mitsubishi-eigene Veranstaltungsserie »Millenium-Trophy für junge Reiter sowie das Sponsoring des Internationalen Frankfurter Festhallen-Reitturniers, das wir als Haupt- und Titelsponsor entsprechend unterstützen.
	▪ Im Bereich Kultur sind wir Sponsor der Eltviller Burghof-Festspiele, die wir bereits seit acht Jahren unterstützen.
	▪ Unser größtes Engagement gilt jedoch dem Bildungssponsoring: Mitsubishi Motors Deutschland gehört zu den engagiertesten Sponsoren der in Mainz beheimateten Stiftung Lesen. Dabei betreiben wir eine engagierte Bildungs- und Kulturförderung, die unserem Haus besondere, hohe Kommunikationswerte beschert.
Quelle	Fragebogen
Claim	»Drive alive.«
Bereich	Autohersteller

Unternehmen	**MM-Cosmetic GmbH**
Ansprechpartner	Armin Brietzke
Abteilung/Funktion	Geschäftsführer
Anschrift	Postfach 21 01 05
	D-56538 Neuwied
Telefon	+49 (0) 26 22/35 58

Fax	+49 (0) 26 22/38 73
E-Mail	Info@zedan.de
Internet	www.zedan.de
Förderung	Soziales, Wissenschaft
Beispiele	■ »Suromoni«, »Schutzprojekt Utila-Leguan«
	■ ZEDAN-Aktion für Hochwassergeschädigte in Sachsen
	■ Behindertenreitverein im Kreis Mettmann e.V.: Wenn es z. B. um Pferdepflege geht, haben auch behinderte Reiter und Fahrer und Krankengymnasten, die in der Hippo-Therapie tätig sind, sehr gute Chancen auf unsere Unterstützung.
Quelle	Homepage
Claim	
Bereich	Kosmetika

Unternehmen	**Münchener Rückversicherungs-Gesellschaft**
Ansprechpartner	Dr. Willi Fischges
Abteilung/Funktion	Unternehmenskommunikation, Marketingkommunikation
Anschrift	Königinstr. 107
	D-80802 München
Telefon	+49 (0) 89/38 91–27 11
Fax	+49 (0) 89/38 91–7 27 11
E-Mail	wfischges@munichre.com
Internet	www.munichre.com
Förderung	Bildung, Kultur, Kunst, Umwelt, Sonstiges
Beispiele	■ Gustav Mahler Jugendorchester
	■ Sonderausstellung »Klima« im Deutschen Museum
	■ www.mathematik.de
Quelle	Fragebogen
Claim	
Bereich	Versicherungen

Unternehmen	**NaturEnergie AG**
Ansprechpartner	Dr. Kai-Hendrik Schlusche
Abteilung/Funktion	Presse
Anschrift	Am Wasserkraftwerk 49
	D-79639 Grenzach-Wyhlen
Telefon	+49 (0) 76 23/92 32 42
Fax	+49 (0) 76 23/92 33 94
E-Mail	Dr.Schlusche@naturenergie.de
Internet	www.naturenergie.de
Förderung	Kultur, Sport
Beispiele	■ Fußball Bundesligist Sport Club Freiburg
	■ Mountainbikerin Sabine Spitz (Weltranglisten Erste 2002)
	■ Bundestrainer Skisprung, Wolfgang Steiert
Quelle	Fragebogen

Claim	»Strom aus Wasser und Sonne.«
Bereich	Energie

Unternehmen	**NEFkom Telekommunikation GmbH & Co. KG**
Ansprechpartner	Birgit Hoffmann
Abteilung/Funktion	Presse
Anschrift	Spittlertorgraben 13
	D-90429 Nürnberg
Telefon	+49 (0) 911/18 08–3 01
Fax	+49 (0) 911/18 08–3 00
E-Mail	info@nefkom.de
Internet	www.nefkom.de
Förderung	Bildung, Soziales, Regionales
Beispiele	■ Web-event. Web-event ist ein Gemeinschaftsprojekt von fünf Einrichtungen des Jugendamtes der Stadt Nürnberg
	■ Initi@tive D21 will Deutschland auf den Weg in die Informationsgesellschaft führen
	■ ViTa(Virtuelle Teamarbeit)-Projekt des Helene-Lange-Gymnasiums in Fürth
	■ Jugendarbeit des Bayerischen Handballverbandes in den Bezirken Mittelfranken und Ostbayern
	■ Initiative »IT-Unternehmen gegen rechte Gewalt«
	■ Im Rahmen eines Gesamt-Sponsoringpaketes unterstützen wir in Erlangen verschiedene Kulturprojekte: »Figuren-theaterfestival«, »Erlanger Poetenfest« und »Internationa-ler Comicsalon«
	■ Internetcafé connect
Quelle	Homepage
Claim	
Bereich	Telekomunikation

Unternehmen	**Nestlé Deutschland AG**
Ansprechpartner	Sabine Weibrecht
Abteilung/Funktion	Komunikation
Anschrift	Lyoner Straße 23
	D-60523 Frankfurt/Main
Telefon	+49 (0) 69/66 71–25 37
Fax	+49 (0) 69/66 71–31 90
E-Mail	prinfo@de.nestle.com
Internet	www.nestle.de
Förderung	Sport
Beispiele	■ Golf: Nestlé Nutrition unterstützt PGA European Tour
	■ Springreiten: Nestlé unterstützt »Partner Pferd« in Leipzig
Quelle	Homepage
Claim	»Good Food, Good Life.«
Bereich	Nahrungsmittel

Unternehmen	**NetCologne Gesellschaft für Telekommunikation mbH**
Ansprechpartner	Judith Schmitz
Abteilung/Funktion	NetCologne Pressestelle
Anschrift	Maarweg 163
	D-50825 Köln-Braunsfeld
Telefon	+49 (0) 221/22 22–4 00
Fax	+49 (0) 221/22 22–4 44
E-Mail	presse@netcologne.de
Internet	www.netcologne.de
Förderung	Bildung, Kultur, Kunst, Regionales, Soziales, Sport, Wissenschaft
Beispiele	■ KölnPreis, der jährlich für herausragende wissenschaftliche Leistungen vergeben wird
	■ KölnSommer und BonnerSommer: ob Musik, Malerei, Theater oder Tanz – eine Region lebt von und mit ihrer kulturellen Vielfalt. Und dies unterstützt NetCologne.
	■ Sozialprojekte in Malawi, Brasilien und Afghanistan (Unterstützung durch Spenden)
	■ Aktion »Schulen ans Netz«
	■ Partner der AIDS-Hilfe Köln
	■ Partnerschaften mit schwul-lesbischen Zielgruppen
Quelle	Homepage
Claim	»Telefon für dich!«
Bereich	Telekommunikation

Unternehmen	**NIKE INTERNATIONAL Niederlassung Deutschland**
Ansprechpartner	Olaf Markhoff
Abteilung/Funktion	Head of Corporate Communications
Anschrift	Hessenring 13a
	D-64546 Mörfelden-Walldorf
Telefon	+49 (0) 61 05/2 05–3 27
Fax	+49 (0) 61 05/2 05–1 58
E-Mail	olaf.markhoff@nike.com
Internet	www.nike.com
Förderung	Sport
Beispiele	■ Hertha BSC
	■ Hamburger Sportverein
	■ 1860 München und Borussia Dortmund
Quelle	Fragebogen
Claim	»Play.«
Bereich	Sportartikelhersteller

Unternehmen	**Nokia GmbH**
Ansprechpartner	Kristina Rücken
Abteilung/Funktion	Nokia GmbH Unternehmenskommunikation

Anschrift	Opitzstraße 12
	D-40470 Düsseldorf
Telefon	+49 (0) 211/90 89 55 16
Fax	+49 (0) 211/90 89 55 83
E-Mail	kristina.ruecken@nokia.com
Internet	www.nokia.de
Förderung	Bildung, Kultur, Soziales, Sport
Beispiele	■ Nokia Night of the Proms (Musik)
	■ Kinderhilfezentrum Düsseldorf (Sozial)
	■ Biffy.de (Bildung/Sozial)
Quelle	Fragebogen
Claim	»Connecting People.«
Bereich	Telekommunikation

Unternehmen	**NORD/LB Norddeutsche Landesbank**
Ansprechpartner	Dr. Lutz Tantow
Abteilung/Funktion	Sponsoring
Anschrift	Friedrich-Wilhelm-Platz
	D-38100 Braunschweig
Telefon	+49 (0) 531/4 87–0
Fax	+49 (0) 531/4 87–36 96
E-Mail	lutz.tantow@nordlb.de
Internet	www.nordlb.de
Förderung	Bildung, Kultur, Kunst, Sport
Beispiele	■ Braunschweig Classix Festival
	■ NORD/LB open (ATP-Tennisturnier)
	■ Festspiele Mecklenburg-Vorpommern
Quelle	Fragebogen
Claim	»Die norddeutsche Art.«
Bereich	Bankengeschäft

Unternehmen	**Norddeutsche Affinerie AG**
Ansprechpartner	Simone Tasche
Abteilung/Funktion	Leiterin Öffentlichkeitsarbeit
Anschrift	Hovestrasse 50
	D-20539 Hamburg
Telefon	+49 (0) 40/78 83–32 24
Fax	+49 (0) 40/78 83–30 03
E-Mail	s.tasche@na-ag.com
Internet	www.na-ag.com
Förderung	Kultur, Soziales – im Bereich der Veddel (Werksgelände) – Sport, sonstige Bereiche, in denen das Material Kupfer angewendet bzw. benötigt wird

Beispiele	■ Hauptsponsor der »Auswandererhallen« auf der Veddel, Stiftung Hamburg Maritim
	■ SG Wilhelmsburg, Handball Männer
	■ Restaurierung Hamburger Kirchendächer, St. Petri und St. Jacobi
Quelle	Fragebogen
Claim	
Bereich	Kupferlieferant für Telekommunikation, Energie und Verkehr

Unternehmen	**NÜRNBERGER VERSICHERUNGSGRUPPE**
Ansprechpartner	Roland Schulz
Abteilung/Funktion	Presse
Anschrift	Ostendstraße 100
	D-90334 Nürnberg
Telefon	+49 (0) 911/5 31–45 93
Fax	+49 (0) 911/5 31–37 41
E-Mail	roland.schulz@nuernberger.de
Internet	www.nuernberger.de
Förderung	Kultur, Sport, Regionales
Beispiele	■ Dressurreiten in höchster Qualität, BURG-POKAL
	■ Radsportteam der Damen, Equipe NÜRNBERGER Versiche-rung
	■ Die Region Nürnberg e.V.
	■ Die Nürnberger Philharmoniker
	■ Germanisches Nationalmuseum
Quelle	Homepage
Claim	»Schutz und Sicherheit im Zeichen der Burg.«
Bereich	Versicherungen

Unternehmen	**O$_2$ (Germany) GmbH & Co. OHG**
Ansprechpartner	Frank Wienstroth
Abteilung/Funktion	Pressesprecher
Anschrift	Georg-Brauchle-Ring 23–25
	D-80992 München
Telefon	+49 (0) 89/24 42–12 13
Fax	+49 (0) 89/24 42–12 18
E-Mail	frank.wienstroth@o2.com
Internet	www.o2.com
Förderung	Kultur, Kunst, Sport
Beispiele	■ O$_2$ ist Partner der Pinakothek der Moderne in München «O$_2$ on 2«: Die Halbzeitaktion bei Heimspielen der Bayer Giants Leverkusen
	■ Hauptsponsor der Bayer-Schwimmer SG Bayer Wuppertal/ Uerdingen/Dormagen
	■ O$_2$ Germany ist seit dem 1. Juli 2002 Hauptsponsor der Leichtathleten von Bayer 04 Leverkusen

Quelle	Fragebogen
Claim	»See what you can do.«
Bereich	Telekommunikation

Unternehmen	**OBI Bau- und Heimwerkermärkte GmbH & Co. Franchise Center KG**
Ansprechpartner	Johanna Meessen
Abteilung/Funktion	Unternehmenskommunikation & Sponsoring
Anschrift	Albert-Einstein-Str. 7–9
	D-42929 Wermelskirchen
Telefon	T+49 (0) 21 96/76 15 09
Fax	F+49 (0) 21 96/76 10 19
E-Mail	johanna.meessen@obi.de
Internet	www.obi.de
Förderung	Sport. Zu beachten ist, dass OBI ein Franchise-Unternehmen ist. Dies bedeutet für das Thema Sponsoring, dass ausschließlich Events mit nationalem und sportlichem Charakter (ausschließliche Festlegung auf Fußball und Olympia) gesponsert werden. Darüber hinaus gibt es auf regionaler Ebene zahlreiche Engagements unserer Franchise-Partner im Bereich Umwelt, Kultur, Soziales.
Beispiele	■ Olympia Partner Deutschland
	■ Aktuelles Sportstudio
	■ Nationaler Förderer Fußball WM 2006
Quelle	Fragebogen
Claim	»Bibergünstig statt schweineteuer.«
Bereich	Bau- und Heimwerkermarkt

Unternehmen	**OTIS GmbH & Co. OHG**
Ansprechpartner	Kurt Frühbauer
Abteilung/Funktion	Geschäftsführer
Anschrift	Postfach
	D-13500 Berlin
Telefon	+49 (0) 30/43 04–0
Fax	+49 (0) 30/4 32 30 12
E-Mail	otis@berlinhg.otis.com
Internet	www.otis.com
Förderung	Bildung, Soziales
Beispiele	■ Special Olympics
	■ Partnerschaft Schule und Betrieb
Quelle	Homepage
Claim	
Bereich	Unternehmen für Aufzüge, Fahrtreppen und Fahrsteige

Unternehmen	**Philip Morris GmbH**
Ansprechpartner	Elfriede Buben
Abteilung/Funktion	Manager Public Affairs
Anschrift	Fallstraße 40
	D-81369 München
Telefon	+49 (0) 89/72 47–21 41
Fax	+49 (0) 89/72 47–4 23 13
E-Mail	elfriede.buben@pmintl.com
Internet	www.pmintl.de
Förderung	Bildung, Kunst, Kultur, Soziales, Wissenschaft
Beispiele	■ Philip Morris Forschungspreis. Für den Philip Morris Forschungspreis kann man sich in fünf Wettbewerbsfeldern bewerben: Umwelt, Schlüsseltechnologien, Informationstechnologien, Transport- und Verkehrssysteme, Zukunftswandel.
	■ Berliner Initiative gegen Gewalt gegen Frauen – BIG e.V.
	■ Stipendienprogramm Dresden/New York. Durch verschiedene Stipendienprogramme soll der künstlerische Nachwuchs gefördert werden.
Quelle	Fragebogen
Claim	
Bereich	Tabakindustrie

Unternehmen	**Postbank Zentrale**
Ansprechpartner	Joachim Strunk
Abteilung/Funktion	Pressesprecher Postbank, Verantwortlicher Sponsoring
Anschrift	Friedrich-Ebert-Allee 114–126
	D-53113 Bonn
Telefon	+49 (0) 228/9 20–1 21 00
Fax	+49 (0) 228/9 20–1 21 99
E-Mail	joachim.strunk@postbank.de
Internet	www.postbank.de
Förderung	Soziales, Sport/Fußball
Beispiele	■ Nationaler Förderer der FIFA-WM 2006
	■ DFB Premium-Partnerschaft
	■ Initiator des Vier-Millionen-Laufs (im Rahmen des RTL-Spendenmarathons)
Quelle	Fragebogen
Claim	»Anlegen und sparen.«
Bereich	Bankengeschäft

Unternehmen	**ProLogiX Distribution GmbH & Co. KG**
Ansprechpartner	Katharina Stiller
Abteilung/Funktion	Geschäftsführerin
Anschrift	In der Fleute 46
	D-42389 Wuppertal

Telefon	+49 (0) 202/26 07 30
Fax	+49 (0) 202/60 52 30
E-Mail	info@ProLogiX.de
Internet	www. ProLogiX.de
Förderung	Sport
Beispiele	■ Dressursport Intermediär II und Grand Prix sowie Klassen L bis S, Springreiten Klasse L bis S
	■ Oldtimer Rennen »Grab the flag – The classic bike event« und »Cup 2000«
	■ Tischtennis
Quelle	Homepage
Claim	
Bereich	Datenkommunikation

Unternehmen	**ProSiebenSat.1 Media AG**
Ansprechpartner	Julian Geist
Abteilung/Funktion	Corporate Sponsorship
Anschrift	Medienallee 7
	D-85774 Unterföhring
Telefon	+49 (0) 89/95 07–11 51
Fax	+49 (0) 89/95 07–11 84
E-Mail	julian.geist@ProSiebenSat1.com
Internet	www.prosiebensat1.com
Förderung	Kultur, Soziales
Beispiele	■ startsocial – der Wettbewerb für soziale Ideen: www.startsocial.de
	■ »The Oral History of Television« an der UdK in Berlin: www.udk-berlin.de
	■ »Schreib Dich nicht ab – lern lesen und schreiben«: www.alphabetisierung.de
Quelle	Homepage
Claim	»We love to entertain you.«
Bereich	Television

Unternehmen	**Pyromedia GmbH**
Ansprechpartner	Stefan von Lieven (GF)
Abteilung/Funktion	Marketingleiter
Anschrift	Rudolf-Diesel-Straße 14
	D-53859 Niederkassel
Telefon	+49 (0) 228/45 95–1 52
Fax	+49 (0) 228/45 95–1 59
E-Mail	lieven@pyromedia.de
Internet	www.pyromedia.de
Förderung	Bildung, Soziales

Beispiele	■ HaMSter Deutsche Multiple Sklerose Selbsthilfe e.V.
	■ Spaceclub.de
	■ A la Carte e.V.
Quelle	Homepage
Claim	
Bereich	IT-Dienstleister

Unternehmen	**Quelle AG**
Ansprechpartner	Gerhard Zahn
Abteilung/Funktion	Sponsoring/Event-PR
Anschrift	Postfach 4000
	D-90717 Fürth
Telefon	+49 (0) 911/14–2 24 30
Fax	+49 (0) 911/14–2 36 87
E-Mail	gerhard.zahn@quelle.de
Internet	www.quelle.de
Förderung	Soziales, Sport, Umwelt
Beispiele	■ Quelle Challenge Roth (Triathlon)
	■ LAC Quelle (Leichtathletik)
	■ SG Quelle (Fußball)
Quelle	Fragebogen
Claim	»Meine Quelle.«
Bereich	Großversand

Unternehmen	**Raiffeisen Hauptgenossenschaft Nord AG, Hannover**
Ansprechpartner	Bernd Homann
Abteilung/Funktion	Leiter Marketing/Unternehmenskommunikation
Anschrift	Krausenstraße 46–50
	D-30171 Hannover
Telefon	+49 (0) 511/80 75–2 57
Fax	+49 (0) 511/80 75–4 22
E-Mail	homann-b@rhg-hannover.de
Internet	www.rhg-hannover.de
Förderung	Kultur, Kunst, Sport
Beispiele	■ German Classics
	■ Schorsenbummel der Landwirtschaft in Hannover
	■ »Großes Fest der Landwirtschaft« Heu, Hits & Happiness auf der Rennbahn in Hannover
Quelle	Fragebogen
Claim	
Bereich	Genossenschaft, die Getreide, Kartoffeln, Ölsaaten und nachwachsende Rohstoffe vermarktet.

Unternehmen	**REWE-Zentral-Aktiengesellschaft**
Ansprechpartner	Gisela Schmitt
Abteilung/Funktion	Vorstand
Anschrift	Domstraße 20
	D-50668 Köln
Telefon	+49 (0) 221/1 49–10 50
Fax	+49 (0) 221/13 88 98
E-Mail	presse@rewe.de
Internet	www.rewe.de
Förderung	Soziales, Sport
Beispiele	■ 6. Köln-Marathon
	■ Rewe-Handelsgruppe versorgt über 300 »Tafeln« in Deutschland mit Lebensmitteln
	■ 5 am Tag, die Gesundheitskampagne mit Biss
Quelle	Homepage
Claim	»Immer discountbillig und marktfrisch.«
Bereich	Lebensmitteleinzel- und Großhandel, Fachmärkte, Touristik

Unternehmen	**Ruhrgas Aktiengesellschaft**
Ansprechpartner	Astrid Zimmermann
Abteilung/Funktion	Leiterin Presse/Medien
Anschrift	Huttropstr. 60
	D-45138 Essen
Telefon	+49 (0) 201/1 84–32 19
Fax	+49 (0) 201/1 84–43 51
E-Mail	Astrid. Zimmermann@ruhrgas.com
Internet	www.ruhrgas.de
Förderung	Architektur, Kultur, Kunst, Sport, Umwelt
Beispiele	■ Große Kunstausstellungen mit dem Folkwang Museum Essen (z. B. Morosow & Schtschukin, Paul Gauguin, William Turner; aktuell Paul Cézanne mit Eröffnung im September 2004)
	■ Rekonstruktion des Bernsteinzimmers in Zarskoje Selo bei St. Petersburg (Ruhrgas engagierte sich als exklusiver Sponsor mit 3,5 Millionen Dollar. Abschluss des Projekts im Mai 2003)
	■ Deutscher Architekturpreis (aktuell in diesem Jahr: Bundeskanzleramt)
Quelle	Fragebogen
Claim	»Gut unterwegs.« »Energie, um neue Wege zu gehen.«
Bereich	Energie

Unternehmen	**s.Oliver Bernd Freier GmbH & Co. KG**
Ansprechpartner	Ramsis Moussa
Abteilung/Funktion	Marketing Direktor
Anschrift	Ostring
	D-97228 Rottendorf
Telefon	+49 (0) 93 02/3 09–60 50
Fax	+49 (0) 93 02/3 09–426
E-Mail	sponsoring@s.oliver.de
Internet	www.s.oliver.de
Förderung	Sport, Soziales
Beispiele	■ Special Olympics
	■ Basketball Bundesliga
	■ BVB
Quelle	Fragebogen
Claim	»Get it on.«
Bereich	Mode

Unternehmen	**SAP Deutschland AG & Co. KG**
Ansprechpartner	Dr. Caroline King
Abteilung/Funktion	Public Affairs/Sponsoring
Anschrift	Neurottstraße 16
	D-69190 Walldorf
Telefon	+49 (0) 62 27/76 62 78
Fax	+49 (0) 62 27/78–2 85 20
E-Mail	info.germany@sap.com
Internet	www.sap-ag.de
Förderung	Bildung, Kultur, Soziales, Sport, Wissenschaft
Beispiele	Ausführliche Informationen finden Sie auf unserer Internet-seite unter www.sap.de/sponsoring.
Quelle	Fragebogen
Claim	»The best-run businesses run SAP.«
Bereich	Softwarelieferant

Unternehmen	**Schering AG, Berlin**
Ansprechpartner	Gabriele Liebmann-El Badry
Abteilung/Funktion	Unternehmenskommunikation
Anschrift	D-13342 Berlin
Telefon	+49 (0) 30/4 68–1 56 25
Fax	+49 (0) 30/4 68–1 58 96
E-Mail	Gabriele.LiebmannElBadry@Schering.de
Internet	www.schering.de
Förderung	Soziales
Beispiele	■ Initiative gegen Fremdenfeindlichkeit
	■ Initiative »Noteingang«
Quelle	Homepage
Claim	»Making medicine work.«
Bereich	Pharmaunternehmen

Unternehmen	**Scholz & Friends AG**
Ansprechpartner	Karin von Hülsen
Abteilung/Funktion	Unternehmenskommunikation
Anschrift	In der Lokfabrik
	Chausseestraße 8/E
	D-10115 Berlin
Telefon	+49 (0) 30/59 00 53–1 15
Fax	+49 (0) 30/59 00 53–2 98
E-Mail	karin.huelsen@s-f.com
Internet	www.s-f.com
Förderung	Bildung, Kunst, Kultur, Soziales
Beispiele	■ Social Sponsorship: »Ich helfe Dir« – Größte Hilfsaktion zur Jahrhundertflut
	■ Business Sponsorship: »Jürgen Scholz Scholarship for Creative Excellence« – Stipendium für den europäischen Werbenachwuchs
	■ Culture Sponsorship: »Jüdisches Museum Berlin« – Kommunikationskampagne für ein weltweit einzigartiges Museum
Quelle	Fragebogen
Claim	
Bereich	Werbeagentur

Unternehmen	**Sebapharma GmbH & Co. KG**
Ansprechpartner	
Abteilung/Funktion	
Anschrift	Binger Straße 80
	D-56154 Boppard
Telefon	+49 (0) 67 42/9 00–0
Fax	+49 (0) 67 42/9 00–1 76
E-Mail	info@sebamed.de
Internet	www.sebamed.de
Förderung	Sport
Beispiele	■ Offizieller Ausrüster von Evi Sachenbacher
	■ Skisport, Olympia, Radsport, Fußball, Marathon
Quelle	Homepage
Claim	»Wissenschaft für gesunde Haut.«
Bereich	Kosmetik

Unternehmen	**SICK AG**
Ansprechpartner	Christoph Müller
Abteilung/Funktion	Leiter Corporate Communications
Anschrift	Sebastian-Kneipp-Str. 1
	D-79183 Waldkirch
Telefon	+49 (0) 76 81/2 02–51 72
Fax	+49 (0) 76 81/2 02–39 26

E-Mail	Christoph.Mueller@sick.de
Internet	www.sick.de
Förderung	Bildung, Forschung, Regionales, Soziales, Wissenschaft
Beispiele	■ Jugend forscht
	■ Albert-Ludwigs-Universität, Freiburg im Breisgau
	■ Planetarium Freiburg
Quelle	Homepage
Claim	»Detect the Difference.«
Bereich	Hersteller von Sensoren und Sensorsystemen für industrielle Anwendungen

Unternehmen	**Siemens AG**
Ansprechpartner	Maria Schumm-Tschauder
Abteilung/Funktion	CC PR
Anschrift	Wittelsbacher Platz 2
	D-80333 München
Telefon	+49 (0) 89/6 36–8 35 81
Fax	
E-Mail	Maria.Schumm-Tschauder@siemens.com
Internet	www.siemens.com
Förderung	Bildung, Kultur, Kunst, Soziales, Sport
Beispiele	■ Siemens Mobile: Formel 1
	■ Siemens Mobile: Fußball (Mannschaften der Championsleague wie z. B. Real Madrid)
	■ Schulen, Hochschulen
	■ Förderprogramm »Jugend und Wissen«: http://w4.siemens.de/de/career/campus_zone und http://www.siemens.com/knowledge-zone/
	■ Das Siemens Arts Program. W: http://w4.siemens.de/artsprogram/
	■ Partnerschaft mit Unicef Deutschland: www.siemens.com/unicef
	■ STEP 21: www.siemens.de/knowledge-zone/de/aktionen/step21/step21.htm
Quelle	Fragebogen
Claim	»Global network of innovation.«
Bereich	Information and Communications, Automation and Control, Power, Transportation, Medical, Lighting

Unternehmen	**Škoda Auto Deutschland GmbH**
Ansprechpartner	Christoph Ludewig
Abteilung/Funktion	Unternehmenskommunikation
Anschrift	Brunnenweg 15
	D-64331 Weiterstadt
Telefon	+49 (0) 61 50/1 33–1 21
Fax	+49 (0) 61 50/1 33–1 29

E-Mail	christoph.ludewig@skoda-auto.de
Internet	www.skoda-auto.de
Förderung	Kultur, Kunst, Soziales, Sport
Beispiele	■ Frankfurt Galaxy, Berlin Thunder, Düsseldorf Rhine Fire in der Football NFL Europa-Liga
	■ Schirn Kunsthalle
	■ Kunstauto in Verbindung mit der Frau des Bundes- präsidenten für karitative Zwecke
	■ Skoda Jazzpreis mit Peter Herbolzheimer
Quelle	Fragebogen
Claim	»Ganz schön clever.«
Bereich	Automobilhersteller

Unternehmen	**SL – Marketing & Management**
Ansprechpartner	Sven Lehmann
Abteilung/Funktion	Geschäftsführer
Anschrift	Samuelisdamm 12c
	D-04838 Eilenburg
Telefon	+49 (0) 34 23/60 34 06
Fax	+49 (0) 34 23/60 46 72
E-Mail	coaching@sven-lehmann.de
Internet	www.sven-lehmann.de
Förderung	Kultur
Beispiele	Verein Ensemble Avelarte
Quelle	Homepage
Claim	
Bereich	Unternehmensberatung

Unternehmen	**Software Design & Management**
Ansprechpartner	Dr. Hermann Iding
Abteilung/Funktion	Leiter Corporate Communications
Anschrift	Thomas-Dehler-Straße 27
	D-81737 München
Telefon	+49 (0) 89/6 38 12–4 03
Fax	+49 (0) 89/6 38 12–1 50
E-Mail	info@sdm.de
Internet	www.sdm.de
Förderung	Kultur
Beispiele	■ Münchener Kammerorchester
	■ Zentraleuropäische Informatikolympiade (Schülerwett- bewerb)
Quelle	Homepage
Claim	
Bereich	Software- und Beratungsunternehmen

Unternehmen	**SOLAR Fashion GmbH & Co. KG**
Ansprechpartner	André Frölich
Abteilung/Funktion	Leiter Marketing
Anschrift	Stöckigstraße 2
	D-95463 Bindlach
Telefon	+49 (0) 92 08/90 12
Fax	+49 (0) 92 08/90 45
E-Mail	a.froelich@solar.info
Internet	www.solar.info
Förderung	Soziales, Sport
Beispiele	■ Sponsoring im Bereich Schwimmen: Einzelsponsoring z. B. mit Sandra Völker, Antje Buschschulte oder Verbände wie z. B. den Bayrischen Schwimmverband, den SV NRW und den Badischen SV oder auch Vereine wie z. B. den SV Würzburg 05, SV Wasserfreunde 98 Hannover, SC Delphin Ingolstadt
	■ Sponsoring im Bereich Beachvolleyball (Kooperation mit dem Club Aldina, Teamsponsoring von Beachvolleyballern wie z. B. Tom Hikel/Marvin Polte oder Chris Sonnenbichler/Morten Klein
	■ Sponsoring im Bereich Springen: Einzelsponsoring von z. B. Heike Fischer (Europameisterin vom Ein-Meter-Brett) und Tobias Schellenberg (3. Platz bei WM in Barcelona im Synchronspringen vom Drei-Meter-Brett
	■ soziales Sponsoring: Sponsoring der Nigerianischen Schwimmnationalmannschaft
Quelle	Fragebogen
Claim	
Bereich	Sportmode

Unternehmen	**Sony Deutschland GmbH**
Ansprechpartner	Katja Schumann
Abteilung/Funktion	Sponsoring
Anschrift	Hugo-Eckener-Str. 20
	D-50829 Köln
Telefon	+49 (0) 221/5 37–0
Fax	+49 (0) 221/5 37–3 49
E-Mail	katja.schumann@eu.sony.com
Internet	www.sony.de
Förderung	Kultur, Soziales, Sport
Beispiele	■ FC Bayern München
	■ Partner der größten und modernsten Multimedia Arena Europas, der Kölnarena
	■ Zartbitter e.V. – eine Kölner Kontakt- und Informationsstelle gegen sexuellen Missbrauch an Mädchen und Jungen

Quelle	Homepage
Claim	»You make it a Sony.«
Bereich	Entertainment

Unternehmen	**SPAR Handels-Aktiengesellschaft**
Ansprechpartner	Christina Werthner
Abteilung/Funktion	Presse & Information
Anschrift	Paul-Dessau-Straße 8
	D-22761 Hamburg
Telefon	+49 (0) 40/83 94–15 09
Fax	+49 (0) 40/83 94–19 22
E-Mail	spar-presse@spar.de
Internet	www.spar.de
Förderung	Umwelt
Beispiele	Seit 1977 unterstützt die Deutsche SPAR die Jugendorganisation der Schutzgemeinschaft Deutscher Wald
Quelle	Homepage
Claim	»Gut leben mit Spar.«
Bereich	Lebensmittelhandel

Unternehmen	**SPATEN-LÖWENBRÄU-GRUPPE**
Ansprechpartner	Petra Heerdegen
Abteilung/Funktion	Zentrales Marketing
Anschrift	Marsstraße 46 und 48
	D-80335 München
Telefon	+49 (0) 89/51 22–22 54
Fax	+49 (0) 89/51 22–25 03
E-Mail	P.Heerdegen@Spaten-Loewenbraeu-Gruppe.de
Internet	www.loewenbraeu.de
Förderung	Kultur, Sport
Beispiele	■ TSV 1860 München e.V.
	■ SpVgg Unterhaching
	■ Ottis Schlachthof
	■ Münchner Blade Night
	■ Heißluftballon
Quelle	Homepage
Claim	»Ein Bier wie Bayern.«
Bereich	Getränkehersteller

Unternehmen	**Spreequell Mineralbrunnen**
Ansprechpartner	Mathias Gersonde
Abteilung/Funktion	Marketing
Anschrift	Alt Stralau 54
	D-10245 Berlin
Telefon	+49 (0) 30/2 93 73–1 41
Fax	+49 (0) 30/2 93 73–1 08

E-Mail	info@spreequell.de
Internet	www.spreequell.de
Förderung	Kultur, Regionales, Sport
Beispiele	■ Die Fahrradkuriere von messenger
	■ Zusammenarbeit mit dem Olympiastützpunkt Berlin
	■ EHC Eisbären Berlin
	■ Spreequell engagiert sich alljährlich bei zahlreichen Veranstaltungen im Raum Berlin/Brandenburg: Love Parade, Seifenkistenderby in Kreuzberg, Karneval der Kulturen, ADFC Sternfahrt, 25 km von Berlin 2003, Grüne Woche, Jazz Fest Berlin, Music Highlights auf der Museumsinsel, Beach Festival »Bälle gegen Gewalt«, Hexenkessel Hoftheater im Monbijou-Park, Ladies German Open
Quelle	Homepage
Claim	»Volle Pulle Leben!«
Bereich	Getränkehersteller

Unternehmen	**Stadtwerke München GmbH**
Ansprechpartner	Bernd Steinhaus
Abteilung/Funktion	Sponsoring
Anschrift	Emmy-Noether-Str. 2
	D-80287 München
Telefon	+49 (0) 89/23 61–31 50
Fax	+49 (0) 89/23 61–31 51
E-Mail	steinhaus.bernd@swm.de
Internet	www.swm.de
Förderung	Kultur, Sport
Beispiele	■ Tollwood-Festival
	■ Münchner Blade Night
	■ Olympiapark München
Quelle	Fragebogen
Claim	»Besser leben mit M.«
Bereich	Energie

Unternehmen	**Stadtwerke Münster GmbH**
Ansprechpartner	Petra Willing
Abteilung/Funktion	Leiterin Unternehmenskommunikation
Anschrift	Hafenplatz 1
	D-48155 Münster
Telefon	+49 (0) 251/6 94–20 10
Fax	+49 (0) 251/6 94–11 11
E-Mail	p.willing@stadtwerke-muenster.de
Internet	www.stadtwerke-muenster.de
Förderung	Sport (passt gut zur Energie), Umwelt (gehört zu unserer Philosophie), Kunst und Kultur, vereinzelt im Bereich Soziales

Beispiele	■ Sport: zwei lokale Sportvereine: USC Münster (Volleyball) und Preußen-Münster (Fußball) sowie z. B. den Münster Marathon oder ein Jugend-Streetball-Tunier sowie die Skater-Szene mit dem »Stadtwerke-Skater-Jam«
	■ Kultur: Der Ring des Nibelungen in Münster
	■ Umwelt: ein Schulprojekt: Ausstellung zum Thema Energiesparen, Veranstaltung der Universität
Quelle	Fragebogen
Claim	
Bereich	Energie
Unternehmen	**Stadtwerke Osnabrück AG**
Ansprechpartner	Peter Horenburg
Abteilung/Funktion	Vorstandsreferent/Pressesprecher
Anschrift	Alte Poststraße 9
	D-49076 Osnabrück
Telefon	+49 (0) 541/3 44–2 02
Fax	+49 (0) 541/3 44–3 46
E-Mail	Peter. Horenburg@stw-os.de
Internet	www.stadtwerke-osnabrueck.de
Förderung	Schwerpunkt Sport und Kultur, aber auch Bildung (Schulen), Kunst, Regionales, Soziales, Umwelt
Beispiele	■ PVO = Verein für Umweltschutz durch Photovoltaik in Osnabrück e.V. [Mittel aus Ökostrom-Verkauf werden durch Stadtwerke verdoppelt und in öffentlichkeitswirksame Solarstromanlagen investiert
	■ 5. Deutsche Gedächtnismeisterschaften (»Junioren-Memoriade«) in Osnabrück – Nationaler Wettbewerb mit Integration von lokalen Schulen und Schülern
	■ VfL Osnabrück (2. DFB-Liga), Zoo Osnabrück, Städtische Bühnen etc.
Quelle	Fragebogen
Claim	»Immer für Sie da.«
Bereich	Energie
Unternehmen	**Stromversorgung Aggertal GmbH**
Ansprechpartner	Werner Becker-Blonigen
Abteilung/Funktion	Geschäftsführung
Anschrift	Lichtstraße 1
	D-51645 Gummersbach
Telefon	+49 (0) 22 61/9 76–01
Fax	+49 (0) 22 61/9 76–44 00
E-Mail	dialog@aggerstrom.de
Internet	www.aggerstrom.de
Förderung	Regionales, Soziales/Jugend

Beispiele	■ Jugendzentrum Gummersbach
	■ SkaterParkOverath
	■ Computerarbeit der Offenen Jugendarbeit Overath (OJO)
	■ Treffpunkt MAM, Wiehl
Quelle	Homepage
Claim	
Bereich	Energie

Unternehmen	**swb AG**
Ansprechpartner	Insa Schulenberg
Abteilung/Funktion	Sponsoring und Unternehmenskommunikation
Anschrift	Theodor-Heuss-Allee 20
	D-28215 Bremen
Telefon	+49 (0) 421/3 59–24 79
Fax	+49 (0) 421/3 59–27 33
E-Mail	insa.schulenberg@swb-ag.de
Internet	www.swb-ag.de
Förderung	Bildung, Soziales swb AG mit swb Bildungsinitiative, Kultur, Kunst, Sport swb Enordia
Beispiele	■ swb Bildungsinitiative
	■ Kunstausstellung in der Bremer Kunsthalle Rilke
	■ swb Enordia-Mini-Camps und das Enordia Rad-Sport-Team
Quelle	Fragebogen
Claim	
Bereich	Ver- und Entsorgung

Unternehmen	**Techem AG**
Ansprechpartner	Wolfgang Franke
Abteilung/Funktion	Leiter PR
Anschrift	Hauptstraße 89
	D-65760 Eschborn
Telefon	+49 (0) 61 96/5 22–22 28
Fax	+49 (0) 61 96/5 22–34 22 28
E-Mail	tfk@techem.de
Internet	www.techem.de
Förderung	Kultur, Sport, Umwelt
Beispiele	■ Sport: Einzelsportler mit Ziel Olympia-Qualifikation, Stiftung Deutsche Sporthilfe (Patenschaftsprogramm mit Einzelsportlern und Teams), Sportklubs und -verbände, Sportveranstaltungen, Vereinsmitgliedschaften
	■ Kultur: Hochschule für Musik und Darstellende Kunst, Abteilung Regie, Frankfurt am Main; Hochschule für Gestaltung, Offenbach; Semper-Oper, Dresden; Mitgliedschaften in Kuratorien und Förderkreisen; Vernissagen
	■ Umwelt: WWF-Projekt »Grünes Band Oder/Neiße«, »Zirkel 2005«

Quelle	Homepage
Claim	»Die regeln das.«
Bereich	Energie

Unternehmen	**Tengelmann Warenhandelsgesellschaft KG**
Ansprechpartner	Frau Schuchardt
Abteilung/Funktion	Public Relations
Anschrift	Wissollstraße 5–43
	D-45478 Mülheim an der Ruhr
Telefon	+49 (0) 208/58 06 76 00–04
Fax	+49 (0) 208/58 06 76 05
E-Mail	public-relations@uz.tengelmann.de
Internet	www.tengelmann.de
Förderung	Soziales, Umwelt
Beispiele	▪ Kooperation zwischen TUG und NABU: Biosphärenreservat Schorfheide-Chorin
	▪ Informationszentrum Blumberger Mühle
Quelle	Homepage
Claim	»Tradition mit Zukunft.«
Bereich	Warenhandel

Unternehmen	**Tenovis GmbH & Co. KG**
Ansprechpartner	Andrea Rinnerberger
Abteilung/Funktion	Leiterin Marketing Communications
Anschrift	Kleyerstraße 94
	D-60326 Frankfurt am Main
Telefon	+49 (0) 69/75 05–73 49
Fax	+49 (0) 69/75 05–25 24
E-Mail	andrea.rinnerberger@tenovis.com
Internet	www.tenovis.com
Förderung	Kultur, Soziales, Sport, Wissenschaft. Tenovis unterstützt insgesamt 20 Vereine im Breiten- als auch im Spitzensport in Deutschland – vor allem im Eishockey, Fußball, Handball und Basketball.
Beispiele	▪ Eishockey, u.a. Helmsponsor der Kassel Huskies und der Eisbären Berlin
	▪ Technologiepartner des 31. Deutschen Turnfestes Leipzig 2002
	▪ Fußball, u.a. Sponsor der Freiburger Fußballschule und des SC Freiburg
Quelle	Fragebogen
Claim	»Business Communications.«
Bereich	Kommunikationslösungen für den Businessbereich

Unternehmen	**Thyssengas GmbH**
Ansprechpartner	Frank Bender
Abteilung/Funktion	Leiter Unternehmenskommunikation
Anschrift	Duisburger Straße 277
	D-47166 Duisburg
Telefon	+49 (0) 2 03/55 55–24 54
Fax	+49 (0) 2 03/55 55–26 69
E-Mail	frank.bender@thyssengas.de
Internet	www.thyssengas.de
Förderung	Bildung und Jugend, Kultur, Sport
Beispiele	■ Theaterfestival Ruhr, Traumzeit-Festival, Kabarett-Festival »SpaßGesellschaftsAbende«
	■ Sponsor MSV Duisburg und Rennstall Abt Sportsline
	■ Jugendkulturpreis und Ausbildungsplatzsponsoring
Quelle	Homepage
Claim	
Bereich	Energie

Unternehmen	**TOGAL-WERK München**
Ansprechpartner	Frau Regittnig
Abteilung/Funktion	Vorstandssekretariat
Anschrift	Ismaninger Straße 105
	D-81675 München
Telefon	+49 (0) 89/92 59–0
Fax	+49 (0) 89/92 59–95
E-Mail	eregittnig@togal.de
Internet	www.togal.de
Förderung	Soziales, Umwelt
Beispiele	Soziale Verantwortung wird durch die 1979 ins Leben gerufene Günther J. Schmidt-Stiftung in Lugano/Schweiz übernommen. Die Stiftung engagiert sich über entsprechende Organisationen für behinderte Kinder und für den Umweltschutz, d. h. für den Schutz und die Erhaltung der Pflanzenwelt. Ein weiterer Schwerpunkt liegt im Bereich Tierschutz.
Quelle	Homepage
Claim	
Bereich	Herstellung und Vertrieb von pharmazeutischen, kosmetischen und diätetischen Produkten für »Gesundheit, Jugend und Schönheit«.

Unternehmen	**TOTAL Deutschland GmbH**
Ansprechpartner	Burkhard Reuss
Abteilung/Funktion	Leiter Unternehmenskommunikation und Sponsoring
Anschrift	Schützenstraße 25
	D-10117 Berlin
Telefon	+49 (0) 30/20 27–62 31
Fax	+49 (0) 30/20 27–62 15

E-Mail	Burkhard.Reuss@total.de
Internet	www3.total.de
Förderung	Kultur, Soziales, Sport (Motorsport), Umwelt
Beispiele	▪ Projekt »Lebensraum Küste« mit dem Ziel, Korallenriffs, Mangroven und Inseln zu schützen
	▪ Annedore-Leber-Berufsbildungswerk; SAFE-NET Fahrpraxis für Führerscheinneulinge
	▪ Mäzen im Louvre-Museum
Quelle	Homepage
Claim	
Bereich	Mineralölgesellschaft

Unternehmen	**transtec AG**
Ansprechpartner	Andrea Schneider
Abteilung/Funktion	Sponsoring
Anschrift	Waldhörnlestraße 18
	D-72072 Tübingen
Telefon	+49 (0) 70 71/7 03–3 41
Fax	+49 (0) 70 71/7 03–90 41
E-Mail	andrea.schneider@transtec.de
Internet	www.transtec.de
Förderung	Kunst, Soziales, Sport
Beispiele	▪ Computerschach
	▪ Segeln (erst seit kurzem)
	▪ verschiedene Kleinprojekte in der Region, von Schulen bis zu Ausstellungen
Quelle	Fragebogen
Claim	»The European IT Factory«
Bereich	Hardwarehersteller

Unternehmen	**TUI AG**
Ansprechpartner	Thorsten Windus-Dörr
Abteilung/Funktion	Leiter Public Relations, Ansprechpartner Sponsoring
Anschrift	Karl-Wiechert-Allee 4
	D-30625 Hannover
Telefon	+49 (0) 511/5 66–14 94
Fax	+49 (0) 511/5 66–10 84
E-Mail	thorsten.windus@tui.com
Internet	www.tui.com
Förderung	Bildung, Kultur, Kunst, Soziales, Sport, Umwelt, Wissenschaft
Beispiele	▪ Sport: Hannover 96, Tottenham Hotspurs (GB)
	▪ Wissenschaft/Bildung: Initiative D21, Uni Paderborn, Uni Hochschule Harz (verschiedene Studien)
	▪ Soziales: ECPAT, Whizz Kids (GB), Peter-Maffay-Stiftung, TUI-Patenschaften

Quelle	Homepage
Claim	»Fühl Dich TUI.«
Bereich	Touristikmarkt

Unternehmen	**Unilever Deutschland GmbH**
Ansprechpartner	Rüdiger Ziegler
Abteilung/Funktion	Presse
Anschrift	Dammtorwall 15
	D-20355 Hamburg
Telefon	+49 (0) 40/34 90–35 15
Fax	+49 (0) 40/34 90–35 20
E-Mail	
Internet	www.unilever.de
Förderung	Kultur, Kunst, Soziales, Wissenschaft
Beispiele	■ »Young Art Meets Unilever«. Wir unterstützen hiermit Nachwuchstalente und bieten ihnen eine Darstellungsplattform für ihre Kunst. Das Besondere dabei: Prämiert wird nicht nur die musikalische Qualität, sondern auch Engagement und Einfallsreichtum der Musiker.
	■ Innovationspreise für herausragende Dissertationen sowie für die besten Diplomarbeiten des Jahrgangs Lebensmittelchemie/Biochemie der Universität Hamburg
	■ Franziskus e.V., Lebens- und Arbeitsgemeinschaft für behinderte Erwachsene
Quelle	Homepage
Claim	»Wir begleiten Ihren Tag.«
Bereich	Anbieter von Markenartikeln der Bereiche Ernährung, Körperpflege, Parfum, Kosmetik sowie Wasch- und Reinigungsmittel

Unternehmen	**VICTORIA Versicherungen**
Ansprechpartner	Heike Poganaz
Abteilung/Funktion	Leiterin der Presseabteilung
Anschrift	Victoriaplatz 1
	D-40198 Düsseldorf
Telefon	+49 (0) 211/4 77–30 03
Fax	+49 (0) 211/4 77–31 13
E-Mail	presse@victoria.de
Internet	www.victoria.de
Förderung	Kunst, Soziales, Sport
Beispiele	■ Fußball-Bundesligist FC Schalke 04, Regionalligist FC Erzgebirge Aue
	■ Kunst – bei der VICTORIA gehört sie an jeden Arbeitsplatz
	■ »Victorianer helfen« unterstützt gezielt Hilfsprojekte für notleidende Kinder. Mitarbeiter spenden Pfennigbeträge ihrer Gehalts- bzw. Provisionsabrechnung, die in der Summe schon eine Menge Leid lindern konnten.

Quelle	Homepage
Claim	
Bereich	Versicherungen

Unternehmen	**VNG – Verbundnetz Gas Aktiengesellschaft**
Ansprechpartner	Siegbert Ketelhut
Abteilung/Funktion	Leiter Öffentlichkeitsarbeit/Interne Kommunikation
Anschrift	Braunstraße 7
	D-04347 Leipzig
Telefon	+49 (0) 341/4 43–20 55
Fax	+49 (0) 341/4 43–20 06
E-Mail	Siegbert. Ketelhut@vng.de
Internet	www.vng.de
Förderung	Bildung, Kultur, Kunst, Sport, Soziales, Umwelt
Beispiele	■ Verbundnetz der Wärme (Social Sponsoring vieler ehrenamtlich Engagierter und in Vereinen Organisierter)
	■ Leipziger Oper
	■ Viele Sportvereine, gemeinsam mit unseren Kunden: Berliner Eisbären, Weißenfelser Füchse, XXL-Erdgas-Team (Jens Fiedler), Renesch-Vierer Bob Altenberg usw.
Quelle	Fragebogen
Claim	
Bereich	Energie

Unternehmen	**Volvo Car Germany GmbH**
Ansprechpartner	Gundula Maronde
Abteilung/Funktion	Öffentlichkeitsarbeit/Sponsoring
Anschrift	Ringstrasse 38–44
	D-50996 Köln
Telefon	+49 (0) 221/93 93–9 12
Fax	+49 (0) 221/93 93–1 09
E-Mail	gmaronde@volvocars.com
Internet	www.volocars.com
Förderung	Kultur, Sport, Soziales
Beispiele	■ Volvo Champions Race 2003
	■ Volvo Ocean Race 2001–2002
	■ Volvo Händlergolfturniere
Quelle	Fragebogen
Claim	
Bereich	Automobil

Unternehmen	**Wal-Mart Germany GmbH & Co. KG**
Ansprechpartner	Dr. Sonja Steves
Abteilung/Funktion	Project Manager Public Relations
Anschrift	Friedrich-Engels-Allee 28
	D-42103 Wuppertal

Telefon	+49 (0) 202/28 29–18 80
Fax	+49 (0) 202/28 29–14 21
E-Mail	s3steve@wal-mart.com
Internet	www.wal-mart.de
Förderung	Soziales
Beispiele	■ Die Tafeln
	■ Elterninitiative vermisste Kinder e.V./Weißer Ring e.V.
	■ WWF Deutschland
Quelle	Fragebogen
Claim	»Die Preise bleiben unten. Immer!«
Bereich	Lebensmittel

Unternehmen	**Warsteiner Brauerei**
Ansprechpartner	Dr. Michael Walewski
Abteilung/Funktion	Unternehmenskommunikation
Anschrift	Domring 4–10
	D-59581 Warstein
Telefon	+49 (0) 29 02/88 17 99
Fax	+49 (0) 29 02/88 27 99
E-Mail	mwalewski@warsteiner.com
Internet	www.warsteiner.com
Förderung	Sport
Beispiele	■ Borussia Dortmund und regionales Fußball-Sponsoring beim SC Paderborn und Dynamo Dresden
	■ Formel-1-Saison 2003 – mit WARSTEINER auf der Pole-Position
	■ Im Bereich Skispringen Partner der Nationalmannschaft der Nordischen Kombination
	■ Reitsport: WARSTEINER Champions Trophy
	■ Ballonsport: Groß-Event »WARSTEINER INTERNATIONALE MONTGOLFIADE« (WIM)
Quelle	Homepage
Claim	»Das einzig wahre Warsteiner.«
Bereich	Getränkehersteller

Unternehmen	**WEDECO AG Water Technology**
Ansprechpartner	Ralf König
Abteilung/Funktion	Leiter Public Relations
Anschrift	Ungelsheimer Weg 6
	D-40472 Düsseldorf
Telefon	+49 (0) 211/95 19–6 18
Fax	+49 (0) 211/95 19–6 30
E-Mail	ralf.koenig@wedeco.net
Internet	www.wedecoag.com
Förderung	Soziales, Sport

Teil III

Interviews mit 19 Sponsoring-Verantwortlichen

Teil III enthält 19 Stellungnahmen von Sponsoring-Verantwortlichen namhafter Unternehmen, sowohl aus dem Non-Profit- als auch aus dem Profit-Bereich. Diese vermitteln einen guten Einblick in deren tägliche Arbeit und zeigen auf, worauf es bei einem Sponsorship ankommt, wie der Mensch auf der anderen Seite »tickt«, was er erwartet und wie eine Zusammenarbeit auszusehen hat.

1 Interview mit Christine Faber, Leiterin Marketing, Universität der Künste Berlin (UdK), über Hochschulsponsoring

Was macht das Sponsoring mit einer Kunsthochschule so speziell?
Unsere Sponsoren wissen es sehr zu schätzen, dass bei uns für viele Fragestellun gen ungewöhnliche und sehr kreative Lösungswege entwickelt werden, sowohl in Studien- und Forschungsprojekten als auch für Veranstaltungen und für die gemeinsame Kommunikation. Besonders am Hochschulsponsoring ist, dass man mit der Förderung von Hochschulen gleichzeitig in den wissenschaftlichen Nachwuchs und damit in die Zukunft investiert.

Sind die Sponsoren eher daran interessiert, Bildung oder Kunst zu fördern?
Wir sind als Kunsthochschule in der besonderen Position, dass wir Wissenschaft und Kultur vereinen. Interessant für Sponsoren ist, die Ausbildung zu unterstützen und damit die Kultur von morgen zu fördern.

Was glauben Sie, welche Unternehmensbranchen sind für die Förderung von (Kunst-) Hochschulen am geeignetsten?
Das ist schwierig zu sagen und in der Regel projektabhängig. Wir sind für alle Branchen offen.

Wer aus dem Kunstbereich hat wohl die größte Chance, gefördert zu werden?
Die UdK Berlin – als größte künstlerische Hochschule in Deutschland – vereint alle künstlerischen Disziplinen unter einem Dach. Dadurch sind wir in der glücklichen Lage, sehr flexibel und interdisziplinär auf die Vorstellungen unserer Partner eingehen zu können.

Seit wann ist das Sponsoring an der UdK Berlin etabliert?
Unsere Abteilung Kommunikation und Marketing gibt es seit sechs Jahren. Das Thema Sponsoring ist hier als Schwerpunkt angesiedelt und hat für uns deshalb einen so hohen Stellenwert, weil es uns nicht in einem so hohen Maße wie anderen großen Universitäten möglich ist, Forschungsmittel einzuwerben.

Welche Art der Sponsorenleistung bevorzugt die UdK Berlin?
Meistens ist es ein Mix, aus steuerlichen Gründen bevorzugen wir Finanzmittel.

Wie sehen Ihre üblichen Gegenleistungen aus?
Wir bieten natürlich all die klassischen Kommunikationsleistungen, etwa die Nennung des Logos auf allen Werbemitteln. Darüber hinaus bieten wir die Entwicklung und Organisation von eigens abgestimmten Veranstaltungen, wie z.B. Ausstellungen in den Räumen des Sponsors, Konzerte, Vorträge, gemeinsam gestaltete Ringvorlesungen, spezielle für den Sponsor konzipierte Veranstaltungen innerhalb und außerhalb der UdK Berlin. Know-how-Transfer in Studien- oder Forschungsprojekten ist natürlich auch möglich.

Nennen Sie bitte ein Beispiel für ein Know-how-Transfer-Projekt.
Mit Mitsubishi Telecom in Paris sind wir der Frage nachgegangen, wie Kommunikation in fünf Jahren aussehen wird. Zwei Mitarbeiter kamen alle sechs Wochen nach Berlin, um Input in die Gruppe zu geben. Das war für beide Seiten sehr inspirierend. Zum Abschluss wurden die besten Projekte auf der Cebit 2003 gezeigt. Die Zusammenarbeit war ein perfektes Geben und Nehmen.

Haben die Studenten Vorbehalte gegenüber Wirtschaftsunternehmen?
Nein, überhaupt nicht. Im Gegenteil, viele wünschen sich Folgeprojekte.

Kommunizieren Sie das Sponsorship gegenüber der Öffentlichkeit oder engagiert sich dafür eher der Sponsor?
In der Regel kooperieren wir. Auf Wunsch übernehmen wir aber auch gerne die komplette Kommunikation für ein Projekt.

Ihr Sponsoringengagement ist sehr strategisch. Hatten Sie ein Vorbild?
Meine Vorstellung, wie erfolgreiches Sponsoring für eine Hochschule funktionieren kann, war damals sehr konkret, als ich mit meiner Arbeit an der UdK Berlin begonnen habe. Die gesamte Hochschulleitung räumt dem Sponsoring bis heute einen hohen Stellenwert ein und investierte in eine langfristige Marketingstrategie.

Bevorzugen Sie für Projekte Exklusiv-Sponsoren oder mehrere Co-Sponsoren?
Das ist unterschiedlich, z.B. mit der Deutschen Bank haben wir in den letzten sechs Jahren sehr eng zusammengearbeitet, u.a. wurde in diesem Zeitraum eine Professur für »Multimediale Kunst« finanziert. Für dieses Projekt konnten wir neben der Deutschen Bank auch noch eine Reihe von Co-Sponsoren gewinnen.

Inwiefern muss die Unternehmensidentität (CI) des Sponsors mit dem Hochschulbereich übereinstimmen?

Je mehr Berührungspunkte da sind, desto besser funktioniert eine Partnerschaft. Z. B. wurde an der UdK Berlin von der Pro7Sat1Media AG der Aufbau eines Archivs zur Geschichte des populären Fernsehens unterstützt. Wegen der inhaltlichen Nähe ist diese Zusammenarbeit besonders fruchtbar.

Nennen Sie die Schritte einer Anbahnung.

Entweder geht die Initiative von uns aus, oft aber wenden sich Unternehmen mit einem bestimmten Anliegen an uns. In einem ersten Gespräch werden die gemeinsamen Interessen formuliert. An dieser Stelle ist für uns wichtig, möglichst viel über die individuellen Wünsche unseres Partners zu erfahren. Anschließend präzisieren wir das Angebot und formulieren Leistungen und Gegenleistungen, überschlagen die Budgets und den Zeitraum.

Mit welchen Unternehmen arbeiten Sie erfolgreich zusammen?

Eine projektorientierte Zusammenarbeit hat sich bewährt. So sponsert die Adam Opel AG zum Beispiel die Studiengänge Mode und Medienkunst, mit Apple Computer arbeiten wir innerhalb der gesamten Gestaltung zusammen, Volkswagen AG unterstützt den Studiengang Gesellschafts- und Wirtschaftskommunikation und mit der Apart GmbH – einer Tochter der Otto GmbH & Co. KG – haben wir gerade ein Trendforschungsprojekt abgeschlossen. Für diese Projekte vergeben wir dann auch eine gewisse »Branchenexklusivität«.

Wie messen Sie die Wirkung der Sponsoring-Partnerschaft?

Das ist unterschiedlich und reicht von einer Medien-Resonanz-Analyse über Befragungen bis hin zu Feedback-Gesprächen mit dem Sponsor. Die Evaluation der Projekte ist Bestandteil unserer Leistungen, die wir in das Projekt mit einbringen. Jeder Sponsor erhält ein Abschlusspaket mit sämtlichen Leistungen, die von uns erbracht wurden.

Haben Sie an der UdK Berlin Sponsoring-Richtlinien festgelegt?

Nein. Wir haben aber festgelegt, was nötig ist, um einen Sponsor suchen zu können. Wichtig sind Öffentlichkeits- und Fachöffentlichkeitswirksamkeit, langfristige Planung, ein inhaltlich gutes Konzept, eine gewisse Imageträchtigkeit.

Kann man denn den Professoren und angehenden Künstlern diese Marketing-Strategien abverlangen?

Nach der Beratung durch uns werden die Professoren oder Studierenden auch gerne selbst aktiv.

Wo lernen die Studenten sich zu vermarkten?

Während Ihres Studiums oder im Career Center der UdK. Das ist die Abteilung, die den Übergang vom Studium in den Beruf begleitet. Dort bieten wir auch Seminare zu Fundraising und Sponsoring für die Studierenden an.

Welche Sponsoring-Zeitschriften empfehlen Sie?
Ich kann keine besonders empfehlen.

Wie hoch sind die Beträge, die in der Regel von Unternehmen eingefordert werden?
Also grundsätzlich fordern wir keine Beträge ein. Wir suchen Partner, die an unseren Angeboten und einer Win-win-Situation interessiert sind. Die Höhe des Betrages hängt von dem Umfang der Leistungen und Gegenleistungen ab und kann bis zu Millionensummen reichen.

Wie viel Einfluss wird einem Sponsor-Partner gewährt?
Wichtig ist, dass sich unsere Partner nicht in die Autonomie der Künste und der Wissenschaften einmischen. Aber ich habe auch noch niemanden erlebt, der das möchte.

Können durch Alumni-Programme potenzielle Sponsoren gefunden werden?
Wir bauen seit vier Jahren eine Alumni-Organisation auf. Das ist natürlich ein sehr langfristiges Geschäft, birgt aber durchaus ein großes Potenzial für künftige Sponsoren. Das hat sich bei uns schon in einem aktuellen Projekt ausgezahlt.

Welche Vision haben Sie bezüglich eines Sponsorings der Zukunft?
Sehr viel Potenzial sehe ich über den Imagetransfer hinaus im Know-how-Transfer und in der Erschließung von Personalressourcen. Zudem ist es dringend notwendig, dass sich die Universitäten in Deutschland im rasant zunehmenden Wettbewerb deutlich positionieren, um damit für die Wirtschaft als Partner interessant zu werden. Auf der anderen Seite sollte der Wirtschaft an einer guten Ausbildung gelegen sein, damit die Zukunft des Wirtschaftsstandortes Deutschland gewährleistet werden kann.

2 Interview mit Birgit Jammes, Sponsoringbeauftragte, und Dr. Klaus Haschker, Leiter Gasag-Kommunikation, Berliner Gaswerke Aktiengesellschaft, über Kultursponsoring

Was macht Kultursponsoring so speziell?
Die Gasag hat sich für Kultursponsoring entschieden, um Zielgruppen, die man mit der klassischen Werbung nicht erreichen kann, anzusprechen und den Imagetransfer zu nutzen. Im Bereich von Kundenpflege und Geschäftspartnerkontaktpflege bietet das Kultursponsoring die Möglichkeit, außergewöhnliche Events zu inszenieren.

Seit wann betreiben Sie Kultursponsoring und wie strategisch ist Ihr Engagement?
Konzeptionell betreiben wir Kultursponsoring seit Mitte der 90er Jahre. Es ist auf bestimmte Zielgruppen, Multiplikatoren, Entscheider, Geschäftspartner, befreundete Unternehmen oder Unternehmen in der Zusammenarbeit ausgerichtet. Un-

ser Engagement ist langfristig ausgerichtet und mit einer Konzeption versehen. Schwerpunkt ist der Nachwuchsbereich in der bildenden und darstellenden Kunst.

Warum Nachwuchsförderung?

Wir möchten damit einen dynamischen Transfer hinbekommen, der ein bisschen auf das Unternehmen abfärbt. Die Gasag hat sich in den vergangenen Jahren einem großen Wandel unterzogen, der noch nicht so in der Öffentlichkeit wahrgenommen wird. Daher suchen wir Partner, die diese Veränderung nach außen transportieren.

Haben Sie Partner in der Berliner Subkultur gefunden?

Nein, es wurden Bereiche gesucht, die schon professionell arbeiten, die bereits ein gewisses Ansehen haben, aber ohne die Unterstützung eines Unternehmens so manches Projekt nicht realisieren können. Wir unterstützen keine Projekte, bei denen die Grundsicherung nicht vorhanden ist. Unsere Leistungen sind Zusatzleistungen. Wir sehen uns weder als karikative Einrichtung noch als Mäzene. Natürlich wollen wir auch eine Gegenleistung haben.

Wie unterscheiden sich die verschiedenen Sponsoring-Bereiche der Gasag?

Unser Sportsponsoring geht neben der Kundenbindung wesentlich mehr in die Werberichtung: Bandenwerbung, Eisflächenwerbung, Hallensprecherdurchsagen. Hier wollen wir auch stärker mit dem Logo präsent sein und massiver auftreten. Im Sozialbereich dagegen ist es besonders schwierig, Gegenleistungen zu formulieren. Es bieten sich gedruckte Varianten an, allerdings wesentlich dezenter als im Kulturbereich.

Haben Sie Erkenntnisse, wie die Öffentlichkeit Ihr Kultursponsoring wahrnimmt?

Studenten der Fachhochschule Potsdam haben im Sommer 2003 eine Wirkungsstudie über unser Kultursponsoring abgeschlossen. Unser Konzept wird im Ergebnis sehr positiv beurteilt. Teilweise wird gesagt, wir könnten sogar noch stärker werblich in Erscheinung treten. Wir liegen mit unserer Strategie insgesamt offensichtlich sehr richtig. Das ist für unsere weitere Arbeit natürlich eine wichtige Bestätigung.

Identifizieren sich die Mitarbeiter mit den geförderten Projekten?

Unsere Studie hat bestätigt, dass die Mitarbeiter dem Kultursponsoring gegenüber sehr positiv eingestellt sein. Sie profitieren auch davon, weil wir bei den Sponsoring-Präsentationen immer versuchen, bestimmte Dinge oder bestimmte Kartenkontingente für sie zu organisieren.

Was bieten Sie Ihren Kunden?

In der »Bar jeder Vernunft« haben wir vertraglich vereinbart, dass die Kunden kostenfrei in die Vorstellungen kommen und man uns ein Kontingent an Champagner-Loungen zur Verfügung stellt. Das ist ein schönes Erlebnis für die Kunden und wird auch sehr anerkannt.

Setzen sich Ihre Partner mit der Gasag und Ihren Produkten auseinander?
Ja, die Kunstfabrik wollte uns unterstützen und hat sich überlegt, ob man die Wärmeversorgung über die Gasag mit Hilfe von Erdgas realisieren kann. Das ging dann doch nicht, weil man schon andere Leasing-Verträge abgeschlossen hatte. Die »Bar jeder Vernunft« ordert für ihre Gäste Umwelttaxis, die mit Erdgas betrieben werden.

Sie unterstützen die Bar jeder Vernunft, die Neuköllner Oper, die Kunstfabrik am Flutgraben e.V. Wie kam es zu diesen Partnerschaften und warum?
Es gab die konzeptionelle Idee, in welche Richtung man das Kultursponsoring ausrichten möchte. Eine externe Beraterin und Kulturexpertin hat nach unseren Vorgaben entsprechende Vorschläge gemacht, mit wem eine Zusammenarbeit sinnvoll wäre. Im nächsten Schritt haben wir mit den potenziellen Partnern ausgelotet, ob eine Zusammenarbeit möglich ist. In mehreren persönlichen Treffen wurden die Einzelheiten besprochen und die vertraglichen Grundlagen erarbeitet.

Welche Art der Sponsorenleistung bevorzugen die Gesponserten in der Regel?
In der Regel geben wir Geld. Aber wir entwickeln auch Rahmenbedingungen für Projekte, übernehmen die Presse- und Öffentlichkeitsarbeit, beteiligen uns an Gestaltungsfragen, bringen unser Know-how ein.

Wie sehen die Gegenleistungen Ihrer Partner aus?
Im Prinzip läuft das auf die klassische Nennung der Gasag als Sponsor, auf gemeinsame Presseaktivitäten, Bereitstellung von Kartenkontingenten, Ausrichten von Veranstaltungen und Werkstattgespräche bzw. Einblicke hinaus.

Müssen die Unternehmensidentität (CI) und die Zielgruppen der Gasag mit den gesponserten Projekten übereinstimmen?
Natürlich. Die Gasag wurde lange Zeit in der Öffentlichkeit als langweiliger Beamtenapparat wahrgenommen. Im Zuge der Liberalisierung des Gasmarktes und der Privatisierung unseres Unternehmens haben wir die Chance ergriffen, uns durch das Engagement im Sponsoring dynamischer und innovativer nach außen zu präsentieren.

Ist die Zusammenarbeit zwischen einem Wirtschaftunternehmen und dem Non-Profit-Bereich schwierig?
Berührungsängste gab es bei unseren Partnern nur zu Anfang. In der Kunstfabrik am Flutgraben befürchtete man die Beschränkung der künstlerischen Freiheit. Das hat sich schnell gelegt. Vorbehalte gibt es eher in der Öffentlichkeit, insbesondere bei den Journalisten, die solche Allianzen immer noch als problematisch einstufen.

Wie viel Prozent Ihres Sponsoring-Budgets setzen Sie für die Kultur ein?
Das Gesamtbudget für die Sponsoring-Aktivitäten im Kulturbereich liegt bei etwa 50%.

Mit wie vielen Mitarbeitern ist Ihre Abteilung besetzt?

In der Unternehmenskommunikation arbeiten sechs Mitarbeiter. Birgit Jammes ist unsere Sponsoringmanagerin und hält den persönlichen Kontakt zu unseren Partnern. Das trägt unserer Meinung nach entscheidend zum Erfolg bei.

Was verspricht sich die Gasag von Sponsoring-Partnerschaften? Wo liegt der Hauptnutzen?

Uns ist der regionale Bezug sehr wichtig. Der Partner sollte auf gesunder Basis stehen und zum Unternehmen passen. Die Attribute, die wir in unserer Strategie festgelegt haben, sollten vom Gesponserten mitverfolgt und nach außen transportiert werden.

Wie viele Sponsoring-Anfragen erhalten Sie pro Monat?

Ca. 20 bis 30.

Was haben kleine Vereine bezüglich Sponsoring für Möglichkeiten?

Es ist wichtig, sich die Struktur eines Unternehmens genau anzuschauen, die Struktur zu durchdringen. Wir raten unbedingt dazu, sich vorab Gedanken zu machen, bevor man eine Aktion startet. Man sollte zielgerichtet vorgehen und sich genau überlegen, was man anbieten kann. Unabdingbar ist eine langfristige Planung. Das tun wir ja auch.

Wie professionell müssen Projektleiter aus dem Kulturbereich sein, um Sponsoring-Partnerschaften mit der Gasag eingehen zu können?

Wir erwarten, dass unsere Partner in ihrem künstlerischen und kulturellen Geschäft professionell arbeiten. Alles andere ergibt sich in der Zusammenarbeit.

Wie gläsern muss ein Sponsoring-Partner sein?

Uns interessiert schon, wie die Gelder verwendet werden, und ein Partner muss zu Beginn der Zusammenarbeit auch realistisch darlegen, was mit unserem Geld finanziert werden soll, sowie nachweisen, dass unser Budget reicht. Es gibt später kein zusätzliches Geld. Da wir vorab definieren, was wir haben wollen, ist es in der Regel nicht erforderlich, dass nach Abschluss eines Projektes Rechenschaft abgelegt werden muss.

Sind Sponsor-Partnerschaften in der Vergangenheit auch schon mal gescheitert?

Nennen Sie es ausgelaufen. Eine Partnerschaft mit einem Berliner Theater wurde nicht mehr verlängert, weil das Repertoire dieses Theaters sich nicht so schnell erneuerte, als das es sinnvoll für Kundenveranstaltungen eingesetzt werden konnte. Man hatte sich damals nicht aufgrund strategischer Überlegungen zu einer Kooperation entschlossen, sondern aufgrund bestimmter persönlicher Vorlieben. Dadurch kam auch unser Attribut der Nachwuchsförderung zu kurz.

Welche Vision haben Sie bezüglich eines Kultur-Sponsorings der Zukunft? Wird es interessante Nischen geben?

Sponsoring ist immer Veränderungen unterworfen. Wir haben eine ganze Menge erreicht, haben schöne Projekte, so dass wir mit dem Geld, das wir investieren, im

Vergleich zu anderen Unternehmen sehr gut dastehen. Wir beobachten die Berliner Kulturszene sehr genau und sind auch in der Zukunft neuen Ideen gegenüber aufgeschlossen.

Wie stehen Sie zu externen Dienstleistern, z. B. Sponsoring- bzw. Fundraising-Agenturen?

Natürlich benötigen wir externe Berater. Diesbezügliche Ausgaben haben wir nicht nur im Sportbereich, sondern auch im Sozialbereich, etwa für Studien, eingeplant. Es ist auch für die Zusammenarbeit mit den Partnern wichtig, wenn man noch einen Moderator hat, vor allem dann, wenn es mal Schwierigkeiten gibt.

3   Interview mit Helmut Rundshagen, Wirtschaftsprüfer, Ernst & Young, Hamburg, über steuerrechtliche Aspekte von Sponsorships

Was ist der Unterschied zwischen Spenden und Sponsoring?

Im steuerrechtlichen Sinne ist das Thema Spenden und Sponsoring klar getrennt. Eine Spende ist dadurch gekennzeichnet, dass der Spender keine Gegenleistung bekommt. Außerdem muss ein formalisiertes Verfahren eingehalten werden. Dem Spender wird bescheinigt, dass er für eine gemeinnützige Organisation eine Spende geleistet hat. Diese Spendenbescheinigung kann die Organisation selbst ausstellen. Der Spender kann dann nur im Rahmen der gesetzlichen Vorschriften über den Abzug von Spenden diese steuerlich geltend machen. Die Organisation kann ihm gegenüber keine Leistung erbringen. Das einzige, was sie für ihn Gutes tun darf, ist zu benennen, dass er etwas gespendet hat. Wenn er etwa Geld für den Ankauf eines Bildes eines Museums gespendet hat, kann dann ein kleiner Hinweis, der Name des Spenders an dem Bild stehen. Öffentlichkeits- oder Pressearbeit darf in diesem Zusammenhang mit Spenden nicht erbracht werden. Das hätte dann den Charakter einer Gegenleistung. Die Spende ist dadurch gekennzeichnet, dass sie ganz ohne Gegenleistung auskommt. Überall dort, wo der Spender »etwas bekommt«, handelt sich um klassisches Sponsoring. Bescheinigungen über Sponsoring kann man nicht ausstellen. Im Grunde kann die gemeinnützige Einrichtung Sponsor-Partnerschaften eingehen, ohne selber steuerliche Nachteile zu haben. Es muss darauf geachtet werden, dass das Sponsoring im Sinne der Auffassung der Finanzverwaltung eingesetzt wird und sich nicht als Werbung qualifiziert.

Was schreibt die Finanzverwaltung vor?

Das sind im Grunde genommen die klassischen Dinge. Der Hinweis auf den Sponsor muss zurückhaltend erfolgen. Sponsoring muss im Bereich der Vermögensverwaltung einer gemeinnützigen Einrichtung bleiben. Das heißt, es ist möglich, den Namen des Sponsors auf Programmhefte oder Plakate aufzudrucken oder einen Hinweis im Foyer zu machen. Allerdings darf es nicht so sein, dass der Sponsor in den Vordergrund gerückt wird und man den Eindruck gewinnt, es sei eine vom Sponsor initiierte Maßnahme. Dann kommen wir nämlich in den Bereich der Werbeveranstaltung und das darf definitiv nicht passieren. Zu beachten ist auch, dass immer nur auf den Namen des Sponsors hingewiesen werden darf, niemals auf

dessen Produkte. Wird auf Produkte hingewiesen, sind wir im Bereich einer akti-
ven Tätigkeit der gemeinnützigen Einrichtung im Sinne des Erbringens einer Wer-
beleistung, d. h. im gewerblichen (wirtschaftlichen) Geschäftsbetrieb. Es kommt
also auf den Gesamteindruck an, um die Abgrenzung zwischen Sponsoring und
gewerblicher Werbung einzuhalten.

Was ist an Gegenleistung zulässig?

Das ist im Einzelfall schwierig zu beantworten. Generell kann ich sagen, dass die
Klassiker zulässig sind. Das steht so auch ausdrücklich in dem Erlass der Finanzverwaltung. Sie können ohne Probleme den Namen auf Eintrittskarten, Programm-
heften, Ausstellungskatalogen etc. platzieren. Diesen Erlass finden Sie im Bundes-
steuerblatt und ansonsten sicherlich auch in dem vom Bundesverband der
Deutschen Industrie e.V. herausgegebenen Handbuch »Wirtschaft und Kultur«.

Nennen Sie die Grauzonen, die Grenzfälle.

Nach meiner Einschätzung liegt die Hauptschwierigkeit im Bereich der Abgrenzung zwischen Werbung und Sponsoring im steuerrechtlichen Sinne und weniger
im Verhältnis Sponsoring und Spende. Zwischen Werbung und Sponsoring tritt
die Frage auf, ob die Hervorhebung des Sponsors so massiv wird, dass es sich um
Werbung für ihn handelt, oder ob die Organisation im sicheren Bereich der Vermögensverwaltung bleibt. Umstrittene Beispiele in der Vergangenheit waren das Hin-
stellen eines Unternehmensproduktes in die Eingangslobby eines Museums. Diese
Leistung des Museums ist schwierig abzugrenzen. Für eine Werbemaßnahme
spricht, dass ein Produkt gezeigt wird und stark im Vordergrund steht. Gegen eine
Werbemaßnahme spricht allerdings, dass sich die gemeinnützige Organisation
passiv verhält. Sie stellt nämlich nur einen Raum zur Verfügung. Und schon be-
wegt man sich im Grenzbereich.

Wie viel Geld darf eine Non-Profit-Organisation durch Sponsoring-Maßnahmen einnehmen?

Hier gibt es keine Eingrenzungen. Zunächst muss man sagen, dass der Preis einer
Sponsoring-Maßnahme im Grunde genommen marktgerecht ausgehandelt wird.
Es gibt keine Gebührentabellen, sondern das handeln Sponsor und Organisation
aus. Auf diese Art bildet sich irgendwo ein Markt. Sofern wir im Bereich des steuerlich akzeptierten Sponsorings sind, spielt es also keine Rolle, wie hoch die Geld-
beträge sind. Es handelt sich um Einkünfte aus der Vermögensverwaltung und das
ist für die steuerliche Beurteilung gemeinnützig, also unschädlich.

Wie sieht es auf Unternehmensseite aus?

Auf Unternehmensseite muss die Ausgabe für die Sponsoringmaßnahme in einem
angemessenen Verhältnis zu der Gegenleistung steht. Das kann man nicht genau
prüfen und im Zweifel ist anzunehmen, dass das Vereinbarte marktgerecht ist.
Aber es darf kein ganz krasses Missverhältnis geben zwischen dem aufgewendeten,
gesponserten Geld und dem, was als werblicher Vorteil dem Unternehmen zugute
kommt.

Wie wird Sponsoring im Unternehmen verrechnet?

In der Regel als Betriebsausgabe für einen Marketing- bzw. Werbeaufwand. Wenn es nicht in diesen Bereich fällt, beruht es vielleicht auf einer persönlichen Vorliebe der Vertretungsorgane des Unternehmers. Dann handelt es sich um eine nichtabzugsfähige Betriebsausgabe, die man auf dieser Ebene steuerlich nicht geltend machen kann.

Wie wird der Wert einer Leistung (Sachmittel, Dienstleistung) bzw. Gegenleistung (Logo) errechnet, gibt es Maßstäbe?

Nicht das ich wüsste. Es wird nach Gefühl entschieden. Es richtet sich danach, was ein Unternehmen für Werbung ausgeben würde und bereit wäre zu zahlen. Man kann sicherlich auf Vergleichswerte aus der Werbung in klassischen Medien zurückgreifen, um den Wert zu erfassen. Diese Werte können Kriterien für eine Überprüfung der Angemessenheit sein.

Wie wichtig sind Sponsoring-Verträge? Worauf ist hierbei zu achten?

Zivilrechtlich müssen Sponsoring-Verträge nicht schriftlich abgeschlossen werden. Die Wirksamkeit ist auch gegeben, wenn man mündlich Verträge schließt. Empfehlenswert ist aber sicherlich der Abschluss eines schriftlichen Vertrages, schon um sicher zu stellen, das die Gegenleistung klar definiert ist und darauf geachtet wurde, dass es sich möglichst nicht um Werbung handelt.

Sind externe Berater zum Abschluss der Verträge von Vorteil?

Das hängt sehr davon ab, wer die handelnden Personen in solch einer Einrichtung sind, von deren Vorbildung. Wenn das kaufmännisch vorgebildete Mitarbeiter sind, dann kann ich mir gut vorstellen, dass sie mit Musterverträgen relativ weit kommen. Nichtsdestoweniger ist es an der ein oder anderen Stelle, sofern es sich um ein größeres Volumen handelt, durchaus sinnvoll, sich steuerrechtlichen Rat einzuholen.

Kann durch ein Fehlverhalten im Sponsoring die Gemeinnützigkeit gefährdet sein?

Wenn eine gemeinnützige Einrichtung Sponsoring mit Werbecharakter in einem so großen Umfang betreibt, dass hier insgesamt die gewerbliche Betätigung stark im Vordergrund steht, gefährdet sie ihren Gemeinnützigkeitscharakter. Hinzu kommt, dass die verfahrensrechtliche Abwicklung nicht ganz einfach ist. Selbst ein steuerlich akzeptiertes Sponsoring ändert nichts daran, dass man umsatzsteuerpflichtig wird. Spätestens dann, wenn umsatzsteuerliche Aspekte zu prüfen sind, wird man ohne externen Rat kaum mehr auskommen.

Warum sponsern Unternehmen gerne Sachmittel?

Steuerlich betrachtet liegt hierin kein Vorteil. Handelt es sich bei dem Sponsoring um Sachmittel, die das Unternehmen nicht mehr verwerten kann, liegt die Attraktivität betriebswirtschaftlich in der »Zweitverwertung«. Ein weiterer Hintergrund könnte sein, dass das Unternehmen sehr zielgerichtet und sichtbar mit einer bestimmten Leistung in der Öffentlichkeit wahrgenommen werden möchte. Denn es macht einen Unterschied, ob das Unternehmen einfach Geld gibt oder ob es damit in der Zeitung steht, dass es ein Museum mit akustischen Führern ausgestattet hat.

Welche Vorteile bringen Fördergesellschaften?

Sie dienen dazu, konsequent Spendenmittel durch eine rechtlich verselbstständigende Einheit durchzuleiten. Ist die Fördergesellschaft wirtschaftlich ausgerichtet, dient es dazu, zu verhindern, dass die eigentliche Non-Profit-Organisation über wirtschaftliche Tätigkeiten gefährdet wird, ihren Gemeinnützigkeitsstatus verliert. Da Sponsoring im eigentlichen Sinne nicht schädlich ist, kann es aber weiter über die gemeinnützige Organisation durchgeführt werden. Es sei denn, man kommt wie oben beschrieben in den Werbebereich. Dann kann man diese Partnerschaft über die Fördergesellschaft laufen lassen.

Was ist darüber hinaus noch zu beachten, wenn Sponsoring-Partnerschaften geschlossen werden?

Man sollte wissen, sobald Sponsoring Werbung wird, ist das seit dem Jahr 2000 steuerlich nicht mehr so schlimm, weil es eine Begünstigungsnorm gibt. Die Abgabenordnung sieht vor, dass in den Fällen, wo es sich im Grunde um Werbung im Grenzbereich zum Sponsoring handelt, nur 15 % der Einnahmen der Besteuerung unterliegen. Bezüglich der Werbegefahr kann ich nur noch mal unterstreichen, dass die Grenze des Sponsorings immer verlassen ist, wenn Produkte präsentiert, Produktnamen, aber auch Werbesprüche des Sponsors abgedruckt oder in irgendeiner Weise sichtbar gemacht werden. Man kommt auch in den Bereich der Werbung, wenn das Unternehmen einen Internetlink auf die Homepage der gemeinnützigen Organisation setzt. Diese Punkte sind sehr sensibel und nicht jedem bewusst.

4 Interview mit Jan Pommer, Rechtsanwalt und Leiter Sponsoring, Bob Bomliz Group Bonn, über Sponsoring aus der Sicht einer Sponsoring-Agentur

Wer nimmt die Dienstleistung Ihrer Sponsoring-Agentur in Anspruch?

Wir sind vorwiegend tätig für Großunternehmen, für Wirtschaftsunternehmen, die unsere Dienstleistung nicht nur im Bereich Sponsoring, sondern auch in den Feldern Veranstaltung und PR in Anspruch nehmen. Gelegentlich haben wir auch schon für Non-Profit-Organisationen, zum Beispiel für das Internationale Paralympische Komitee oder für den Stifterverband, Projekte umgesetzt. Diese suchten bewusst eine Agentur, die für große Unternehmen Sponsoring und vergleichbare Maßnahmen konzipiert und umsetzt.

Welche Leistung bieten Sie an?

Das kommt ganz darauf an. Wir bieten eigentlich das ganze Spektrum. Wir beraten Unternehmen, die keinerlei Erfahrung im Sponsoring gemacht haben bis hin zu sponsoringerfahrenen Unternehmen, die ihre Aktivitäten evaluieren lassen möchten. Des Weiteren gibt es langjährige Kunden, deren Sponsoring-Engagement wir permanent gemeinsam optimieren. Ein Beispiel: Die Deutsche Bahn, ein großer Kunde von uns, ist im Behindertensport unter anderem aus Gründen der aktiveren Zielgruppenansprache der Mobilitätseingeschränkten und ihrer Interessenvertreter aktiv. Das Unternehmen hat sich jetzt gefragt, wie man dem Behindertensportengagement ein Gewicht geben kann. Also haben wir uns in der Behindertensportszene nach geeigneten Einzelsportlern umgeschaut und eine Dame ausgewählt, die als Testimonial für die Bahn fungieren wird.

Was macht Sponsoring für Unternehmen so interessant?

Sponsoring ist seit den vergangenen 20 Jahren stark im Kommen, weil man mit der klassischen Werbung immer mehr Schwierigkeiten hat, die Menschen zu erreichen. Über 90 Prozent der Bundesbürger lehnen Werbung inzwischen ab, drücken sie weg, nehmen sie nicht zur Kenntnis. Fazit ist, Sie müssen Ihre Marke auf eine andere Weise emotional darstellen, um die Imageattribute, die Sie Ihrem Unternehmen zuschreiben möchten, für die Zukunft zu transportieren. Hierfür ist das Sponsoring in besonderer Weise geeignet. Um es mit den Worten von Helmut Andreas Hartwig zu sagen: Sponsoring versucht den Beweis anzutreten, wo die Werbung nur behauptet.

Was macht Sponsoring für Non-Profit-Organisationen interessant?

Zunächst hat Sponsoring sicherlich primär etwas mit dem Einwerben von Mitteln zu tun. Auf der anderen Seite ist es eine der besten Möglichkeiten, langfristige Partner aufzubauen und das Know-how und die Netzwerke der Partner-Unternehmen zu nutzen. Weiter kann ich mir vorstellen, dass Spendenbudgets in wirtschaftlich schlechten Zeiten relativ schnell beschränkt werden, während das Sponsoring eine Kommunikationsmaßnahme darstellt, die auf Gegenleistung beruht. Das lässt sich als Betriebsausgabe steuerlich absetzen. Insofern gibt es auch wirtschaftliche Argumente seitens der Unternehmen selbst tätig zu werden. Das sollte natürlich eine Überlegung für Organisationen sein, Unternehmen an sich zu binden.

Wie hat sich das Sponsoring-Geschäft in den letzten Jahren entwickelt?

Die Entwicklung des Sponsoring ist grundsätzlich sehr positiv. Die Investition in Sponsoring ist in den vergangenen Jahren kontinuierlich und erheblich gestiegen. Wir haben die Beobachtung gemacht, dass Sponsoring schon lange keine Randdisziplin mehr ist, sondern zum Teil als markenstrategisches Kommunikationsinstrument eingesetzt wird. Der Markt ist durch die Konkurrenz der verschiedenen Wettbewerber professioneller geworden. Heute genügt es allerdings nicht mehr, das Logo auf einem Fußballtrikot auszustellen. Was früher absolut einzigartig war, man denke an Eintracht Braunschweig und Jägermeister, fordert mittlerweile einen immensen Einfallsreichtum.

Wie kann man dieser Werbeflut entgegen treten?

Sie müssen sich vernetzen. Das ist zwar eins der abgegriffensten Kommunikationsstichworte der vergangenen zehn Jahre, bleibt aber gleichwohl richtig. Sie müssen sehen, dass Sie das Sponsoring mit all den anderen Marketing- und Kommunikationsinstrumenten, die Ihnen zur Verfügung stehen, verbinden, d.h. die Zielgruppe, um es salopp auszudrücken, auf allen Kanälen befeuern. Das wirkt glaubwürdiger und nachhaltiger und Sie sind in bestimmten Bereichen immer mehr in der Lage, Ihre harten Vertriebsziele wie Abverkauf oder Business to Business zu erreichen. Das ist aus meiner Sicht ein entscheidender Aspekt des Sponsorings.

Was haben Emotionen damit zu tun?

Sie müssen als Unternehmen in der Werbung eine Behauptung aufbauen und versuchen, die innerhalb eines Spots oder innerhalb einer gedruckten Anzeige glaubhaft zu machen. Bei Sponsoringmaßnahmen tut jemand anderes etwas für Sie und die Assoziation Ihres Unternehmens wird damit glaubwürdig. Wenn sich Greenpeace von Beate Uhse sponsern ließe, dann hätte man sicherlich so seine Zweifel, wie das zusammenpasst. Ist das hingegen gut durchdacht, kann der Erfolg größer sein als bei der klassischen Werbung.

Wie kann eine größere Non-Profit-Organisation die Seriosität eines Unternehmens durchleuchten?

Die Organisation Ärzte ohne Grenzen hat z. B. sicherlich eine sehr hohe moralische Fallhöhe, eine hohe Glaubwürdigkeitsschere. Sie müssen sehr aufpassen, dass das, was Sie tun, von den Menschen als uneigennützig, als heroisch verstanden wird, um sie zum Spenden, zur Beteiligung zu bringen. Unternehmen, die dazu passen, müssen in der Tat eine gewisse Unangreifbarkeit haben. Ich kann mir deshalb beispielsweise nur Partner vorstellen, die Leistungen übernehmen, die sonst eingekauft werden müssen. Ich kann mir Lufthansa als Transportpartner, die Deutsche Post World Net als Logistik-Partner, ein Mobilfunkunternehmen, das die Handykosten übernimmt, ich könnte mir auch den Bundesverband der Pharmaunternehmen vorstellen, die sagen, wir machen eine Sammelaktion unter all unseren Mitgliedern, dass Medikamente dort hingeschickt werden.

Was halten Sie von den in England schon häufig angefragten Ethikagenturen?

Diese Ratingagenturen sind ja auch nicht durchweg unangreifbar. Es ist schon sehr fraglich, ob sie in der Lage sind, über das, was bereits veröffentlicht ist, Recherchen anzustellen, die wissenschaftlich valide sind. Nehmen Sie beispielsweise die Wirtschaftsrating-Agenturen, die ja einen enormen Einfluss auf die Bewertung von Unternehmen haben. Auch diese sind jetzt in die Kritik geraten. Entscheiden und hinterher vertreten müssen Sie es letztendlich selbst. Man kann sich keinen Persilschein ausstellen lassen.

Welche gesellschaftlichen Bereiche werden in den nächsten Jahren Nutznießer von Sponsoring-Zuwendungen sein? Welche werden kaum Chancen haben?

Ich glaube, dass der Bereich Sport weiter an Bedeutung gewinnt. Sport im Hinblick auf die Weltmeisterschaft 2006 und die schlechte Wirtschaftslage. Sport ist in Zeiten wirtschaftlicher Stagnation ein wichtiges Thema. Die Leute wollen sich zerstreuen, wenn es ihnen nicht gut geht. Auch der Bereich Mediensponsoring, ein noch nicht klar gefasster Oberbegriff, wird sich weiterentwickeln. Im Bereich Kultur sehe ich das auch und vor allem deshalb, weil die öffentliche Hand sich dort immer stärker zurückziehen wird. Eine positive Entwicklung sehe ich weiter in der Hauptsache beim Bildungssponsoring, beim Schul- und Hochschulsponsoring. In unseren Untersuchungen zu den Sponsoring-Trends 2002 haben wir eine positive

Entwicklung ermittelt. Ein Drittel der Unternehmen, die wir befragt haben, ist schon im Schulsponsoring aktiv und über die Hälfte sieht darin eine attraktive Plattform. Die Bereiche Soziales und Umwelt, die beiden ewigen Geheimfavoriten, werden immer ihre Bedeutung haben, aber so richtig durchstarten werden die nicht.

Was ist Onlinesponsoring?

Onlinesponsoring ist eine Unterform des Mediensponsorings. Hier geht es darum, im Bereich Internet Sponsoring-Maßnahmen durchzuführen. Sponsoring wird definiert als eine wirtschaftliche Leistung für eine kommunikative Gegenleistung. Man kann nicht von Sponsoring reden, wenn irgendwo ein Logo platziert wird, sondern wenn es sich um tatsächlich vernetzte Maßnahmen, um inhaltlich hinterlegte Maßnahmen handelt. Wenn also beispielsweise Volkswagen auf Spiegel-Online die Berichterstattung zur Internationalen Automobil Ausstellung (IAA) sponsert, dann hat man sofort einen inhaltlichen Bezug. Des Weiteren ist Content-Providing im Kommen. Sponsoring funktioniert dann so, dass Sie sich auf eine Seite verlinken können, die der Sponsor betreibt und mit Inhalten füllt.

Macht Onlinesponsoring für Non-Profit-Organisationen Sinn?

Bezogen auf die Zusammenarbeit von Non-Profit-Organisationen mit Wirtschaftsunternehmen sind all diese Teilbereiche umsetzbar. Technische Unternehmen etwa powern die Seite der Non-Profit-Organisationen und sorgen für deren technische Umsetzung und Bereitstellung der Daten. Ich kann mir vorstellen, dass eine kulturelle Non-Profit-Organisationen, die möchte, dass ihre Besucher mit dem Zug anreisen, eine Kooperation mit der Deutschen Bahn eingeht und sich mit deren Homepage verlinkt.

Was hat Sponsoring mit PR zu tun?

Sponsoring hat absolut was mit PR zu tun. Sponsoring schafft oft Anlässe für eine Presse- und Öffentlichkeitsberichterstattung. Man kann weiter sagen, ein erfolgreiches Sponsoring wird ohne PR nicht funktionieren. Stellen Sie sich ein Team Telekom ohne PR vor. Das gehört unmittelbar zusammen. Es mag Sponsoring-Engagements geben, bei denen PR eine geringe Rolle spielt. Letztlich dient PR aber der Bekanntmachung über alle Kanäle außerhalb der klassischen Werbung.

Warum tut sich die Presse schwer damit, über Sponsorships zu berichten?

Teilweise mag das noch richtig sein. Ich glaube im Bereich der Kultur gibt es immer noch zum Teil die Überheblichkeit und den Purismus des Feuilletons. Um dennoch die Öffentlichkeit zu erreichen, kann man den Gesponserten Etats zur Verfügung stellen, damit sie die Partnerschaft verbreiten. Oder eine andere Möglichkeit, man schafft eigene Projekte mit dem Sponsor-Partner. Irgendwann werden die Medien dann in den Bereich der journalistischen Berichtspflicht kommen.

Was muss eine Organisation beachten bzw. was muss sie an Voraussetzungen mitbringen, um Sponsoren zu finden und zu halten?

Sie benötigen nicht unbedingt eine eigene PR-Abteilung. Vorhanden sein sollte vor allem ein klares Konzept für die Sponsoren-Ansprache. Wir brauchen Dinge wie

Glaubwürdigkeit, Offenheit, Verlässlichkeit und in erster Linie brauchen wir eine Attraktivität für eine irgendwie gelagerte kommunikative Nachhaltigkeit, für eine Berichterstattung, wo sie auch immer stattfindet. Wir werden Unternehmen für Sponsoring niemals gewinnen können ohne eine Gegenleistung. Non-Profit-Organisationen müssen antizipativ überlegen, was könnte denn ein Unternehmen interessieren. Was haben wir zu geben?

Skizzieren Sie den üblichen Prozess einer Sponsoring-Dienstleistung für eine Non-Profit-Organisation durch Ihre Agentur.

Wir würden uns zunächst genau informieren, was diese Organisation macht bzw. machen möchte, uns dann über die Ziele vergewissern und ein Konzept erstellen, das darauf abzielt, in bestimmten Hierarchien Sponsoren zu finden. Dem würden wir nach Möglichkeit schon bestimmte Branchen bzw. Unternehmen hinterlegen, die wir uns aus Standortmarketinggesichtspunkten, oder weil wir die Geneigtheit des Vorstandsvorsitzenden kennen, vorstellen könnten. Wenn wir diese Hierarchien fertig haben, dann würden wir das mit bestimmten Kommunikationsleistungen hinterlegen. Ein Hauptsponsor bekommt natürlich einen weitaus massiveren nachhaltigeren Auftritt als jemand, der ein Auto sponsert für die Zeit des Festivals.

Wie reagieren Sie, wenn ein Wirtschaftsunternehmen eine passende Non-Profit-Organisation als Sponsor-Partner sucht?

Wir würden noch ein Schritt zurückgehen und fragen, ob dass, was da grundsätzlich geplant ist, überhaupt im Wettbewerb zu differenzieren ist. Nachdem die Richtung klar ist, machen wir uns Gedanken über Glaubwürdigkeit, Passung und die Relevanz für die Zielgruppe. Wenn ich das alles klar bekommen habe, dann würde ich tatsächlich den Verein, die Institution durchleuchten, unbedingt sehr intensiv, aber schon mit den Imagedimensionen.

Wie finden Sie in der Regel die potenziellen Sponsoring-Partner?

Die Unternehmen müssen über eine bestimmte Größe verfügen. Wenn ich mich auf die Seite der Non-Profit-Organisationen stelle, würde ich mir zunächst überlegen, von welchen Unternehmen mir eine grundsätzliche Geneigtheit für solche Themen bekannt ist. Also über Glaubwürdigkeit und Passung nachdenken. Wenn ich es mir leisten kann, dann würde ich eine zur Not auch ganz einfache qualitative Markforschung betreiben, in dem Sie Studenten, Schüler oder Menschen von der Straße einladen und darüber sprechen, wer zur Organisation, zum Unternehmen passen könnte. Ansonsten würde ich auch immer im regionalen oder lokalen Umfeld ausschwärmen. Das ist möglicherweise von den dort zu erzielenden Sponsoringgeldern nicht immer das Nonplusultra, aber es hat wahrscheinlich eine höhere Stabilität.

Was bringen mittelständischen Unternehmen Sponsor-Partnerschaften?

Wir beobachten, dass gerade kleinere und mittelständische Unternehmen den Gedanken des Corporate Citizenship stärker aufgreifen. Das ist ein absoluter Trend. Die Unternehmen merken, dass sie ihr Image verbessern können und zum anderen, dass sie auch gesellschaftliche Verantwortung dokumentieren können. Und sie stellen nachhaltig ihre Verbundenheit zur Region dar.

Werden Sie in Zukunft auch kleine und mittelständische Unternehmen beraten? Oder kleine Non-Profit-Organisationen?

Nein, wir stehen nur auf einer Seite des Geschäftes. Aber wir schreiben Vermarktungskonzepte für Non-Profit-Organisationen. Das heißt, wir stellen unsere Expertise aus der Arbeit und der Erfahrung mit Unternehmen zur Verfügung. Wenn sie beides tun, auf der einen Seite etwas vermarkten und auf der anderen Seite Organisationen beraten, kommen Sie ganz schnell in die Gefahr, dass Ihnen eine Rechte-Tasche-linke-Tasche-Argumentation unterstellt wird. Wir lehnen es daher aus Eigenschutz und aus Konsequenz ab.

Ist Ihre Dienstleistung für kleinere Non-Profit-Organisationen erschwinglich?

Mittlere und größere Non-Profit-Organisationen profitieren, glaube ich, von unserem Know-how aus der Zusammenarbeit mit den Unternehmen und können sich jedenfalls eine Konzeption, die je nach Größe für einige 1.000 € schon zu haben ist, sicherlich leisten.

5   Interview mit Maria Schumm-Tschauder, Projektleiterin des Förderprogramms »Jugend und Wissen« der Siemens AG, München, über Schulsponsoring

Was verspricht sich die Siemens AG von den Sponsoring-Aktivitäten im Bereich Schule?

Wir haben im Grunde genommen drei Ziele, die wir damit erreichen möchten. Als global agierendes Unternehmen brauchen wir erstens hoch qualifizierten Nachwuchs. Zweitens wollen wir uns bei den Jugendlichen und bei den Lehrkräften als innovatives Unternehmen präsentieren. Und drittens können wir mit diesem Engagement unserer gesellschaftlichen Verantwortung gerecht werden.

Steckt das Bildungssystem in der Krise?

Ja. In den Diskussionen der letzten Monate hat man erfahren, dass, wenn ein Bildungssystem in die Krise gerät, letztendlich auch die Gesellschaft in eine Krise gerät. Wir brauchen eine stabile Gesellschaft. Daher ist es uns sehr wichtig, uns im Bildungsbereich zu engagieren.

Reagieren Sie damit auch unmittelbar auf aktuelle gesellschaftliche Notstände, die etwa durch die Pisa-Studie bekannt wurden?

Wir sind nicht erst seit Pisa aufgewacht. Es hat schon sehr lange bei uns Tradition, mit Schulen auf ganz unterschiedlichen Gebieten zusammenzuarbeiten. Natürlich achten wir darauf, wie sich die Gesellschaft entwickelt und welche neuen Anforderungen auf sie und somit auf die jungen Menschen zukommen. Unsere Projekte sollen diesen Anforderungen gerecht werden, daher arbeiten wir auf diesem Gebiet sehr langfristig.

Wie wählen Sie Ihre Sponsoring-Partner im Bereich Bildung aus?

Unser Schulengagement erstreckt sich zu 90% auf eigeninitiierte Projekte. Wir ermitteln den Bedarf, entwickeln daraus Maßnahmen und suchen, wenn notwendig, weitere Partner.

Welche Projekte sind für Siemens interessant?

Wir sind ein Elektronik- und Elektrotechnikunternehmen, unser Know-how liegt auf diesem Gebiet. Die Zusammenarbeit mit Schulen spielt sich daher vor allem auf diesem Gebiet ab. Was bei allen Projekten mitschwingen sollte, ist der Erwerb von Schlüsselqualifikationen wie soziale Kompetenzen, Kreativität und Eigenverantwortung.

Wie hoch war Ihr Sponsoring-Etat 2003?

Diese Statistik wird nicht Siemens-weit erhoben, da bei Siemens jede Regionalgesellschaft, jede Kommunikationsabteilung ihren eigenen Etat hat. Was wir erstellen, ist ein Corporate Responsibility Report, in dem wir unser gesellschaftliches Engagement darstellen. Für das Förderprogramm »Jugend und Wissen« haben wir einen Etat von zwei Millionen € im Jahr. Wobei das noch lange nicht die Summe ist, die Siemens insgesamt ausgibt. Unsere Mitarbeiter gehen beispielsweise auch in die Schulen und halten Vorträge.

Seit wann gibt es bei Siemens gezielte Schulsponsoring-Aktivitäten?

Die Zusammenarbeit mit den Schulen existiert schon sehr lange. Die ersten Partnerschulen sind schon in den 50er Jahren des letzten Jahrhunderts entstanden. Das Förderprogramm »Jugend und Wissen« existiert seit 1997.

Wie hoch war Ihr Schulsponsoring-Etat 2003?

Der Etat hängt sehr von der jeweiligen wirtschaftlichen Lage ab. Bereiche bei Siemens, denen es gut geht, können sich stärker engagieren als Bereiche, denen es leider nicht so gut geht. Man kann keine allgemeine Aussage machen. Wir in der Zentrale haben schon eine kleine Budgetreduzierung vornehmen müssen, die wir aber durch Synergieeffekte wieder wett machen können.

Mit wie vielen Mitarbeitern ist Ihre Abteilung besetzt?

In der zentralen Unternehmenskommunikation sind zwei Mitarbeiter für Schulsponsoring zuständig. Zusätzlich haben wir in den regionalen Kommunikationsabteilungen und auch bei der Siemens Berufsbildung KollegInnen, die mit den Schulen Aktivitäten durchführen. Diese machen das allerdings nicht hauptberuflich, sondern haben daneben noch andere Aufgaben.

Welche konkreten Projekte haben Sie im letzten Jahr unterstützt?

Wir unterstützen beispielsweise den Verein MINT-EC, der im Jahr 2000 vom BDA (Bundesvereinigung der Deutschen Arbeitgeberverbände) und einigen Universitäten gegründet wurde. Siemens war ebenfalls Gründungsmitglied. Der Verein hat sich zum Ziel gesetzt, Schulen, die sich besonders um die mathematische, naturwissenschaftliche und technische Ausbildung kümmern, mit bestimmten Aktionen wie Lehrerfortbildungen, Schülerveranstaltungen zu unterstützen.

Unser Nachwuchs generiert sich letztendlich aus Schülern, die sich entscheiden, nach dem Abitur ein Ingenieurstudium zu absolvieren. Deshalb ist uns Breitenförderung und die Förderung des weiblichen Nachwuchses wichtig.

Wie können Schulen mit Ihnen zusammenarbeiten?

Schulen müssen sich zur Aufnahme bei diesem Verein bewerben und werden dann von einer Jury ausgewählt. Aufgenommen werden Gymnasien und Gesamtschulen, die sich im MINT-Bereich besonders engagieren. Siemens unterstützt den Verein inhaltlich und schreibt jährlich einen Schulpreis für das beste pädagogisch-didaktische Gesamtkonzept im MINT-Bereich aus.

Was hat Siemens von den Sponsoring-Nehmern als Gegenleistung erhalten?

Wir freuen uns natürlich erst mal, wenn die Bemühungen Erfolge zeigen, wenn wir bemerken, dass mehr Schüler in die technischen und naturwissenschaftlichen Fächer gehen. Das ist an sich schon ein Erfolg. Auf den Materialien und Broschüren taucht unsere Marke auf. Was wir mit unserem Engagement nicht wollen, ist dieses Geld-gegen-Marke-Geschäft. Der Bekanntheitsgrad von Siemens ist so hoch, dass wir für die Marke keine Werbung machen müssen. In den Schulen selbst gibt es keine Probleme, dass auf den Materialien die Marke abgebildet ist. Was wir aber auf keinen Fall tun, ist ein bestimmtes Produkt zu bewerben.

Wie lief die Zusammenarbeit mit dem Verein und mit den Schulen selbst?

Da wir nur mit Schulen zusammenarbeiten, die einem Sponsoring sehr offen gegenüberstehen, gab es keine Vorbehalte. Freiwilligkeit ist die Grundvoraussetzung. Die Lehrer diskutieren vorab, ob sie bereit sind, eine Partnerschaft mit Siemens einzugehen. In den Schulen hat sich die Einstellung zum Sponsoring in den letzten Jahren positiv verändert. Die Professionalität der Schulen hat zugenommen, immer mehr leisten Öffentlichkeitsarbeit. Zukünftige Gewinner werden in Zukunft die engagierten Schulen sein.

Streben Sie eher kurz-, mittel- oder langfristige Sponsoring-Partnerschaften an?

Fremdprojekte sind mittelfristig auf drei bis fünf Jahre angelegt. Eigeninitiierte Projekte laufen langfristig, passen sich aber immer wieder der aktuellen Zeitlage an. Wenn wir merken, die Schulen brauchen das Projekt nicht mehr, dann hören wir damit auf und überlegen uns neue Projekte.

Wie viele Anfragen erhalten Sie im Monat?

Zahlen kann ich Ihnen nicht nennen, denn wir haben nicht nur eine zentrale Anlaufstelle. Wir bekommen aber so viele, dass wir nicht alle berücksichtigen können.

Welche Tipps können Sie Schulen geben, die Sponsoring-Partner suchen?

Das erste, was ich den Schulen rate, ist, sich in ihrer Umgebung umzuschauen. Es gibt sehr viele kleine und mittelständische Unternehmen, die im Kleinen eine Art Schulsponsoring unterstützen. In der Region sitzen potenzielle Arbeitgeber. Wenn sich alle Schulen auf die wenigen Großunternehmen konzentrierten, wäre das gar nicht machbar bei den etwa 70.000 Schulen in Deutschland. Die Schulen müssen sich vorab überlegen, was für ein Projekt sie haben und was sie damit erreichen möchten. Und ob das Projekt wirklich ein Bedürfnis stillt oder ob es das hundertfünfte ist, das schon irgendwo existiert. Ein klarer Projektvorschlag ist sehr wichtig.

Wie sehen die Anfragen aus, die Sie bekommen?

Wir bekommen oft Anfragen, bei denen klar ist, dass der Absender sich schlecht oder überhaupt nicht über unser Unternehmen oder das Umfeld seines geplanten Projektes informiert hat. Sagt einer, es gibt noch überhaupt nichts im Bereich Mathematikförderung, kann ich nur sagen, dieser Mensch hat schlecht recherchiert. Oder: »Sie als Unternehmen müssten doch endlich mal was auf dem Gebiet XY tun.« Dann kann ich nur antworten, wir tun schon was auf diesem Gebiet. Wir bekommen sehr viele Anfragen mit der Bitte um Unterstützung, ohne das Anliegen genau zu verstehen. Wir wissen nicht, wofür wir sie unterstützen sollen, in welchem Rahmen, ob Sachleistungen oder Dienstleistungen oder gar finanzielle Leistungen und in welcher Höhe gefragt sind. Denn eines muss man sagen, wir bekommen zumindest so viele gute Projekte, dass wir auch innerhalb der guten Projekte auswählen müssen.

Wie sollte man mit Ihnen in Kontakt treten?

Die Anfragen sollten grundsätzlich in schriftlicher Form an uns gerichtet werden. Einfach mal anrufen reicht nicht aus. Wir erwarten eine konkrete Projektidee mit genauer Projektbeschreibung inklusive einer Art Finanzierungsplan. Wir unterstützen selten 100 %ig. Das heißt, Eigenleistung und hohes Engagement wird von uns vorausgesetzt. Ich halte nicht so viel von zwischengeschalteten Agenturen. Suchen Sie das direkte Gespräch. Der Mitarbeiter des Unternehmens ist auch nur ein Mensch. Man sollte vorab recherchieren, wer im Unternehmen für den Bereich Sponsoring zuständig ist. Das Anschreiben sollte zielgerichtet gesendet werden. Oft findet man die Ansprechpartner im Internet.

Erwarten Sie Professionalität von den zukünftigen Sponsoring-Partnern?

Ich frage mich hier immer, was Professionalität bedeutet. Ich denke, wenn jemand eine Anfrage stellt, dann soll er sich vorher genau überlegen, was er möchte und das auch dementsprechend darstellen. Wenn Sie das als Professionalität bezeichnen, dann würde ich ja sagen. Was auch oft der Fall ist, dass man unzählige Unterlagen bekommt, die man gar nicht bewältigen kann. In der Kürze liegt die Würze. Ein nettes höfliches Anschreiben mit einer kurzen Projektbeschreibung und der konkreten Aussage, woraus die Unterstützung bestehen soll.

Wie schnell reagieren Sie auf eine Anfrage?

Relativ schnell. Wenn ich auf den ersten Blick erkenne, dass eine Anfrage nicht in unsere Leitlinien passt, sage ich zügig ab. Interessiert uns das Projekt, gebe ich einen Zwischenbescheid und prüfe es genauer. Manche Anfragen erreichen mich über andere Siemens-Stellen, da braucht die Antwort oft länger. Wenn jemand anruft, sind das vor allem Agenturen, die bereits zwei Tage später Resonanz einholen möchten. Negativ kommen Sammelbriefe an, die an 20 Stellen im Unternehmen geschickt wurden. Meist laufen die Fäden dann doch zusammen. Das löst keine positive Reaktion aus.

6 Interview mit Bernd F. Meier, Leiter Sponsoring-Kommunikation, Ford Werke AG, Köln, über Sportsponsoring

Wie erfolgreich ist Ihr Engagement als Haupt- und Titelsponsor des Ford Köln-Marathon?
Das war durchaus erfolgreich. Wir hatten beim zweitgrößten Marathon in Deutschland 600.000 Zuschauer, mehr als 25.000 gemeldete Starter und den Schwerpunkt von 4:30 Stunden Sendezeit live im WDR-Fernsehen (Marktanteil in NRW fünf Prozent, Zuschauer 130.000 und bundesweit 230.000, bei den Nachrichten um 19 Uhr ging der Marktanteil auf 15,4 % hoch). Daneben gab es viele Kurzberichte auf den Nachrichtensendern bzw. auch in den Hauptnachrichten von RTL. Der WDR war Medienpartner des Marathons. Uns ging es vor allem darum, uns als Unternehmen zu positionieren. Es gab Logenplatzierung auf den Banden, an den Kamerastandorten, im Starttor und im Zieltor. Entlang der Strecke haben wir 50.000 kleine Ford-Fähnchen verteilt, speziell im Zielbereich und an den Kamerastandorten. Ein schönes Signal. Unser Logo war ebenfalls auf dem Zielband. So hatten wir die Möglichkeit, bei allen Siegerfotos mit dem Ford-Logo präsent zu sein. Alles das ist im Vertrag, der inzwischen bis zum Jahr 2005 verlängert wurde, festgelegt.

Wie viel Zeit kalkulieren Sie für Vorarbeiten ein?
Zirka ein halbes Jahr. Die Organisation arbeitet aber das ganze Jahr.

Warum engagiert sich ein Auto-Unternehmen im Sportbereich?
Für uns ist die Kopplung an ein bedeutendes Kölner Sportereignis wichtig, an einen Ort, an dem unsere Mitarbeiter leben. Wir fahren dazu weltweit das Programm Corporate Citizenship. Sport bietet für Ford eine ideale Plattform, die sich mit den Stichworten Fair Play, Ergebnisorientierung und Leistungsorientierung paart. Das wiederum passt zu unserer Markenidentität, die wir mit den Worten verlässlich, zeitgemäß und Fahrvergnügen beschreiben. Marathon spricht vor allem den ersten Punkt der Verlässlichkeit an. Das müssen Sie sein und viel trainieren, wenn Sie 42 Kilometer überstehen möchten. Beim Marathon sind 57 Nationen gestartet und interessanterweise haben wir an unserem Standort in Köln 20.300 Beschäftigte aus genau 57 Nationen beschäftigt. Die Vorteile des Sportsponsoring gegenüber anderen Sponsoringbereichen liegen in der idealen Plattform in Sachen Reichweiten und in der Internationalität.

Geht es dabei vor allem um Finanzmittel?
Nicht nur. Wir stellen der Organisation darüber hinaus für die Logistik einige Wochen lang 30 Fahrzeuge zur Verfügung, die zum Teil auch während des Rennens im Einsatz sind. Ein Fahrzeug begleitet die Spitzengruppe, dieses Fahrzeug hat die Zeituhr oben auf dem Dach oder ein anderes wird als Shuttle für prominente Läufer eingesetzt.

**Was ist für ein Unternehmen vorteilhafter, die Förderung des Nachwuchses
oder die des Spitzensports?**

Wir betrachten vor allem die Reichweiten. Marathon ist mittlerweile Breitensport
und hat die entsprechenden Reichweiten.

**Ist die Zielgruppe Ihres Unternehmens identisch mit der Zielgruppe
des Marathons?**

Von der Soziostruktur sind sie nahezu identisch. Das war aber kein Grund, sich für
die Förderung des Marathon zu entscheiden, sondern eine willkommene Ergän-
zung.

**Trendsportarten wie Beach-Volleyball oder Basketball gehen weniger in die
Breite. Haben diese Sportarten in Zukunft größere Chancen, unterstützt
zu werden?**

Es bestehen nur dann Chancen, wenn der Sponsor und die Zielgruppe für die Produkte übereinstimmen. Die oben genannten Trendsportarten sind für uns gegen-
wärtig nicht interessant. Hätten wir ein bestimmtes Produkt, das zu diesen Trendsportarten passt, wäre ein Sponsoring in diesen Bereichen allerdings denkbar.

**Was ist aus Ihrer Sicht sinnvoller: Mannschaften, Vereine, Einzelsportarten
oder Veranstaltungen zu unterstützen?**

Vor allem Veranstaltungen. In der Vergangenheit haben wir Einzelsportler gesponsert. Anfang der 90er Jahre hatten wir Boris Becker unter Vertrag. Unglücklicher-
weise ist er in der Schweiz im Porsche geblitzt worden ist. Der Vorfall war – wie
man sich vorstellen kann – nicht im Sinne des Sponsorgedankens.

**Welche Voraussetzung muss ein Sportler, ein Verein mitbringen,
um gefördert zu werden?**

Sie müssen sich mit den Markenwerten identifizieren können, Sympathie aus-
strahlen und bereit sein, den Leitgedanken des sponsernden Unternehmens zu fol-
gen. Wenn wir beispielsweise ein Kommunikationsmix aus Werbung, PR und Marketing festgelegen, muss klar erkennbar und für unsere Planungen sicher sein,
welche Zeitfenster uns zur Verfügung gestellt werden.

Welche Gegenleistung ist Ihrer Meinung nach die wirkungsvollste?

Es muss stets ein intelligenter Kommunikationsmix sein.

Gibt es mittlerweile andere Gegenleistungen?

Nicht bei uns, aber man könnte sich vorstellen, am Merchandising des Vereins beteiligt zu sein oder die Markenrechte des Sportlers, einer Veranstaltung oder auch
von Produkten zu übernehmen, ein Fahrzeug-Modell etwa Fiesta Marathon zu nennen.

Welche Rolle spielen Vermarktungsgesellschaften?

Agenturen, die uns ein komplett schlüssiges Konzept vorlegen, haben einen großen Vorteil. Wir erhalten immer wieder Anfragen von Einzel- und Nachwuchssportlern. Oft tut man sich schwer, den Sinn zu verstehen, wenn im Vordergrund

eine Forderung ohne richtiges Konzept steht. Stellt man dann die Schlüsselfrage nach der Reichweite, kommt meistens Schweigen.

Was kann ein Nachwuchssportler an Gegenleistungen bieten?
Letztendlich nur die, die man in die Medien bringen kann. Sportler sollten Ideen und Kreativität mitbringen, um zu überzeugen. Es wird allerdings immer schwerer. Daher sind es in der Regel Vermarktungsgesellschaften und Sponsoring-Agenturen, die auf uns zukommen. Die Agenturkosten werden entweder von uns getragen oder man teilt sie mit dem Sportler. Vorab werden die Agenturen, deren Referenzen geprüft. Im Sportbereich gibt es eine große Auswahl an Agenturen, im Kunst- und Kulturbereich nur wenige.

Welche Ratschläge geben Sie kleinen Vereinen oder einzelnen Nachwuchssportlern, die auf der Suche nach geeigneten Förderern sind?
Sie sollen gute Konzepte vorlegen, die den Mehrwert deutlich machen. Des Weiteren sollten sie Flexibilität mitbringen, wenn man mit ihnen verhandelt. Denn manchmal kommt durch Gespräche oder durch eine Diskussion der Mehrwert erst zutage.

Wie viele Anträge erhalten Sie im Monat?
Es kommen täglich Anfragen. Das geht von Kugelschreibern über Geschenke für eine Tombola oder für ein Kindergartenfest. Diese Anfragen bearbeiten wir zusätzlich zum Tagesgeschäft.

Wie finden Sie heraus, welche Sportart, Mannschaft zu Ihrem Unternehmen passt?
Wir legen die Sportart strategisch aufgrund unserer Markenwerte fest.

Wie messen Sie den Erfolg einer Sponsorpartnerschaft?
Durch Media-Analysen und Vor-Ort-Befragungen. Beides vergeben wir an externe Agenturen. Eine qualitative Umfrage zum Thema Marathon ist vom Veranstalter in Zusammenarbeit mit der Deutschen Sporthochschule Köln (DSHS) vorgesehen.

Wie viel Prozent der Aufwendung für Sponsoring fließen direkt an den Gesponserten? Wie viel in die Umsetzung?
Betrachten Sie es 50 zu 50.

Wie integrieren Sie das Sponsoring in den Kommunikationsmix Ihres Unternehmens?
Sponsoring ist Bestandteil des Marketingplanes, der mit den PR-Plänen vernetzt ist. Im Rahmen unseres Marathon-Engagements integrieren wir zusätzlich eine Ausstellung, eine Marathon-Messe und ein Messezelt. Die bedeutendsten Co-Sponsoren sind beispielsweise ein Kölner Sportartikelvertreiber und Puma. Auf der Verkaufsmesse haben wir unser neuestes Produkt, den Ford Focus C-MAX platziert. Dies Ganze war somit vernetzt. Wir verteilten Prospekte, Streuartikel wie Nasenklammern usw. Auf dem Messestand gab es Laufbänder und man konnte sich von Sportmedizinern beraten lassen.

Definieren Sie die Leistungen, die ein Sportler/ein Verein unbedingt für eine erfolgreiche Sponsoring-Partnerschaft einbringen muss.

Er sollte Kontinuität, Professionalität und Umsetzung aller im Vertrag ausgehandelten Punkte mitbringen. Das Einbringen eigener Ideen und Kreativität sind von Vorteil.

Da von staatlicher Seite immer weniger Förderung zu erwarten ist, sind Unternehmen in Zukunft noch mehr gefragt, diese Lücke zu schließen. Wie steht Ihr Unternehmen hierzu?

Die Förderung kann sich nicht nach staatlichen Maßstäben richten, sondern richtet sich nach der gesamten wirtschaftlichen Lage und speziell nach der wirtschaftlichen Lage des Unternehmens. Wir können als Sponsor jedoch nicht Aufgaben des Staates oder der Kommune übernehmen.

Wird sich Sport-Sponsoring im Zuge der Europäisierung verändern?

Erfolgreich wird der sein, der durch Kontuität und Professionalität die im Vertrag ausgehandelten Leistungen erbringt. Für potenzielle Partner aus Polen, Tschechien, der Ukraine oder aus anderen Staaten, die demnächst zur EU gehören, gilt das Gleiche.

Wird Exklusiv-Sponsoring in Zukunft an Bedeutung gewinnen?

Kein Unternehmen wird es sich in naher Zukunft leisten wollen, einen Sportler weltweit exklusiv und komplett zu unterstützen. Dazu sind die Wahrnehmungen und Möglichkeiten auf den verschiedenen Kontinenten zu unterschiedlich.

7   Interview mit Prof. Thomas Schildhauer, Leitender Direktor, Institute of Electronic Business e.V., Berlin, über Bildungssponsoring

Beschreiben Sie den Gründungsgedanken Ihres Instituts bzw. Vereins.

Ausgelöst durch den Internetboom um 1999 entwickelte sich der Gedanke, Studenten an den Universitäten für das neue Medium auszubilden. Wir wollten die Themen Informatik, Betriebswirtschaft, Geschäftsprozesse und Gestaltung miteinander verbinden. Da ich selbst aus der Wirtschaft kam und erst kurze Zeit an der Uni war, versuchte ich einen anderen Weg jenseits der Generierung von öffentlichen Mitteln zu gehen. Ich hatte die Idee, Geld von der Wirtschaft zu akquirieren und wollte dieses Vorhaben innovativ umsetzen.

Wie sind Sie an Geldgeber herangekommen?

Ich habe mein eigenes Netzwerk aktiviert und befreundete Unternehmen, die ich noch gut kannte, angesprochen. Die fanden die Idee gut, eine Initialzündung war möglich. Zunächst gründeten wir das Institut, schafften Fakten und suchten uns dann die Universität der Künste aus, weil unsere Idee am besten zu ihr passte. Später konnten wir Kollegen von der Freien und der Technischen Universität Berlin gewinnen, einzelne Teilbereiche der Lehre zu übernehmen. Unseren Studiengang mit 150 Studenten führen wir ohne einen einzigen öffentlichen Euro durch. Im

Forschungsbereich und der Administration des Studiengangs arbeiten etwa 20 Mitarbeiter, was für ein Drittmittelinstitut meiner Meinung nach sehr gut ist. Eine Mitarbeiterin betreut in der Hälfte ihrer Arbeitszeit die Mitglieder und Stifter und ich investiere natürlich auch einen Teil meiner Zeit in das Thema Fundraising.

Sind Sie ein Verein?

Ja. Aber nicht gemeinnützig. Wir hatten ursprünglich vor, gemeinnützig zu werden, haben uns dann aber relativ schnell dagegen entschieden, weil wir nicht nur in der Lehre, sondern auch im Forschungsbereich aktiv waren und für einige Unternehmen Leistungen erbracht wurden.

Wie finanziert sich das IEB?

Durch Partner aus der Wirtschaft. Unsere Strategie basiert auf drei Modellen: dem Stiftermodell, der Mitgliedschaft und den Forschungspartnerschaften. Diese Modellvielfalt ist unsere Besonderheit und gleichzeitig auch unser Erfolgsgeheimnis.

Welche Teile des Modells sind Sponsorpartnerschaften?

In ihrer Denkweise sind die Stifter unsere Sponsoren, weil wir ja rechtlich keine Stiftung haben, sondern das in der Rechtsform des Vereins abbilden. Das sind kleine, mittelständische, aber auch große Unternehmen, die zusammen das Kapital für ein bis zwei fünfjährige Stiftungslehrstühle einbringen. Alles Fremdkapital, wir haben keinen Cent dazugegeben. Mitglieder sind die, die sich für den Studiengang, die Studenten und die Forschung interessieren. Die Mitgliedsbeiträge werden bei uns nicht als Spende, sondern als Betriebsausgabe verbucht. Ich ordne dieses Modell auch dem Bereich Sponsoring zu.

Wie viel Prozent der Fördermittel erhalten Sie durch Sponsorpartnerschaften?

Die Stifter machen ungefähr 25 % aus.

Gab es schon missglückte Sponsorships?

Wir hatten das Unternehmen Alba am Anfang als Sponsor. Alba hat das Sponsoring mittendrin beendet, obwohl wir einen langlaufenden Vertrag hatten, weil sie uns mit ihrem Alba-Sportsponsoring verglichen haben. Das ist eine Ebene des Sponsoring, mit der man schnell verglichen wird. Man erwartete von uns öffentlichkeitswirksame Ergebnisse, die wir so nicht liefern konnten. Wir können nicht jede Woche ein Fernsehinterview anbieten. Tatsächlich hat man aber die Reichweiten der Auftritte der Alba-Basketball-Mannschaft unseren Aktivitäten im PR-Bereich gegenübergestellt. Und da wir Alba nicht exklusiv, sondern 19 weitere Sponsoren hatten, hat man uns ganz brutal abgesagt.

Nennen Sie ein Beispiel einer gelungenen Sponsoring-Partnerschaft.

Die Zusammenarbeit mit EnBW läuft wirklich gut. Für die machen wir sowohl Studentenprojekte als auch Forschungsprojekte.

Welchen Stellenwert hat Ihrer Meinung nach das Bildungssponsoring?

Im Vergleich zu Sport- oder Kultursponsoring ist Bildungssponsoring noch vollkommen unterrepräsentiert. Weil immer wieder der Eindruck entsteht, es wird etwas gesponsert, was schon durch öffentliche Haushalte finanziert ist. Denn die Gefahr, dass eine Universität verschwindet, so wie viele kleine Theater, wird nicht gesehen. Viele Unternehmen denken, dass wenn sie Modelle wie den Studiengang Electronic Business nicht sponsern, dann nur die Studenten eben einen Studiengang weniger haben und anderweitig untergebracht werden. Das dringende Bedürfnis ist hier nicht so ersichtlich.

Welche Unternehmen unterstützen das Institut und warum?

Die Unternehmen, die uns unterstützen, finden Sie auf der Website. Die Unterstützungsgründe sind sehr vielfältig. Zum Teil, weil sie unsere Idee gut finden, politisches Engagement zeigen wollen oder sich für ein Modellprojekt mit Alleinstellungsmerkmal engagieren möchten.

Was leisten die Unternehmen?

Sie unterstützen uns vor allem mit Geldmitteln. Dienstleistungen und Sachmittel fördern sie weniger. Praktikumsplätze bieten sie ebenfalls an. Unser Fördermitglied Microsoft gibt uns Lizenzen. Das ist schon beachtlich.

Wie sehen Ihre Gegenleistungen aus?

Wir haben im Eingangsbereich Logos unserer Sponsoren angebracht und machen entsprechende PR-Arbeit, außerdem führen wir jährlich eine Reihe von Veranstaltungen durch, bei denen Studenten und Sponsor-Unternehmen zusammengeführt werden.

Gehen Sie mit »Allianz-Ideen« auf Unternehmen zu oder verhält es sich eher umgekehrt?

Wir suchen gezielt nach Partnern auf der Basis unseres bestehenden Netzwerkes. Im Grunde genommen habe ich mir meine eigene Quelle, den von mir mit gegründeten E-12-Gipfel, eine fachliche Austauschplattform mit inzwischen 70 Unternehmen, geschaffen. Da das IEB diese Veranstaltung durchführt und leitet, kennen uns die Entscheider gut.

Warum ist das IEB so erfolgreich?

Es ist die Risikoverteilung durch viele Mitglieder und Stifter. Mit dieser Breitfächerung ist man gerade in schwierigen Zeiten auf der sicheren Seite. Und durch die drei verschiedenen Fördermodelle kann ein Unternehmen das für sich passendste aussuchen. Wenn ein Modell erfolgreich ist, kann man versuchen, eine weitere Qualitäts- und Sicherheitsstufe zu nehmen. Momentan ziehen wir etwa die Möglichkeiten einer Stiftung in Betracht. Dann haben wir den E-12-Gipfel und andere Netzwerke geschaffen, um Kontakte zu gewinnen und zu pflegen. Wir bringen Bücher, Newsletter und Jahresberichte heraus. Machen professionelles PR und Marketing.

Wie viel Einfluss hat ein Unternehmen, das das IEB sponsert, auf dessen Arbeit?

Jedes Mitglied hat einen Sitz im Kuratorium und kann sich inhaltlich im Forschungsbereich einbringen. Die Treffen finden ein- bis zweimal im Jahr statt. Wir präsentieren unsere aktuelle Arbeit, machen deutlich, was wir vorhaben und in welche Richtung wir unsere Kapazitäten lenken wollen. Im anschließenden Gespräch holen wir dann das Feedback ein. Dieser Dialog ist entscheidend, durch ihn bekommen wir eine strategische und praxisnahe Prägung.

Wie viel Professionalität erwartet ein Sponsoring-Partner von Ihnen?

Bei uns ist inzwischen höchste Professionalität, vergleichbar mit der eines börsennotierten Unternehmens, gefordert. Auch was Monatsberichte und Jahreabschlüsse angeht.

Wie nehmen Sie Kontakt zu potenziellen Sponsoren auf?

Für mich war es von Anfang an sehr wichtig, komplementär an die Unternehmen heranzugehen, d.h. die ersten fünf waren aus ganz unterschiedlichen Bereichen. Sie fanden die Idee sehr spannend und freuten sich, wegen des Themas E-Business zusammenzukommen. Das waren persönliche Netzwerkkontakte. Da ich aus der Industrie kam, bei Lufthansa im Vertrieb tätig war, hatte ich viele Kontakte und auch das fachliche Rüstzeug, jemanden anzusprechen. Unabdingbar ist ein klares und deutliches Konzept, das in die Zeit passt. Man muss sich seine Nische suchen. Ich habe meine Ansprechpartner von Anfang an eingebunden. Viele von den ersten waren dann auch Mitglied im Vorstand. Ich selbst bin mit Absicht nicht in den Vorstand gegangen, das ist vielleicht auch ungewöhnlich.

Was sollte ein Verein mitbringen, damit eine Sponsoring-Partnerschaft möglich ist?

Ich rate Ihnen, eine gute Marketingstrategie anzulegen und sich vorab viele Gedanken über Ihre Zielgruppe zu machen. Überlegen Sie genau, wen Sie ansprechen möchten, auch komplementär. Wichtig ist meines Erachtens die breite Streuung des Angebotes, ein Mehrproduktangebot zu machen. Das ist bei uns sicherlich ein Erfolgsrezept. Und Sie sollten den Mut haben, an den Sponsoring-Verantwortlichen vorbei auf andere Unternehmensbereiche zuzugehen. Ich bin niemals an die Sponsoringabteilung eines Unternehmens herangetreten, sondern nur an den Vorstand oder die Fachbereiche, die auch über Mittel verfügen.

Sollte man sich extern beraten lassen?

Leider ist ja nicht jeder ein guter Kommunikator oder Verkäufer. Haben Sie eine gute Idee, dann suchen Sie sich ein bis zwei Personen, die sich für Sie in die erste Reihe stellen. Es gibt eine Menge Menschen, die dazu bereit sind. Sie müssen nur etwas dafür zurückbekommen und das muss nicht unbedingt Geld sein. Wir hatten auch eine PR-Agentur beschäftigt, die uns ganz professionell betreut hat. Die haben wir damals mit einem Teil unseres akquirierten Geldes bezahlt. Sie hat für uns Broschüren gedruckt, eine zu hochwertige Geschichte. Heute arbeiten wir mit Bordmitteln und kommen viel authentischer rüber. Das sieht trotzdem ordentlich aus und unsere Förderer sehen, dass wir das Geld nicht unnötig ausgeben. Wichtig ist außerdem, dass das Ambiente, in dem der Verein angesiedelt ist, repräsentativ ist, um Investoren und Förderer überzeugen zu können.

Streben Sie eher kurz-, mittel- oder langfristige Sponsoring-Partnerschaften an?

Je nachdem. Da bin ich sehr flexibel. Das ist von der Lage in den Unternehmen abhängig.

Haben Sie Sponsoring-Richtlinien aufgestellt?

Nein. Die Grenzen in Unternehmen sind ja mittlerweile fließend.

Informieren Sie sich vorab über die Untenehmen?

Bei mir läuft fast alles über das persönliche Gespräch. Und das führe ich wie ein professionelles Bedarfsanalyse-Gespräch. Erst hieraus ergibt sich, ob und wie man zusammenarbeiten kann. Persönliches Engagement im fachlichen und politischen Bereich ist hierfür so unabdingbar wie die Netzwerkpflege und Konzentration auf Eigenveranstaltungen.

8   Interview mit Stefan Mannes und Thekla Heineke, Geschäftsführer kakoii, Berlin, über Sponsoring und Kreativität

Beschreiben Sie bitte die Dienstleistungen Ihrer Agentur.

kakoii ist keine Werbeagentur im eigentlichen Sinne. Wir sind eine Agentur für Marken-, Medienkonzepte und Mediendramaturgien. Im Grunde verfolgen wir einen integrierten Kommunikationsansatz, der auf Basis von medienneutralen Strategien und Konzepten funktioniert. Wir gehen immer von einem Problem aus: von einem Kommunikationsziel, einer bestimmten Aufgabe, von kommerziellen Kunden, die ein Produkt verkaufen wollen, von Non-Profit-Kunden, die Sponsoren suchen, oder es geht um Markenbekanntheit, um Aufmerksamkeit etc. Und um diese Aufgabenstellungen herum erarbeiten wir eine Lösung auf Basis einer Strategie und eines Konzeptes. Erst im zweiten Schritt überlegen wir, welche Medien angemessen sind. Wir denken nicht in vorgefertigten Kategorien. Manchmal gilt es einfach auch, Leute mit einer Sammelbüchse auf die Straße zu stellen, Busse zu bekleben oder einen großen Zeppelin über der Stadt aufsteigen zu lassen. Da wir sehr klein sind, können wir sehr flexibel sein und unser großes Netzwerke entsprechend einsetzen. Wir können somit auch Kunden betreuen, die mit einem kleinen Geldbeutel zu uns kommen und gemeinsam sehr schöne, kreative Ideen entwickeln. Gerade diese Dramaturgie, mit wenig Geld an der Basis Konzepte zu entwickeln, ist unser großer Vorteil.

Wodurch unterscheiden Sie sich von anderen Agenturen?

Der Unterschied ergibt sich zum einen aus dem oben genannten Ansatz, zum anderen begründet er sich in unseren Biografien, die ein hohes Maß an persönlichem und inhaltlichem Einsatz garantieren. Wir können uns persönlich mit unseren Kunden identifizieren. Wir suchen unsere Kunden nicht nach rein wirtschaftlichem Interesse aus oder danach, ob wir einen ADC-Preis (Art Directors Club Preis) gewinnen können.

Wir sprechen heute über Sponsoring. Was hat Ihre Agentur mit diesem Bereich zu tun?

Für einige unserer Kunden sind wir im Bereich Sponsoring tätig. Das heißt, wir überlegen mit dem Kunden, ob Sponsoring eine Option im Rahmen ihrer Ziele ist. Falls dies so ist, entwickeln wir Strategien und Konzepte bis hin zu deren Umsetzung. In manchen Fällen überlegen wir, was sinnvoller ist, den Kunden Werkzeuge, ein Handbuch, an die Hand zu geben, mit denen sie selbst tätig werden können. In anderen Fällen werden wir selbst aktiv und akquirieren die Kunden aus dem Profit oder Non- Profit-Bereich.

Kann sich eine Non-Profit-Organisation eine Agentur wie kakoii leisten?

Ja und nein. Agenturen sind ja nicht per se teuer. Es kommt immer darauf an, was man die Agentur machen lässt, in was für einem Umfang und wie die Aufgabenstellung ist. Dennoch, wer große Ziele hat, sollte bereit sein zu investieren, genauso wie man in Büroräume, Personal oder den Computer investiert. Man muss Projekte mit einer nötigen Ernsthaftigkeit angehen und sie in Relation setzen.

Nennen Sie Ihre Sponsoring-Projekte.

Das Berliner Medienunternehmen Icestorm Entertainment hat uns für eine große Profit-Veranstaltung mehrerer Filmfirmen mit der Sponsorensuche beauftragt. Wir konnten neun Sponsoren aus verschiedenen Bereichen gewinnen – darunter DIE BAHN, das ZDF, Rotkäppchen Sekt, Bechstein und andere – und sie nahtlos in eine Strategie bzw. ein thematisches Konzept integrieren.

Im Non-Profit-Bereich haben wir für die Freie Akademie der Kunst nicht nur eine übergreifende Sponsoring-Strategie entwickelt, sondern uns auch etwas für verschiedene Unterbereiche und einzelne Projekte ausgedacht. Des Weiteren erarbeiten wir für eine kleine Behinderteneinrichtung fortlaufend Sponsoringkonzepte.

Wie sehen die Schritte im Non-Profit-Bereich aus, die man gehen muss, um Sponsor-Partner zu finden?

Man muss zuerst danach fragen, ob Sponsoring das richtige Instrument ist oder es andere, sinnvollere Möglichkeiten der Mittelbeschaffung gibt. Entscheidet man sich für Sponsoring, muss man sich Gedanken über mögliche Leistungen und Gegenleistungen machen, das Projekt in seiner Gesamtheit erfassen und fixieren. Man muss recherchieren und letztendlich einen Abgleich schaffen, wer die Brücke zu möglichen Sponsoren schlägt.

Denn nicht jeder passt mit jedem zusammen. Das Hauptproblem darin liegt, dass die einzelnen Organisationen eine geschlossene Innensicht haben. Sie haben das Problem, zu kommunizieren, wer sie sind, was sie tun. Es steckt viel Potenzial in einer Organisationen, aber es muss formuliert, rauskristallisiert werden, damit die Relevanz für das Gegenüber erkennbar wird.

Was raten Sie Non-Profit-Organisationen, die mit Wirtschaftsunternehmen in Kontakt treten möchten?

Sie brauchen eine Selbstdefinition, ein Papier auf dem in fünf knappen Sätzen steht, was die Organisation tut, warum das für die Welt oder für irgend jemanden wichtig bzw. für einen möglichen Sponsor relevant ist. Dann muss die Organisation fähig sein, zu recherchieren, wer in Frage kommt. Und sie benötigt Material: ein Ideenpapier, ein Konzept, um sinnvoll Akquise betreiben zu können. Ganz wichtig ist, dass hinter allem eine Idee steckt. Eine transportierbare Vision.

Die Anfragen der Sponsor-Suchenden sind entweder schon zu professionell ausgearbeitet, zu umfangreich oder unverständlich.

Für mich ist eine Anfrage in dem Moment professionell, wo sie funktioniert. Das hat nichts damit zu tun, auf was für einem Papier sie gedruckt wird und in wie vielen Farben. Ein Unternehmen hat an zwei Punkten ein Problem. Und zwar, wenn es so unprofessionell ist und man nicht weiß, was man damit machen soll. Und das andere ist, wenn es zu professionell aussieht, es dann schon wieder ideenlos ist und man denkt, dass die Organisation nicht mehr authentisch ist. Oder sie glauben, man hat zu viel Geld, wenn man in vier Farben drucken konnte. Von uns aus als Agenturseite betrachtet, bieten wir nur Dinge an, die den Geist der Einrichtung transportieren und inhaltlich das transportieren, was man letztendlich braucht, um jemanden zu bewegen.

Wie lernt man, in ein Unternehmen hineinzuhorchen?

Das ist das Marketinghandwerkszeug. Man muss im Grunde genommen nur aufmerksam beobachten. Das kann jeder. Was tut das Unternehmen, was für Produkte hat es, wie ist die Marke positioniert? Das hört sich jetzt abstrakt an, das kann man auf einem akademischen Level machen, wenn man sich im Marketing auskennt, das kann man aber auch ganz einfach angehen, indem man sich anschaut, was für Werbung das Unternehmen macht, wie die Produkte aussehen, an wen man sich wendet, wer die Käufer der Produkte sind. Nur so bekommt man Gefühl dafür, was dieser Firma wichtig ist, in welche Richtung sie zielt. Und genau hier kann und muss man auch die Anknüpfungspunkte suchen und finden.

Wie schafft man es, mit der Anfrage beachtet zu werden?

Es ist der Königsweg, den man im Grunde genommen gehen muss. Man kann ein paar kleine Tipps geben. Man muss die richtige Länge finden, das heißt 20 Seiten sind zu viel, eine Seite ist meist zu wenig. Das heißt, man muss daran denken, dass der Leser schnell und einfach die Information erkennen muss. Der Verfasser sollte daran denken, dass sich Bilder, alles Visuelle sehr viel schneller erschließen als ein reiner Text. Gerade im Non-Profit-Bereich ist das Thema Emotion und Authentizität sehr wichtig. Letztendlich kann man auch über Format und Haptik Aufmerksamkeit erregen. Alles was jenseits von Powerpoint-Präsentation, von breit zusammengetuckerten Blättern ist, das passt.

Schafft es eine Organisation, diese Vorraussetzungen ohne Hilfe umzusetzen?

Das hängt davon ab. Falls die Organisation kein fachlich qualifiziertes Personal hat, bleibt nur der Weg eine externe Agentur zu beauftragen. Warum sind so viele Kampagnen schlecht? Entweder wollen alle Mitarbeiter mitreden, es ist nicht genügend Geld vorhanden oder die Organisation möchte das Geld nicht ausgeben. Diese selbst kopierten Zettel, mit denen man sich früher auf die Suche nach Sponsoren machte, diese Zeiten sind vorbei. Es reicht auch nicht mehr, jemanden zu kennen, anzurufen und darauf zu spekulieren, einfach so Geld zu bekommen. Heute ist alles professioneller eingebettet und strategischer ausgerichtet. Häufig steht auch die innerbetriebliche Demokratie im Wege. Das was die Mehrheit der Mitarbeiter gut findet, sind in der Regel die Ideen bzw. Entwürfe, über welche die wenigsten Leute stolpern. Das Uneffektivste wird dann per Mehrheitsbeschluss genommen. Gerade für die Zusammenarbeit mit Agenturen ist es unabdingbar, einen einzigen Ansprechpartner und Entscheider zu haben. Der wiederum sollte seine Organisation sehr gut kennen und genau wissen, für was sie steht.

Welchen Wert haben Gegenleistungen?
Die klassischen Gegenleistungen werden häufig von der klassischen Werbung abgeschaut, deren Wirkung ein rechenbarer Wert ist. Diesen Betrag für den Bereich Umwelt, Soziales und Kultur zu errechnen ist schwierig. Dennoch sollte man es versuchen. Jeder, der in einem größeren Unternehmen im Marketing arbeitet, rechnet mit Kontakten. Wenn er eine Werbeanzeige gestaltet, eine klassische Image-Markenanzeige oder einen TV-Spot, schaut er sich an, wie viele Kontakte er bekommt und in welcher Qualität. Das ist z.B. ein wichtiger Punkt, den man auf das Sponsoring übertragen sollte.

Was für eine Rolle spielen Emotionen beim Sponsoring?
Der Transport von Emotionen ist immer schwierig. Es hilft viel, wenn man das in einem kleinen Sponsoring-Booklet, das etwas Emotionales transportiert, herstellt. Es bietet sich sehr gut als Kombination zu einem Erstkontakt an. Dennoch, der persönliche Kontakt ist im Grunde genommen das Wichtigste.

An den Entscheider heranzukommen, ihn zu begeistern und Emotionen bei ihm freizusetzen – man sollte sein Anliegen über den Faktor der Persönlichkeit transportieren. Leider fehlt gerade kleineren Organisationen häufig eine Persönlichkeit, die diese Position übernimmt und die Begeisterung nach außen trägt, um das Image der Organisation zu verkaufen.

Welche Rolle wird Sponsoring in Zukunft im Kommunikationsmix der Unternehmen einnehmen?
Ich glaube, es wird sich ähnlich wie in den USA entwickeln. Dort bekommt die Wirtschaft durch Sponsoring immer mehr Einfluss auf Non-Profit-Organisationen. Das wäre uns hier aber nicht zu wünschen.

Gut ist, dass man diesen Einfluss kontrollieren kann. Wenn man mit der nötigen Umsicht sich in keine Abhängigkeit begibt, hat niemand etwas zu verlieren. Man reicht ein Angebot ein und kann sich dann immer noch überlegen, zu welchen Konditionen man das machen will. Man kann dies auch im Vorfeld kontrollieren, sich überlegen, wie die Pakete aussehen, die man schnürt; man muss definieren, wie weit man bereit ist zu gehen. Man sollte selbstbewusst auftreten. In Zukunft werden aber auch die Kreativagenturen oder die Agenturen, die sich mit Marketing befassen, mehr gefragt sein. Aber auch in den Organisationen wird es mehr Menschen geben, die sich mit Mittelbeschaffung und Marketing auskennen. In vielen Fällen ist es aber auch sehr sinnvoll, Profis zu beauftragen: Fundraiser, Sponsoring-Referenten, Werber, Öffentlichkeitsarbeiter oder Marketingexperten. Viele Organisationen sind mittlerweile bereit, diese Dienstleister zu bezahlen, weil sie merken, dass es sich rechnet.

9   Interview mit Holger Struck, Leiter PR und Kulturkommunikation, Aloys F. Dornbracht GmbH & Co. KG, Iserlohn, über Kunstsponsoring

Allgemein betrachtet: Was macht Kunstsponsoring im Vergleich zu anderen Sponsoring-Arten so speziell?

Für uns passt es einfach zur Marke, zur Kommunikation der Marke. Es passt aber auch zu unseren Themen. Wir beschäftigen uns vor allem mit der Ästhetisierung von Produkten und da passt Kunstsponsoring dazu.

Seit wann engagiert sich Dornbracht im nationalen und internationalen Kunstbereich?

Wir haben 1996 mit der Reihe der Statement-Editionen begonnen, d.h. mit einer Plattform in wechselnder medialer Form, die wir zur Verfügung stellen. Die erste Ausgabe haben wir damals im Zeitungsformat gedruckt und Anfang 1997 in die Verteilung gegeben. International aufgestellt sind wir seit 1998, als wir die Fabrizio-Plessi-Ausstellung im Guggenheim-Museum in SoHo in New York gesponsert haben. Das war Plessis erste Einzelausstellung in den USA.

Wie sieht das Kommunikationskonzept aus?

Mitte der 80er Jahre, als wir uns noch intensiv mit dem Thema Design in der Kommunikation beschäftigten, haben wir festgestellt, dass dies zukünftig nicht mehr unser Thema sein kann, dass Design als Merkmal zur Differenzierung in der Zukunft nicht mehr ausreicht, weil es mittlerweile von allen Wettbewerbern mehr oder weniger entdeckt worden ist. Für uns war damals entscheidend, dass wir uns eine neue Strategie für die Differenzierung der Marke suchen. So kamen wir schließlich zur Kulturkommunikation. »Kultur im Bad« stand auf unserem Prospekt und das wollten wir natürlich auch mit Inhalten füllen. Daraus entstanden ist der Auftrag an drei Künstler, die für uns Arbeiten erstellt haben zum Thema Wasser, Reinigung und Rituale. Es gab darüber hinaus keine Vorgaben. Inzwischen haben wir die Vorgabe des Themas eingestellt. Wir kommen zwar im Gespräch zwangsläufig auf Themen, die uns bewegen, aber wir geben diese nicht mehr vor. Mit der Zeit wurden die für Statements entstandenen Arbeiten in Ausstellungen, auf Messen und in Publikationen mehrfach präsentiert.

Wie bringen Ihre Kunden die beiden Bereiche wieder zusammen?

Bei den Kunden kommt unser Engagement an, weil sie die gleichen Probleme bei der Differenzierung ihres Betriebs und ihrer Leistung haben. Es entwickelt sich ein deutlich erkennbares Premiumsegment im Sanitärfachhandel. In diesem Premiumsegment müssen sich unsere Fachhandelspartner vom Wettbewerb in ihrer Region differenzieren. Durch die enge Zusammenarbeit hat unser Fachhändler von unseren Erfahrungen profitiert und entwickelt heute eigene, ähnliche Differenzierungsstrategien, wobei wir im Rahmen unserer Möglichkeiten Unterstützung anbieten.

Erreichen Sie also durch Kunstförderung eher Ihre Zielgruppe?
Wir erreichen sicherlich durch die Kunst zunächst einmal eine höhere Erkenntnis. Wir bilden uns weiter und arbeiten mit den Erkenntnissen, die wir aus der Zusammenarbeit mit den Künstlern gewinnen.

Stichwort: Ritual-Architektur. Unsere Händler spüren, dass wir uns mit den wichtigen Themen unserer Zeit auseinandersetzen, neue Erfahrungen sammeln, neue Erkenntnisse gewinnen und diese in die Arbeit einfließen lassen. Wir erarbeiten uns also eine zusätzliche Markenkompetenz, die bei unseren Zielgruppen auf Beachtung stößt.

Fließen Ihre Produkte in die Kunstförderung mit ein?
Die Produktanbindung war in der ersten und zweiten Statement-Ausgabe zu finden. Da war es aber auch nur als Angebot formuliert, weil es um das Thema Badezimmer ging. Wenn Sie sich heute Statements 5 oder 6 anschauen, sehen Sie, dass wir diese Anbindung überhaupt nicht mehr brauchen. Wir können das mittlerweile ganz losgelöst von unseren Produkten betrachten. Wichtig ist der Raum, das Badezimmer, was da passiert, was da für Visionen und biografische Erfahrungen bestehen, die in Arbeiten einfließen, das sind die viel interessanteren Dinge für uns – dass man sich mit dem Raum, seiner Architektur und mit den Menschen in diesem Raum in der Kunst auseinandersetzt.

Warum ist Kunstsponsoring für das Unternehmen Dornbracht so interessant? Wo liegt der Hauptnutzen?
Der Hauptnutzen liegt darin, dass wir es schaffen, die Marke mit Hilfe der Kunst auf eine höhere Ebene zu führen. Neben der Produktion von Armaturen, also von Materie, sehen wir uns heute auch als Produzent von Geist. Dies macht die Software der Marke aus, die heute als Anstifter, Initiator und Enabler von visionären Projekten im Bereich der Kunst gilt. Natürlich versprechen wir uns davon eine positive Rückkopplung auf die Marke.

Welche Events, Organisationen oder Einzelpersonen aus der Kunstszene haben die Chance, von Dornbracht gesponsert zu werden?
Grundsätzlich beschäftigen wir uns mit Kunst, die zu unserem Unternehmen, zu unserer Marke passt. Das Sponsoring einer Rembrandt-Ausstellung wäre also eher unwahrscheinlich. Unsere Sponsorings – das ist Teil der Strategie – beschränken sich auf junge, zeitgenössische Kunst. Inzwischen haben wir ein entsprechendes Netzwerk aufgebaut. Wir kennen viele freundliche Menschen, die uns immer wieder Tipps geben, die uns Ideen antragen und mit denen wir uns austauschen können.

Bekommen Sie viele Sponsoring-Anfragen aus dem Kunstbereich?
Auf jeden Fall. In der ersten Zeit waren es vor allem Projekte, die etwas mit Wasser oder mit dem Bad zu tun hatten. Das war sehr interessant, wobei wir unser Engagement ja gar nicht darauf beschränken. In den meisten Fällen muss ich die Anfragen ablehnen, da sie nicht in unser strategisches Sponsoring hineinpassen.

Wie stark identifizieren sich Ihre Mitarbeiter und Kunden mit den geförderten Projekten?

Es gibt verschiedene Ansätze, unsere Kunden zu integrieren, sie werden beispielsweise zu den Projekten eingeladen, etwa zu einem Art-Dinner in ein Museum oder zu einer Art-Tour, z. B. zur Biennale nach Venedig. Die Kunden reisen auf eigene Kosten an und wir stellen vor Ort ein Programm zusammen, sprechen Empfehlungen aus und führen sie an die Kunst heran. Auch Mitarbeitern bieten wir bei Gelegenheit an, die Projekte kennen zu lernen. Dafür werden entsprechende Führungen organisiert. Letztendlich geht es aber nicht so sehr darum, dass sich Mitarbeiter und Kunden mit Projekten identifizieren. Wichtiger ist uns, dass sich ein Verständnis für die Zusammenhänge entwickelt und der Blick, die Beobachtung geschult werden.

Nennen Sie ein Beispiel, wie Sie die künstlerische Inspiration in Ihre Arbeit einfließen lassen.

In der ersten Ausgabe der Statements haben wir Arbeiten des britischen Künstlers Hadrian Pigott kennen gelernt. In der Serie »Wash« prägte der Künstler die Namen von Körperteilen in Seifenstücke und sortierte sie in der Reihenfolge seiner morgendlichen Waschung. Damit versinnbildlichte er das Ritual des Waschens und rückte es in unser Bewusstsein. So entstand die Idee, im Badezimmer ein Umfeld zu schaffen, dass diese Rituale kultiviert.

Welche konkreten Projekte unterstützen Sie und wie gestaltet sich die Zusammenarbeit?

1999 haben wir das erste Mal den deutschen Pavillon auf der Biennale von Venedig mit Rosemarie Trockel gesponsert. Zwei Jahre später kam dann Udo Kittelmann auf uns zu, damals noch Direktor des Kölnischen Kunstvereins. Wir hatten Interesse gezeigt an zeitgenössischer Installationskunst, weil wir das sehr spannend fanden und auch gespürt haben, dass sich Künstler dafür besonders interessierten. Dann kam die Idee, im deutschen Pavillon Gregor Schneider zu präsentieren mit »Totes Haus ur«. Und mit dieser Idee, diesem Vorschlag kam Udo Kittelmann auf uns zu. In der ersten Auseinandersetzung mit der Arbeit ergaben sich viele Verständnisfragen, die uns mit einer unglaublichen Klarheit beantwortet wurden. Dadurch verlor sich auch die anfängliche Unsicherheit gegenüber dem Künstler und seiner Arbeit.

Wie schafft man es, gegenseitiges Vertrauen aufzubauen?

Nur durch Kommunikation. Es muss auch immer auf direktem Weg sein. Aus dieser Kommunikation heraus arbeiten wir all die Unsicherheiten ab und bauen gleichzeitig ein Verständnis für die Arbeiten und den Künstler auf. Das ist entscheidend für den Erfolg der Zusammenarbeit.

Wie messen Sie den Erfolg?

Das ist zunächst mal ein Bauchgefühl. Es sagt uns, das ist richtig, was wir hier tun. Wir spüren, dass es gut ankommt, dass es uns weiterbringt. Wir können sicher nicht sagen, dass wir in den vergangenen Jahren durch das Kunstsponsoring mehr

Umsatz gemacht haben. Wir machen aber eine Evaluation, um festzustellen, inwieweit sich die Außenwahrnehmung des Unternehmens verändert hat.

Bevorzugen Sie Projekte, die Sie als Exklusiv-Sponsor unterstützen?
In der Regel bemühen wir uns um Exklusiv- oder Hauptsponsorings. Co-Sponsorings sind nicht so interessant, weil man in der Kommunikation nicht so nahe am Geschehen ist.

Strebt Dornbracht langfristige Sponsoring-Partnerschaften für Projekte an?
Im Sponsoringbereich gibt es bei uns sowohl zeitlich begrenzte Projekte als auch sehr langfristige Partnerschaften von drei bis vier Jahren oder länger. Im Lauf der Zeit hat sich aber herausgestellt, dass die langfristigen Partnerschaften einen sehr wichtigen Beitrag zur Kontinuität der Marke leisten.

Werden Sie bei der Auswahl der Projekte von Kunstexperten beraten?
Es haben sich über die Zeit vertrauensvolle Partnerschaften entwickelt und es ist ein Netzwerk entstanden, das als eine Art Katalysator fungiert.

»Big Spender« setzen ein Viertel ihrer Kommunikationsausgaben für Sponsoring-Maßnahmen ein. Wie viel Prozent setzen Sie dafür ein?
Wir sind ein mittelständisches Familienunternehmen mit rund 560 Mitarbeitern und einem überschaubaren Jahresumsatz von rund 120 Millionen € im vergangenen Jahr. Die Ausgaben für den Bereich der Kulturkommunikation liegen im Durchschnitt bei etwa einem Prozent vom Umsatz.

10   Interview mit Thomas Port, Leiter Sponsoring/Kooperationen, Deutsche Bahn AG, Berlin, über Sozialsponsoring

Die Deutsche Bahn AG engagiert sich sehr stark im sozialen Bereich, etwa im Behindertensport. Was verspricht sich das Unternehmen davon?
Die Bahn als größtes deutsches Unternehmen hat auch jenseits von Marketing-Zielen eine gesellschaftliche Verantwortung. Der Behindertensport ist deshalb für uns so wichtig, weil wir das letzte der vier verbliebenen Staatsunternehmen sind, nachdem die Telekom, die Post und auch die Lufthansa privatisiert sind. Deshalb haben wir einen öffentlichen Auftrag, der gesellschaftspolitisch wichtig ist, jenseits strategischer Marketingziele.

Nennen Sie Projekte des Sozialsponsorings der Deutschen Bahn.
Der Behindertensport ist nur ein Teil. Wir engagieren uns sehr für Kinder. Die Organisation Off-Road-Kids e.V. fördern wir gemeinsam mit anderen Unternehmen. Der Verein engagiert sich für Jugendliche und Heranwachsende, die von Obdachlosigkeit bedroht sind.

Welche Wirkung hat Sozialsponsoring Ihrer Meinung nach außen, verglichen etwa mit Kultursponsoring?

Sozialsponsoring kann sicherlich das Image eines Unternehmens positiv beeinflussen, die Motivation es zu machen hat aber immer einen gesellschaftspolitischen Charakter und nicht die Erreichung von Marketing-Zielen. Im Gegensatz zum Kultursponsoring, dieses wird bei der Bahn sehr gezielt eingesetzt, um eine bestimmte Zielgruppe zu erreichen und das Image positiv zu beeinflussen.

Erzählen Sie was über die 30 Jahre Sesamstraßen-Aktion.

Dieses Projekt wurde ermöglicht durch ein Mediensponsoring mit der ARD. Wir haben eine Sesamstraßentour durch die Bahnhöfe realisiert. Über drei Monate hinweg sind jeden Sonntag in einem anderen Bahnhof die Originalprotagonisten aus der Sendung aufgetreten. Mit dieser Aktion haben wir eine Million Besucher erreicht.

Wie konnten Sie auf Ihr Unternehmen aufmerksam machen?

Da wir bereits jedem bekannt sind, bringt uns eine Logoplatzierung überhaupt nichts. Wir müssen eine indirekte Wirkung ausüben, und zwar durch Emotionalisierung. Das wiederum ist vor allem über Aktionen machbar, bei denen auch unsere Produkte und unsere Dienstleistungen Bestandteil sind.

Schwierig ist, bei der jungendlichen Zielgruppe glaubwürdig zu sein. Man muss Aktionen durchführen, die glaubhaft sind und positiv im Gedächtnis bleiben. Bringen wir etwa Jugendliche mit speziellen Bahnangeboten zu einem stark emotionalisierten Popkonzert oder zur Loveparade, bleibt ihnen dieses Event gepaart mit einer Zugfahrt positiv im Gedächtnis. Darüber hinaus ist das Thema Sicherheit für die Eltern dann auch noch positiv platziert.

In welchen Bereichen engagiert sich die Deutsche Bahn AG noch?

Es sind drei Säulen: Sportsponsoring, Kultursponsoring und Sozialsponsoring. Im Bereich Sozialsponsoring haben wir unser Umweltengagement angesiedelt. Innerhalb dieser Themenbereiche haben wir verschiedene Kernzielgruppen festgelegt, die wir verschieden ansprechen.

Wie hoch ist der jährliche Sponsoring-Etat für den sozialen Bereich?

Prozentual geben wir für Sport 40, für Umwelt/Soziales und Kultur jeweils 30 % unseres Sponsoring-Etats aus.

Hat sich der Etat in den letzten drei Jahren verändert?

Er hat sich zu Gunsten des sozialen Sponsorings verbessert, weil die Bedürfnisse stärker geworden sind. Wir bekommen viel mehr Anfragen als früher, was indirekt damit zusammenhängt, dass die öffentliche Hand immer weniger Gelder in diesen Bereich investiert.

Wie ist Ihre Abteilung besetzt?

Der Bereich Sponsoring hat fünf Mitarbeiter. Bei manchen Themen, gerade wenn es um soziale Dinge geht, arbeiten wir sehr eng mit dem PR-Bereich zusammen.

Vor allem bei sozialen Themen ist es sehr schwierig, eine Abgrenzung dafür zu finden, wer förderwürdig ist und wer nicht.

Wie viele Anfragen erhalten Sie und was wird angefragt?

Für den sozialen Bereich gehen täglich 20 Anfragen ein. Die Palette der Anliegen ist kaum vorstellbar. Sie reicht von sozialen Härtefällen bis zur Diplomarbeit, die gesponsert werden soll.

Wie sollte man korrekterweise mit einem Sponsoring-Anliegen auf die Deutsche Bahn zugehen?

Kurz und übersichtlich. Das Konzept sollte kurz und faktenorientiert sein.

Wie viele Verträge schließen Sie jährlich im sozialen Bereich ab?

Wir schließen Verträge grundsätzlich bei allen Projekten ab. Einzelne, kleine Aktionen laufen ohne Vertrag. Der Übergang zwischen Sponsoring und Spende ist hier fließend. Die Menschen können das nicht unterscheiden. Viele haben den Begriff Sponsoring schon so eingedeutscht, dass sie ihn für alles mögliche verwenden. Sponsoring ist immer dann, wenn sie dem Unternehmen eine Gegenleistung bieten können, die einen werblichen Charakter hat.

Nennen Sie ein Beispiel einer gelungenen Sponsoring-Aktion im sozialen Bereich.

In unserem Basketballengagement haben wir Spitzensport, Breitensport, Nachwuchsförderung und Behindertensport miteinander vernetzt, Soziales mit Sport verbunden. Wenn Sie irgendwo Basketball in Deutschland sehen, werden sie immer mit der Bahn konfrontiert. Das rechnet sich sowohl von sozialen Effekten als auch von den Zahlen. Darin sind wir Vorreiter.

Wie strategisch ist Ihr Engagement ausgerichtet?

Wir haben das soziale Motto »Kinder brauchen Zukunft« entwickelt. Alles, was wir unterstützen, sollte sich hier einordnen lassen. Das Thema ist bewusst weit gegriffen. Dieses strategische Konzept ist mindestens über drei Jahre ausgelegt, wir möchten nachhaltig helfen.

Gehen Sie mit Ihren Sponsoring-Aktivitäten auf aktuelle Trends ein?

Positiv zu erwähnen ist die Stiftung Lesen mit dem Ziel der Leseförderung bei Kindern und Jugendlichen. Die Pisa-Studie hat die Misere an den Schulen und die Medialisierung durch Fernsehen und Computer deutlich gemacht. Die Kinder sind nicht mehr in der Lage, fehlerfreie Sätze zu schreiben. Wir investieren hier, um Kinder für das Lesen zu begeistern.

Wer stellt die Anfragen?

Unsere Strategie gilt größeren Partnern, die auch einer gewissen öffentlichen Prüfung unterliegen. Aber wir fördern auch mitunter soziale Härtefälle.

Wie überprüfen Sie Agenturen, mit denen Sie zusammenarbeiten?

Wir haben uns auf eine bestimmte Anzahl von Beratern und externen Agenturen beschränkt. Alle zukünftigen Agenturen werden in einem Standardverfahren zertifiziert. Wir überprüfen damit die Seriosität, Wirtschaftlichkeit und Referenzen der Agenturen. Es gibt einen Rahmenvertrag, wo diese nachweisen müssen, dass sie seriös arbeiten, welche sonstigen Partner sie haben, wer hinter der Agentur steht.

Was sollte eine Non-Profit-Organisation »im Gepäck« haben, damit eine Sponsoring-Partnerschaft möglich ist?

Viele Organisationen beschäftigen sich mit irgendetwas. Das ist wahllos und wenig effizient. Die Organisation hat gute Chancen von uns unterstützt zu werden, wenn wir den aktuellen oder zukünftigen Nutzen besser erkennen. Wenn es ein Thema ist, das wirklich brennt. Das heißt, man sollte auch strategisch denken. Natürlich können Sie soziale Aktivitäten nie so stricken, dass sie alle Probleme lösen.

Welche Leistungen erbringt die Deutsche Bahn?

Am liebsten ist es mir, wenn ich beides kombinieren kann, um die Brücke zu unseren Dienstleistungen zu schlagen. Wir erwarten eine Grundfinanzierung der angefragten Projekte. Ich habe es nicht gerne, wenn das Unternehmen alleiniger Finanzier ist. Heute sind vernetzte Kooperationen viel sinnvoller, sowohl um die finanzielle Last zu teilen, als auch um die Stärken des jeweiligen Partners zu nutzen. Das bringt gute Synergieeffekte und einen beidseitigen Gewinn mit sich.

Wie sehen die üblichen Gegenleistungen der Gesponserten aus?

Die Bahn muss mit dem Imagefaktor Sympathie in Einklang gebracht werden. Das sollte sich in der Gegenleistung widerspiegeln. Die meisten Sponsoring-Partner bieten uns eine Logoplatzierung an, das schreckt mich ab. Diese Logoüberflutungen werden doch vom Rezipienten nicht mehr wahrgenommen. Sie müssen die Gegenleistung so attraktiv machen, dass es den Unternehmen sowohl vom Image als auch von den Produkten her wirklich was bringt.

Wie kontrollieren Sie den Erfolg eines Sponsorings?

Wir haben eine eigene Marktforschungsabteilung, die fast alle Marketingaktivitäten im Vorfeld prüft. Wir lassen den Markt und dessen Bedürfnisse analysieren. Aber auch nach Beendigung eines Projektes ziehen wir ein Fazit, fragen nach Zahlen und Imagewerten. Dieses Controlling bieten wir unseren Sponsor-Partnern teilweise mit an. Das ist Verhandlungssache und hängt auch mit dem geschnürten Paket zusammen.

Was geben Sie dem Leser mit auf den Weg?

Ein Schlüssel, um die Hürde zwischen Non-Profit-Organisation und Unternehmen zu überwinden, ist: von seiner Idee überzeugt zu sein. Man muss in sich ein »Feuer« haben, um bei einem potenziellen Sponsor Faszination und Begeisterung zu wecken. Das schaffen mehr als 90 % der Anfrager nicht, dass sie von ihrer Idee so überzeugt sind und sie glaubwürdig rüberbringen. Das ist das größte Problem.

11   Interview mit Annette Brackert, Referentin Kulturkreis der deutschen Wirtschaft im BDI e.V., Berlin, über den Kulturkreis

Nennen Sie den Anlass dafür, einen Arbeitskreis Kultursponsoring zu gründen?
Seit 1951 gibt es den Kulturkreis der deutschen Wirtschaft im BDI (Bundesverband der deutschen Industrie) e.V. Die gründenden Unternehmerpersönlichkeiten haben sich nach dem Krieg zur Aufgabe gemacht, neben dem materiellen Wiederaufbau auch das Kulturleben in Deutschland wiederzubeleben. Der Kulturkreis ist mäzenatisch aktiv, fördert junge Künstler in den Bereichen Architektur, Bildende Kunst, Musik und Literatur. Darüber hinaus engagiert er sich kulturpolitisch rund um das Thema private Kulturfinanzierung. So engagierte er sich u.a. bei der Novellierung des Stiftungsrechts und setzte sich 2002 erfolgreich für den Erhalt des Spendenabzugs bei Kapitalgesellschaften ein. 1996 haben sich aus diesem Kreis etwa 35 Unternehmen im Arbeitskreis Kultursponsoring zusammengefunden, die Kultursponsoring als Kommunikationsinstrument einsetzen. Damit wurde ein in Deutschland einmaliges Forum für Kultursponsoren geschaffen.

Was sind die Ziele des Arbeitskreises?
Primäres Ziel war zunächst, die doch sehr emotional geführte Diskussion um Kultursponsoring in der Öffentlichkeit zu versachlichen. Grundsätzliches Ziel war und ist es aber, Kultursponsoring als Instrument fest in der Unternehmenskommunikation zu verankern. Vor diesem Hintergrund verfolgte der AKS zunächst die Verbesserung der steuerlichen Rahmenbedingungen. Die steuerliche Behandlung des Sponsorings war anfangs umstritten. Im Juli 1997 veröffentlichte das BMF einen bundeseinheitlichen Erlass, der die Grundsätze für die »ertragsteuerliche Behandlung des Sponsorings« regelt. Dieser Erlass bot zunächst spürbare Erleichterungen und Vereinfachungen im Sinne der Sponsoren. Jedoch wäre den Empfängern von Zuwendungen durch jede Form von »Mitwirkung an den Werbemaßnahmen« des Sponsors automatisch eine Steuerschuld in beträchtlichem Ausmaße entstanden. Durch das kulturpolitische Engagement des AKS im Verbund mit anderen Wirtschafts- und Kulturverbänden ist der Sponsoring-Erlass im Februar 1998 schließlich ergänzt und dadurch für die Empfängerseite verbessert worden.

Im Weiteren geht es uns darum, Best-Practice-Beispiele vorzustellen sowie Instrumentarien wie z.B. Musterverträge zur Verfügung zu stellen oder Evaluierungsstudien durchzuführen.

Gibt es weitere steuerrechtliche Dinge zu beachten?
Von der ertragsteuerlichen Seite ist, was das Sponsoring angeht, mit dem Sponsoringerlass grundsätzlich alles geklärt. Komplizierter ist die Frage der Umsatzsteuer. Der Beratungsbedarf gerade bei Kulturinstitutionen in steuerlicher Hinsicht ist jedoch nach wie vor hoch. An dieser Stelle möchte ich darauf hinweisen, dass der Kulturkreis zusammen mit dem Institut für Kultur- und Medienmanagement in Hamburg gerade einen Leitfaden zur steuerlichen Behandlung von Spenden, Sponsoring und Werbung für Kunst und Kultur herausgegeben hat, der für einen kleinen Unkostenbeitrag zu erwerben ist.

Sind Sie ein Verein?

Der Arbeitskreis Kultursponsoring ist eine Initiative des Kulturkreises. Dieser wiederum ist ein gemeinnütziger Verein. Der AKS hat sich ganz bewusst keine eigene Rechtsform gegeben, um so die Beitrittsmöglichkeiten zu erleichtern.

Warum ist im Haus der Deutschen Wirtschaft kein Arbeitskreis Umweltsponsoring oder Arbeitskreis Sozialsponsoring angesiedelt?

Dies liegt in der Historie des Kulturkreises der deutschen Wirtschaft begründet. Der Kulturkreis engagiert sich traditionell im Bereich Kultur und Wirtschaft.

Welche gesellschaftlichen Bereiche werden in den nächsten Jahren Nutznießer von Sponsoring-Zuwendungen sein?

Das ist schwierig einzuschätzen. Sicherlich ist Sportsponsoring nach wie vor der Bereich, in den die meisten Sponsoring-Mittel fließen. Allerdings ist Sportsponsoring auch schon eher gleichzusetzen mit klassischer Werbung. Aber auch in den anderen Bereichen – Kultur, Bildung, Umwelt und Soziales – ist ein stetiger Wachstum festzustellen. Darüber hinaus beobachten wir, dass es immer mehr interdisziplinäre Projekte gibt. Insofern fällt auch eine strikte Zuordnung in die unterschiedlichen Bereiche immer schwerer. Viele Unternehmen, auch im AKS, engagieren sich beispielsweise im soziokulturellen Bereich oder sie agieren weniger im klassischen Sponsoring als vielmehr in Form eines Public-Private-Partnership. Die Grenzen sind heute fließend. Für den Laien ist von außen vielfach gar nicht erkennbar, ob es sich um ein Stiftungsengagement, ein Public-Private-Partnership oder ein Sponsoring handelt.

Welchen Vorteil hat Kultursponsoring?

Ich sehe Kultursponsoring als ein sehr wirksames Instrument, wenn es um eine zielgruppengenaue Ansprache geht. Dort ist die Streuung nicht so groß. Dies setzt im Vorfeld natürlich auch eine präzise Zielgruppendefinition und Entwicklung geeigneter Instrumente der Ansprache voraus. Weniger stark eignet sich Kultursponsoring sicherlich, um generell Aufmerksamkeit in der Öffentlichkeit herzustellen.

Was ist mit dem Bereich Bildungssponsoring?

Bildungssponsoring ist immer mehr im Kommen. Ich denke, die Diskussion, die im Kultursponsoring-Bereich Ende der 80er Jahre geführt wurde, wird jetzt im Bildungsbereich geführt. Ich bin mir sicher, dass in fünf bis zehn Jahren immer mehr Hochschulen und Schulen durch Sponsoring finanziert werden.

Skizzieren Sie die Themen Ihrer täglichen Arbeit.

Unser Fokus liegt zunächst auf der Kommunikation innerhalb des AKS. Diese erfolgt beispielsweise über Arbeitsgruppen, die sich mit bestimmten Themen auseinandersetzen. Ein großes Augenmerk liegt natürlich auf der Öffentlichkeitsarbeit. Aber auch die Beratung von Unternehmen und Kulturinstitutionen macht einen großen Teil des Tagesgeschäftes aus. An dieser Stelle möchte ich deutlich machen, dass es nicht unsere Aufgabe ist, Kulturinstitutionen mögliche Sponsoren zu nennen oder zu identifizieren. Für diese Art der Vermittlung gibt es professionelle Agenturen. Gern können wir aber grundsätzlich Auskunft geben, was bei der Akquise von Sponsoren zu beachten ist. Viele dieser Informationen (Tipps zur Akquise, Mustervertrag zum Kultursponsoring, Sponsoringerlass) findet man bei uns kostenlos im Internet unter www.aks-online.org.

Wie notwendig ist Kultursponsoring in Deutschland?

Dem Kulturkreis und dem AKS ist es ganz wichtig, dass die Wirtschaft nicht Lückenbüßer für die öffentliche Hand werden darf. Wir sind immer der Meinung gewesen, dass privates Kulturengagement und damit auch Kultursponsoring nur ein komplementärer Beitrag zur Kulturfinanzierung in Deutschland sein kann. Fakt ist jedoch, dass kaum eine Kulturinstitution heute ohne private Kulturfinanzierung auskommen kann. Kultursponsoring als klassisches Geschäft auf Gegenseitigkeit ist im privaten Kulturfinanzierungsbereich nach wie vor das stärkste Instrument. Es spielt in diesem Dreiklang Spenden, Stiftung, Sponsoring die stärkste Rolle. Hier fließt der weitaus größte Teil von Mitteln, nämlich ca. 350 Millionen € pro Jahr. Und ich sehe ganz klar die Möglichkeit, dass sich das noch erweitert. Gerade im Bereich des Mittelstands liegt noch viel Potenzial.

Wie viele Mitglieder haben Sie?

Im AKS engagieren sich 67 Unternehmen. Der Kulturkreis hat 400 Mitglieder, davon sind über 200 Firmen und der Rest Privatpersonen.

Sind die Unternehmen auf Sie zugegangen?

Natürlich sprechen wir aktiv Unternehmen an. Es kommen aber durchaus auch viele von sich aus auf uns zu, weil sie Beratung brauchen. Unsere Beratungsleistungen sind für Mitglieder kostenlos.

Was macht Kultursponsoring für Unternehmen attraktiv?

Ein wichtiges Stichwort lautet, Erlebniswelten zu schaffen. Da geht es natürlich auch darum, Produkte mit einem gewissen Image zu beleben, aber auch die Marke selbst oder das Unternehmen zu stützen. Mit klassischer Werbung ist dies in der heutigen Zeit des »Information-Overload« gar nicht mehr zu erreichen. Durch Kultursponsoring kann man das sehr zielgruppengenau erreichen. Erforderlich dafür ist allerdings auch eine genaue Zielgruppendefinition. Hier sind sowohl Unternehmen als auch Kulturinstitutionen gemeinsam aufgerufen, die Projekte zu gestalten und vor allen Dingen zu evaluieren.

Wie evaluiert man?

Viele Unternehmen evaluieren zunächst die Frage, wie viele Medienkontakte sie hatten oder wie viele Pressenennungen. Es sollte aber durchaus noch weitergehen, indem man z. B. die Kunden, die man zu Kultursponsoringevents eingeladen hat, befragt. Die wissenschaftliche Untersuchung der Wirkung von Kultursponsoringaktivitäten steht – im Vergleich zu der der klassischen Werbung – noch ganz am Anfang. Auch diesem Thema hat sich der AKS angenommen: Seit 1999 geht er dieser Frage zusammen mit dem EFOPlan Institut an der LMU in München wissenschaftlich nach. Erfreulicher Weise gibt es mittlerweile sogar Kulturinstitutionen, die ihre Sponsorship-Aktivitäten professionell evaluieren. Mit den Ergebnissen konfrontieren sie dann ihre Sponsoringpartner und beraten gemeinsam, wo sie was besser machen können und tragen so zu langfristigen, nachhaltigen und für beide Seiten erfolgreichen Partnerschaften bei.

Was hat Sponsoring mit PR, Werbung oder dem Image eines Unternehmens zu tun?

Kultursponsoring sollte in diesem Marketing-Mix fester Bestandteil sein. Ohne Zweifel lassen sich bei einer genauen Abstimmung der unterschiedlichen Kommunikationsabteilungen Synergieeffekte nutzen. Das ist sicherlich noch in vielen Unternehmen zu verbessern. Nur ein Sponsoring, das auch professionell kommuniziert wird, kann erfolgreich sein.

Ist es richtig, dass viele Unternehmen eine Grundfinanzierung erwarten?

Die Unternehmen erwarten häufig und natürlich auch berechtigt eine Zusage, dass öffentliche Mittel akquiriert wurden. Das ist für viele Unternehmen ein Hauptkriterium, um überhaupt in ein Projekt einzusteigen. Andersrum gilt dies zum Teil aber auch. So ist bei europäischen Projekten ein Förderkriterium häufig, dass weitere private Mittel akquiriert werden. Leider beißt sich die Katze da häufig in den Schwanz.

Was muss eine Non-Profit-Organisation beachten bzw. was muss sie an Voraussetzungen mitbringen, um Sponsoren zu finden und zu halten?

Die Organisation sollte zunächst grundsätzlich darüber nachdenken, welche Formen von so genannten Drittmitteln überhaupt für sie oder das Projekt in Frage kommen. Dann gilt es zu wissen, was für eine Zielgruppe ich mit meinem Projekt ansprechen möchte und welcher private Partner dafür dann in Frage kommen könnte. Viele Institutionen haben heute genaue Kenntnis ihrer Besucherstruktur. Diese kann für einen Sponsor sehr interessant sein. Bevor ich einen Sponsor anspreche, sollte ich mich genau über ihn informiert haben. In der Praxis neigen Kulturinstitutionen leider noch sehr stark dazu, Unternehmen quasi als Ersatz für die öffentlichen Mittel anzufragen. Ein wenig mehr Kreativität auf Seiten der Kulturinstitutionen in Sachen »Was biete ich meinem Sponsor« wäre wünschenswert! Der reine Logoabdruck reicht schon lang nicht mehr, um potenzielle Sponsoren zu überzeugen.

Wie sieht das Sponsoring der Zukunft aus?

Im Sponsoring der Zukunft geht es darum, langfristige Partnerschaften aufzubauen. Nachhaltigkeit ist das Stichwort, um stärker eine Win-win-Situation auf beiden Seiten herzustellen. Die Zusammenarbeit wird professioneller werden. So werden vermehrt professionelle Fundraising-Stellen in den Kulturinstitutionen eingerichtet. Hier ist allerdings zu bedenken, dass der Erfolg sich nicht über Nacht einstellen kann. Der Aufbau eines Förder- oder Sponsorennetzwerkes erfordert einen langen Atem. Bei den Unternehmen ist zu beobachten, dass das Kultursponsoring oft in einen größeren Kontext gehoben wird. Das heißt, Kultursponsoring, Spenden und andere philanthropische Aktivitäten werden unter dem Begriff ›Corporate Citizenship‹ zusammengefasst. Das lässt darauf schließen, dass eine einheitliche Strategie bei den Unternehmen dahinter steht. Unternehmen und Institutionen erkennen immer mehr die Möglichkeiten, Partnerschaften jenseits eines klassischen Sponsorings (Geld gegen Logo) aufzubauen. In diesem Bereich kann zukünftig eine Vielzahl an Kooperationsmöglichkeiten entstehen, deren Potenziale noch längst nicht ausgeschöpft sind. Hier sind der Kreativität keine Grenzen gesetzt.

12 Interview mit Franz-J. Weihrauch, Leiter Öffentlichkeitsarbeit, Krombacher Brauerei, Kreuztal-Krombach, über Umweltsponsoring

Krombacher engagiert sich im Sport- und Kultursponsoring. Was tun Sie im Umweltbereich?

Im Umweltbereich sind wir seit zwei Jahren in Form des Krombacher-Regenwald-Projektes engagiert. Wir nennen es bewusst Projekt, um auf den in sich abgeschlossenen Charakter hinzuweisen. Zurzeit prüfen wir intern die Möglichkeiten, das Projekt fortzusetzen.

Was verspricht sich Ihr Unternehmen von einem Umweltprojekt?

Unser Sponsoring-Engagement ist zum einen marktpolitisch und zum anderen in der Marke selbst begründet. Die Marke Bier ist ein relativ austauschbares Produkt. Der Pro-Kopf-Verbrauch von Bier ist rückläufig. Vor diesem Hintergrund ging es darum, Aufsehen zu erregen, spektakulär zu sein, ein Risiko einzugehen, etwas zu initiieren, was nicht alle machen, um sich deutlich von der Schar der Mitbewerber abzusetzen. Das ist der allgemeine marktpolitische Hintergrund. Die Marke Krombacher ist seit jeher mit einer eindeutigen Naturpositionierung versehen. Bier ist ja, wenn sie so wollen, ein naturbelassenes Produkt, mit dem ersten deutschen Reinheitsgebot von 1516 verbunden. Fast jeder deutsche Biertrinker kennt unsere Werbung, den See, diese typische Mittelgebirgslandschaft, die Insel mit dem Wald. Wir dachten uns, wenn wir schon für die Natur werben, warum sollten wir nicht auch etwas für die Natur tun?

Wie sah der nächste Schritt aus?

Wir haben zunächst überlegt, was man im Umweltbereich speziell für die Natur tun kann. Es sollte etwas sein, was für den Verbraucher unmittelbar einsichtig und begreifbar ist. Wir wollten uns einem aktuellen Thema mit globaler Bedeutung und hohen Bekanntheitsgrad widmen, das den Konsumenten angeht und dessen Relevanz er unmittelbar begreift. Wir waren dann sehr schnell beim Thema Regenwald. Hinzu kommt, dass das Thema Umwelt heute parteiübergreifende Relevanz hat und nicht mehr auf eine Zielgruppe beschränkt ist.

Wie sind Sie auf die Organisation World Wide Fund For Nature (WWF) gekommen?

Als das Thema Regenwald feststand, haben wir nach einer Umweltorganisation Ausschau gehalten, die eine große Glaubwürdigkeit ausstrahlt. Denn der gute Zweck als solcher ist zwar lobenswert, aber man braucht einen so genannten Transmissionsriemen, um das Engagement erfolgreich nach draußen zu kommunizieren. Wir sind dann ganz schnell und eng mit dem WWF in Kontakt gekommen.

Unsere Ansprechpartner vom WWF waren sehr kooperativ und haben uns beraten, für welche Projekte wir unsere Mittel einzusetzen können. Wir haben uns sehr schnell geeinigt.

Wie kamen Sie auf Günter Jauch?

Die nächste Frage war, wie das Projekt erfolgreich nach außen kommuniziert werden kann. Es sollte jemand sein, der entsprechend repräsentieren kann und über eine hohe Glaubwürdigkeit verfügt. Daraufhin haben wir uns die Personen des öffentlichen Lebens angeschaut und schließlich mit den Managern von Günter Jauch gesprochen. Herr Jauch als erfolgreicher Moderator und Journalist transportiert Glaubwürdigkeit in hohem Maße und konnte sich von Anfang an gut mit dem Thema identifizieren.

Wie begegneten Sie den negativen Stimmen?

Wir haben mit unserem Zweck nicht hinterm Berg gehalten. Wir haben selbst Günter Jauch in einem unserer Werbespots die zentrale Aussage machen lassen: »Klar wollen die Bier verkaufen, aber warum eigentlich nicht?« So kann der Verbraucher sein Krombacher Bier genießen, aber zugleich auch etwas Gutes tun.

Hatte WWF Probleme mit einem Unternehmen zusammenzuarbeiten, das Alkoholika vertreibt?

Bier ist ein Volksgetränk und in moderaten Maßen genossen sogar ausgesprochen gesund. Der WWF hat mit dieser Fragestellung keine Probleme. Es ist sogar so, dass andere WWF-Organisationen, z. B. in Österreich, mit anderen Partnern dieses Umweltprojekt nachgeahmt haben.

Stellt Sponsoring im Bereich Umwelt ein Risiko dar?

Es war insofern ein Risiko, weil wir Neuland betreten haben. Aber wenn man das aus der Retrospektive sieht, sind wir durch einen nachhaltigen Image- und Glaubwürdigkeitsgewinn für die Marke belohnt worden.

Skizzieren Sie doch bitte den Unterschied zwischen Sportsponsoring und Umweltsponsoring in Ihrem Unternehmen.

Sportsponsoring, Präsentation und klassische Werbung sind unsere Marketingsäulen. Beim Krombacher-Regenwaldprojekt ging es zusätzlich um die Aktualisierung und Emotionalisierung der Marke.

Handelt es sich bei dem Regenwaltprojekt um eine Sponsoring-Partnerschaft oder um eine Spendenaktion?

Wir haben aus diesem Projekt heraus eine Stiftung gegründet, man kann die Aktion dennoch dem Umweltsponsoring zuordnen, allein durch die Festlegung von Leistung und Gegenleistung. Unsere Leistung bestand in den finanziellen Mitteln, die in die Stiftung geflossen sind. Die Gegenleistung im Know-how-Transfer durch den WWF. Sie achteten darauf, dass die Gelder sinnvoll eingesetzt wurden und betreuten uns und unsere eingeladenen Kunden vor Ort im Regenwald.

Wie hoch ist der jährliche Sponsoring-Etat für den Umwelt-Bereich bzw. wie viel Prozent des Kommunikationsetats macht er aus?

Unser Gesamtmarketingetat liegt bei 50 Millionen €. Das Umweltprojekt wird aus diesem Topf mitfinanziert.

In welchem Bereich arbeiten Sie?

Ich arbeite in der Presse- und Öffentlichkeitsabteilung, einer Stabsstelle, die nicht direkt an den Bereich des Marketing gebunden ist. Dennoch liegt es in der Natur der Sache, dass wir sehr eng mit dem Marketingbereich zusammenarbeiten. Denn wir streben einen gesunden Kommunikationsmix an. Ohne eine funktionierende Presse- und Öffentlichkeitsarbeit wäre dieses Projekt nur die Hälfte wert gewesen.

Existieren in Ihrem Unternehmen Sponsoring-Richtlinien?

Wir haben eine relativ klar umrissene Strategie, was wir unterstützen und was nicht. Das sind vor allem sehr viele Veranstaltungen und Sportarten, die im entferntesten Sinne eine Affinität zum Thema Bier haben.

Wie reagieren Sie auf Anfragen?

Wir prüfen sehr genau, was zu uns passt. Wir bevorzugen es, selbst aktiv zu werden und nicht auf irgendeinen Zug aufzuspringen.

Gehen Sie mit Ihren Sponsoring-Aktivitäten auf aktuelle Trends bzw. Anlässe ein?

Natürlich. Sie erinnern sich sicherlich noch an die Flutkatastrophe 2002. Der Betriebsrat, die Inhaber, die Geschäftsführer und allgemein die Mitarbeiter haben innerhalb von drei Wochen ganz unbürokratisch 100.000 € gesammelt.

Nach welchen Kriterien entscheiden Sie sich für eine Partnerschaft mit einer Non-Profit-Organisation?

Wir erwarten eine gewisse Professionalität im Umgang mit dem eigenen Thema. Die Organisation sollte gut funktionieren und eine hohe Glaubwürdigkeit transportieren. Eine kleine, unbekannte Organisation wäre für unser Regenwaldprojekt nicht geeignet gewesen. Wir wollten Massen ansprechen und wenn man die Organisation erst mal erklären muss, wird das schwierig. Darüber hinaus spielen natürlich Kompetenz und Glaubwürdigkeit im eigenen Arbeitsfeld eine große Rolle. Dies war beim WWF gewährleistet.

Hat der WWF auch PR-Arbeit geleistet?

Das lief zweigleisig. Der WWF hat eine rührige Pressestelle, die parallel zu unseren Aktivitäten in ihren Zielgruppen Presse- und Öffentlichkeitsarbeit geleistet hat. Wir haben uns gegenseitig unterstützt und bereichert.

Welche Rolle spielen Sponsoring-Agenturen bei der Vermittlung von Sponsorpartnerschaften?

Wir arbeiten seit vielen Jahren mit Partner-Agenturen im Bereich der Verkaufsförderung und der klassischen Werbung zusammen. Diese haben auch die Ausformulierung unserer Werbekampagne bezüglich des Regenwaldprojektes übernommen.

Wie funktioniert die Zusammenarbeit mit Non-Profit-Organisationen?

Natürlich treffen verschiedene Welten und Kulturen aufeinander. Bringt man ein Stück gegenseitige Toleranz mit, dann funktioniert es. Bedingt durch einen ›beinharten‹ Wettbewerb im Biermarkt herrscht bei uns schon ein anderes Arbeitstempo. Ich kann aber eine Zusammenarbeit mit Organisationen aus dem Non-Profit-Bereich durchaus empfehlen.

Wie wichtig ist die Vorlage einer Budgetierung durch den Sponsoring-Nehmer?

Die Finanzierung des Regenwaldprojektes war ein wichtiger Bestandteil der Gesamtplanung.

Wie kontrollieren Sie den Erfolg eines Sponsorings?

Wir haben während des Projektzeitraumes eine Marktforschung in Auftrag gegeben. Es wurden Verbraucherbefragungen im vierwöchigen Abstand durchgeführt. Also schon während des Projektes haben wir untersucht, wie sich unsere Werte bezüglich unserer Glaubwürdigkeit und Authentizität verändern. Günther Jauch war bei diesem Projekt ein Joker. Deshalb setzt man ja solche Prominente als Testimonials ein, um einen größeren Aufmerksamkeitsgrad zu erreichen.

13   Interview mit Prof. Klaus Siebenhaar, Leiter Abteilung Development & Marketing, Jüdisches Museum Berlin, über Museen bzw. Stiftungen und Sponsoring

Das Jüdische Museum Berlin ist eine Stiftung des öffentlichen Rechts. Welche Vorteile bringt das im Hinblick auf die Mittelbeschaffung?

Für die Praxis bringt das zunächst keinen Vorteil, es ist relativ gleich, ob Sie ein Regiebetrieb, eine GmbH, eine gemeinnützige GmbH oder eine Stiftung sind. Aber Stiftungen gelten im ideellen Sinn als etwas Solides, Wohltätiges, Gutes. Darin liegt der einzige praktische Vorteil.

Der Förderverein Gesellschaft für ein Jüdisches Museum in Berlin e.V. wurde 1975 gegründet? Skizzieren Sie auch hier den Zusammenhang zur Mittelbeschaffung.

Dieser Förderverein von 1975 existiert zwar noch, hat aber mit der Fertigstellung dieses Hauses seinen Auftrag erfüllt. Wir haben 2001 eine Gesellschaft der Freunde und Förderer der Stiftung Jüdisches Museum e.V. gegründet. Es ist rechtlich gesehen ein Verein, der parallel dazu auch als Tochtergesellschaft nach amerikanischem Recht in Princeton/USA, Wohnort unseres Direktors Michael Blumenthal, gegründet wurde.

Wie ist Ihre Abteilung aufgebaut?

Wir unterscheiden uns von anderen deutschen Museen durch unsere eigens gegründete Entwicklungs- und Marketingabteilung. Sie ist nach amerikanischen Vorbildern konzipiert, mit dem Unterschied, dass in den USA in solchen Abteilungen 30 bis 60 Personen arbeiten und wir uns in Berlin mit fünf Festangestellten plus einer Honorarkraft begnügen.

Was ist Ihre Philosophie?
Wichtig sind für uns die drei Säulen Sponsoring, Fundraising und Drittmittelbeschaffung. Ich bin mit einem kompletten Team, mit Absolventen meines Studienganges Kultur- und Medienmanagement hier ins Haus gekommen und habe alles Notwendige implementiert. Michael Blumenthal hat zwei schöne Angewohnheiten, er sagt immer »think big« und die andere Formel heißt »why not« und ohne diese Einstellung hätte es das Jüdische Museum im Jahre 2001 zur Eröffnung so nicht gegeben und wäre niemals so ein Erfolgsmodell geworden.

Welche Rolle spielt das Kultursponsoring im Fundraising-Mix des Jüdischen Museums Berlin?
Kultursponsoring nimmt im Verhältnis zu unserem klassischen Fundraising die Hälfte ein.

Wer berät Sie in steuerrechtlichen Dingen?
Wir verzichten auf Juristen aus der öffentlichen Kulturverwaltung und arbeiten mit Wirtschaftsprüfern und einer Kanzlei zusammen.

Sehen Sie die Sponsorpartnerschaften des Jüdischen Museums vor allem als Kunst/Kultur-Sponsoring oder auch als Religions-Sponsoring?
Sponsoring ist Teil eines umfassenden Beschaffungsmarketings und hat natürlich etwas mit der Identität der Organisation zu tun. Wir sind kein Holocaust-Museum und keine jüdische Einrichtung, sondern ein Bundesmuseum für deutsch-jüdische Geschichte. Deshalb betreiben wir kein Religionssponsoring und unsere Geldgeber kommen auch nicht bevorzugt aus der jüdischen Gemeinde.

Wie machen Sie sich auf die Suche nach Förderern?
Wir forschen systematisch nach potenziellen Geldgebern. Von den großen Fundraisern in den USA, dem Museum of Modern Art und der New York Public Library, habe ich gelernt, dass Fundraising ein »process of nonstop cultivation« ist. Nichts geht ohne Beziehungen. Es geht um höchst emotionale Dinge, die mit Identifikation, mit sich gut fühlen und sich aufgehoben fühlen zu tun haben. Deshalb ist auch eine eigene Abteilung notwendig, die wie ein Vertriebssystem organisiert ist. Kultureinrichtungen müssen sich am harten Business orientieren. Fragen Sie einfach mal einen Zeitungskonzern, wie viel Geld dort in einen neuen Abonnenten investiert wird. Auch wir praktizieren solche Kultivierungs- und Bindungsstrategien und am Ende werden 50 % des Tages damit verbracht. Ansonsten akquirieren wir sehr vernetzt, sehr systematisch und nur persönlich.

Gab es ursprünglich interne Vorbehalte gegen das Sponsoring?
Es ist eine Setzung. Am Ende ist es immer ganz einfach. Sie müssen selbst attraktiv sein und nichts ist so attraktiv wie der Erfolg. Heute gibt man nur Geld an Institutionen, die nicht bedürftig wirken. Sie müssen selbstbewusst sein und innerhalb Ihrer Organisation genau wissen, was Sie wollen. Arbeiten Sie auf der Grundlage eines Mission Statements, indem Sie Ihre Identitätsbestimmung auf vier bis fünf elementare Punkte zusammenfassen.

Sind die Mission Statements Richtlinien?

Wir haben um Gottes Willen keine Richtlinien! Wir sind offen. Unser Mission Statement ist mehr als eine Selbstdarstellung, es ist der kulturelle Identitätskern unserer Einrichtung. Etwa, dass wir kein Memorial Museum und konsequent besucherorientiert sind.

Viele Non-Profit-Organisationen tun sich dennoch schwer, mit bestimmten Industriezweigen in Verbindung zu treten.

Diese sind noch nicht in Versuchung geführt worden. Sie müssen wissen, wer sie als Institution sind, und ihr Fundraiser muss eine Person mit Rückgrat sein. Noch nie hat irgendein Unternehmen auch nur ansatzweise gefragt, was wir mit dem Geld wirklich machen, oder versucht, inhaltlich Einfluss zu nehmen. Klären Sie vorher, wo im Bereich Product Placement Ihre Schmerzgrenze liegt. Zu meinem Erstaunen stelle ich fest, dass Kuratoren heute sehr flexibel sind, wenn es um Gegenleistungen geht.

Was sind Ihre Gegenleistungen?

Unsere große Spendertafel ist unglaublich gut angekommen. Denn ganz große Spender sind einfach gewohnt, dass etwas nach ihnen benannt wird, es geht immer um die Ewigkeit. Man könnte all dies auch auf Sponsoren beziehen, allerdings gibt es kein Unternehmen, das in dieser Kategorie liegt. Denn das ganz große Geld bekommen Sie in den USA wie auch hier nur von Einzelpersonen.

Die meisten großen Sponsoren und Mäzene haben zwar keine Zeit zu Sonderveranstaltungen zu kommen, registrieren eine Einladung aber sehr wohlwollend. Oder sie haben den Wunsch, für Freunde oder Geschäftspartner kurzfristig eine geführte Tour zu bekommen. Man muss also sehr flexibel und eng mit den anderen Abteilungen vernetzt sein, um entsprechend reagieren zu können.

Wie viele Sponsoring-Verträge schließen Sie jährlich ab?

Die meisten Dinge laufen ohne Vertrag. Verträge schließen wir im Bereich Media-Sponsorpartnerschaft mit dem Rundfunk Berlin Brandenburg. Durch diese kostenlose Fernseh- und Rundfunkwerbung verdreifachen wir unseren Werbeetat. Verträge werden in der Regel nur bei Sachleistungen abgeschlossen, weil viele Unternehmen Geld nicht sponsern, sondern nur spenden wollen.

Nennen Sie ein Beispiel einer Sponsorpartnerschaft.

Eine meiner liebsten Sponsoren ist die Bewag. Die Bewag hat uns 50.000 DM für die Eröffnung am 13. September 2001 gesponsert. Als Gegenleistung wurde vertraglich festgehalten, dass sie ihr Schild aufstellen können. Wichtig für die Kontinuität der Beziehung war allerdings, über die klassischen Gegenleistungen hinauszugehen und eine persönliche Bindung zu schaffen.

Was zählt, ist die Sichtweise. Wenn wir mit Unternehmen verhandeln, sagen wir immer, uns fällt etwas für Sie ein. Und sofort haben sie ein Vertrauensverhältnis. Man muss sich zwischen den beiden Welten sicher bewegen können.

**Was verspricht sich Ihrer Meinung nach ein Unternehmen davon,
das Jüdische Museum Berlin zu unterstützen?**
Jenseits von abgeschlossenen Untersuchungen kommt es wieder auf einen Punkt,
und zwar auf einen schönen Punkt. Die Unternehmen sind stolz auf dieses Haus.
Es geht hierbei nicht um Exklusivität, sondern sie identifizieren sich mit dem Jüdischen Museum. Sie gehen dann zu der Tafel, lesen ihren Namen, es ist ein Teil von
ihnen. Zum jährlichen Galadinner sitzen bedeutende Entscheidungsträger der
deutschen Wirtschaft hier.

Wie strategisch sind Ihre Sponsoring-Aktivitäten ausgerichtet?
Alles direkt, persönlich, individualisiert. Qualität geht am Ende vor Quantität. Den-
noch bleiben wir beim Entwicklungsgedanken, d.h. wir entwickeln, auch wenn der
Einsatz dann über Gebühr groß ist und der Ertrag zunächst einmal klein.

Wie messen Sie den Erfolg von Sponsoring-Partnerschaften?
Wir halten es intern so, dass wir jedes Vierteljahr eine Zwischenbilanz ziehen. Wir
haben hier alle zwei bis drei Jahre eine so genannte Peer Review. Da kommen Mu-
seumsdirektoren aus dem Ausland und evaluieren das ganze Haus.

**Welche Vorteile bringt Ihnen die Zusammenarbeit mit der Berlin Tourismus
Marketing GmbH?**
Neben dem klassischen Kulturtourismus und gemeinsamen Messeaktivitäten kommen wir über ihre Vermietungsgeschäfte an neue potenzielle Förderer heran. So
dass sich eins mit dem anderen verbindet. An Ideen mangelt es uns nicht. Relati-
vierend, damit wir nicht nur heroisch dastehen, muss ich sagen, man kann am
Ende nicht alles realisieren, was man sich vorgenommen hat. Das Wichtigste, was
man zu unserem Geschäft sagen muss, ist Kontinuitätssicherung.

Welche Kontakte sind wichtig?
Als erstes die Industrie- und Handelskammer, um diese zu Freunden und Partnern
zu machen. Mit dem Bund der deutschen Industrie (BDI) im Haus der Deutschen
Wirtschaft sitzen wir auch regelmäßig zusammen. Für den Erstkontakt können Sie
nur dann erfolgreich sein, wenn Sie über die Stabsstellen des Vorstandes gehen.
Ich bin ein großer Freund der hier in Berlin wachsenden Unternehmensrepräsen-
tanten. Sie berichten meistens direkt den Vorstandsvorsitzenden. Die goldene Re-
gel ist, die persönliche Ebene zu suchen. Wir fahren immer eine Doppelstrategie.
Erstkontakt über den Vorstand und dann kontaktieren wir möglichst schnell die
Fachabteilungen.

Was raten Sie kleinen Organisationen ohne ein solches Beziehungsnetzwerk?
Ich kann ihnen nur raten, nicht mit irgendwelchen flächendeckenden Maßnahmen
zu beginnen, sondern im eigenen Umfeld. Weiterhin den richtigen Ansprechpartner zu finden und so ein Netzwerk zu errichten.
    Der Kontakt zu mittelständischen Unternehmen sollte auch nicht unterschätzt
werden, weil man es da nicht mit Sponsoring-Verantwortlichen zu tun hat, sondern
direkt mit dem Geschäftsführer oder Inhaber persönlich in Verbindung treten und
eine Beziehung aufbauen kann.

Sind Sie mit Ihren bisherigen Ergebnissen zufrieden?

Wir sind nie 100%ig zufrieden, aber im deutschen oder europäischen Maßstab stehen wir sehr gut da. Was ich mir für die Zukunft wünschen würde? Zunächst einmal, dass die großzügigen Förderer erhalten bleiben und dass wir auch in den USA dauerhaft erfolgreich sind. Es ist noch längst nicht alles ausgeschöpft.

14 Interview mit Jutta Hobbiebrunken, Senior Projektleiterin Unternehmenskommunikation, Hochtief AG, Essen, über Sponsoring im Bereich Denkmalschutz und Architektur

Was veranlasste Hochtief, die Wiederherstellung des Meisterhauses Kandinsky-Klee in Dessau zu ermöglichen?

Im Jahr 2000 wurde unser Bauunternehmen 125 Jahre alt. Im Jubiläumsjahr wollten wir etwas Nachhaltiges schaffen. Ein ehemaliges Vorstandsmitglied hatte persönliche Kontakte nach Dessau und wusste um diese notleidenden Häuser. Wir haben dann der Stadt Dessau angeboten, eines dieser Häuser zu restaurieren. So sind wir auf das Meisterhaus Kandinsky-Klee gekommen.

Wer war Ihr Ansprechpartner?

Zunächst war es die Anhaltische Gemäldegalerie in Dessau, die das Haus betreute. Inzwischen gehören die Häuser zur Stiftung Meisterhäuser Dessau, die im Zuge der Renovierungen von der Stadt Dessau gegründet wurde. Die Stiftung hat die Aufgabe, den Erhalt und Betrieb der Meisterhäuser zu fördern. Wir sind dort im Kuratorium vertreten.

Warum haben Sie sich für den Bereich Denkmalschutz und Architektur entschieden?

Bauhaus passt sehr gut zu Hochtief. Das Unternehmen hat in seiner langjährigen Unternehmensgeschichte viele Bauwerke geschaffen, die heute noch Bestand haben. Hochtief hat zum Beispiel wesentlich die Skyline von Frankfurt mitgeprägt. Wir haben fast alle Hochhäuser gebaut. Das Innovative, das immer noch Moderne und Internationale an Bauhaus hat uns sehr angesprochen.

Bauhaus ist ja auch in Amerika bekannt ...

Viele Bauhausschüler haben in den USA Karriere gemacht. Das passt eben auch sehr gut zu uns, weil Hochtief Ende der 90er Jahre das im Hochbau führende amerikanische Bauunternehmen Turner übernommen hat. Auch die von uns ebenfalls im Jubiläumsjahr gesponserte Ausstellung »Bauhaus: Dessau – Chicago – New York« im Museum Folkwang in Essen ist von der Öffentlichkeit stark beachtet worden. Seither ist Hochtief als Förderer des Bauhauses bekannt.

Bekommen Sie viele Anfragen aus dem Bereich der Architektur?

Ja, aber leider ist es natürlich nicht möglich, jedes Jahr auf so hohem Niveau Projekte zu fördern wie in unserem Jubiläumsjahr. Wir konzentrieren uns nicht nur auf das Thema Bauhaus, sondern auch auf moderne Architektur. Neben kleinen

Projekten haben wir in der Vergangenheit auch die große Mies-van-der-Rohe-Ausstellung im Alten Museum in Berlin unterstützt.

Was haben Sie investiert und war Ihr Engagement in Dessau eine Sponsorpartnerschaft?

Wir haben allein für die Restaurierung eine halbe Million Euro an Sponsoringmitteln investiert, die Arbeiten auch selber ausgeführt und viele andere Leistungen kostenlos zur Verfügung gestellt. Kaum jemand kannte damals die Meisterhäuser. Deshalb war die von uns initiierte und professionell unterstützte Öffentlichkeitsarbeit ein wichtiger Baustein unserer Partnerschaft. Mit unserer Anschubhilfe ist das Meisterhaus weltweit bekannt geworden. Die Sponsoringleistung ging damals an die Stadt Dessau als Eigentümerin des Meisterhauses. Diese wiederum brachte das Haus später in die Stiftung ein.

Welche Gegenleistung erhielten Sie?

Bei allen von der Stadt Dessau herausgegebenen Veröffentlichungen zum Meisterhaus wird auf das Sponsoring von Hochtief verwiesen. Und es gibt eine entsprechende Hinweistafel am Haus. Wir haben anlässlich der Eröffnung des Hauses auch kleinere Kundenveranstaltungen organisiert. Weitere Gegenleistungen gab es allerdings nicht. Gerade beim Kultursponsoring ist eine gewisse Zurückhaltung geboten: Für uns verbietet es sich beispielsweise, auf einen Ausstellungskatalog unser Logo zu setzen.

Was versprach sich Ihr Unternehmen von der Sponsorpartnerschaft?

Wir wollten eine breite Öffentlichkeit an unserem Jubiläum teilhaben lassen. Außerdem haben wir damit natürlich auch etwas für unser Image getan.

Wie kam Ihr Engagement in der Region Dessau an?

Zunächst war man sehr erstaunt darüber, dass ein Unternehmen so viel Geld zur Verfügung stellen wollte. Durch die mehrjährige Zusammenarbeit bei der nachfolgenden Umsetzung hat sich daraus eine vertrauensvolle Basis entwickelt. Viele der Besucher im ersten Jahr, und das waren immerhin 80.000 Menschen, kamen aus der Region. Hochtief ist heute dort gut bekannt. Und unser Engagement geht weiter: Im Jahr 2004 werden wir eine neue Ausstellung im Meisterhaus Kandinsky-Klee unterstützen.

Denkmalschutz-Sponsoring spielt im Vergleich zu anderen Bereichen eine untergeordnete Rolle. Warum haben Sie sich dafür entschieden?

Die anderen Bereiche passen nicht so gut zu Hochtief. Wir bauen viele neue und interessante Gebäude und Projekte, arbeiten mit vielen namhaften, weltweit bekannten Architekten zusammen. Wir suchten etwas, was unser Unternehmen mit hoher Glaubwürdigkeit vertreten kann.

Wie kommt Ihr Engagement in der Politik an?

Gut. Wolfgang Clement, damals noch nordrhein-westfälischer Ministerpräsident, war bei unserem Jubiläumsfestakt dabei und lobte beispielsweise unser Engagement. Er fand es positiv, dass wir das Geld sinnvoll eingesetzt und auf eine pompöse Veranstaltung verzichtet haben.

Muss die Führung eines Unternehmens das Projekt gutheißen?

Unser Vorstandsvorsitzender hat dieses Engagement voll unterstützt. Mit Golf oder Segeln wäre das schon schwieriger geworden. Das A und O eines Sponsorings ist, dass es zum einen zum Unternehmen passt und zum anderen die Entscheider und Mitarbeiter im Unternehmen dahinter stehen. Dadurch bekommt es die notwendige Glaubwürdigkeit.

Steckt hinter all dem eine Strategie?

Unser Sponsoringschwerpunkt liegt auf dem Thema Bauhaus/Moderne Architektur. Dennoch unterstützen wir als sehr dezentrales Unternehmen auch andere Projekte, zum Beispiel im lokalen Bereich. Für ein strategisches Sponsoring als Teil unseres integrierten Kommunikationskonzeptes steht uns aber leider nicht das dafür erforderliche Budget zur Verfügung. Wenn Anfragen kommen, werden sie daraufhin geprüft, ob sie für uns interessant sind. Und gelegentlich gelingt es uns auch, für ein wirklich aussichtsreiches Projekt zusätzliche Gelder vom Vorstand zu erhalten.

Wie wichtig sind Sponsoring-Verträge?

Wir schließen immer Sponsoring-Verträge ab. Es gibt einen Sponsoring-Rahmenvertrag, der dann individuell angepasst wird. Darauf legen wir großen Wert. Das erleichtert auch die steuerliche Seite.

Wie viele Sponsoring-Anfragen erhalten Sie in der Woche?

Allein in unserer Zentralabteilung, unabhängig von den zahlreichen Tochtergesellschaften, Niederlassungen und Geschäftsstellen, so etwa fünf bis zehn pro Woche. Manche Antragsteller kennen unseren Sponsoringschwerpunkt. Diese prüfen wir gründlich, und wenn es interessant ist, kommt es eventuell zu einer Förderung. Bekommen wir wahllose Anfragen, können wir oft nur darauf aufmerksam machen, dass wir einen anderen Schwerpunkt haben und absagen.

Wie gut sind die Anträge ausgearbeitet, was können Sie damit anfangen?

Das ist sehr unterschiedlich. Manchmal können wir kaum den Absender erkennen. Aber es gibt auch sehr gute, allerdings zu komplexe Ausarbeitungen, die man aus Zeitnot teilweise gar nicht lesen kann. Da hängt dann schon mal eine 30-seitige Dokumentation dran. Oft fehlt eine kurze und präzise Zusammenfassung, worum es geht und was das Anliegen ist. Hier könnte noch eine Menge verbessert werden, um nicht gleich eine Absage zu bekommen.

Wie sieht die perfekte Ansprache aus?

Die meisten Anfragen werden schriftlich eingereicht. Man sollte meiner Meinung nach aber vorher mal zum Hörer greifen, um den richtigen Ansprechpartner herauszufinden.

Wer ist Ihnen willkommen, wen lehnen Sie sofort ab?

Alles was mit Sponsoring von Parteien oder parteinahen Institutionen usw. zusammenhängt, lehnen wir grundsätzlich ab. Da gibt es übrigens auch entsprechende Richtlinien im Konzern. Der Rest wird geprüft.

Was sollte eine Non-Profit-Organisation beachten, um erfolgreich mit einem Unternehmen zusammenzuarbeiten?

Sie sollten bereit sein, von anderen zu lernen. In Dessau gab es beispielsweise kaum Strukturen. Mitte der 90er Jahre war Ostdeutschland noch in der Aufbauphase. Wir wussten das und haben uns entsprechend darauf eingestellt. Man hat in der Zusammenarbeit mit uns gelernt, dass Sponsoring nicht als eine Einbahnstraße zu betrachten ist, sondern auf einer Gegenleistung basiert. Es ist wichtig, dass beide Seiten ein gutes Maß miteinander finden. Man kann zum Beispiel nicht erwarten, dass eine Non-Profit-Organisation eine gut funktionierende PR-Abteilung hat. Seitens der Organisationen erwarte ich aber Offenheit, unser Know-how zu nutzen. Wirtschaftsunternehmen haben in der Regel gut funktionierende Presseabteilungen und bringen die entsprechenden Kontakte mit. Wenn jeder sein Bestes einbringt, kann so ein Public-Private-Partnership-Modell ein großer Erfolg werden.

Streben Sie eher kurz-, mittel- oder langfristige Sponsoring-Partnerschaften an?

Dem Thema Bauhaus fühlen wir uns langfristig verbunden. Mit Dessau verbindet uns somit eine feste Partnerschaft. Aber auch kurz- oder mittelfristige Engagements schließen wir nicht aus.

Viele Non-Profit-Organisationen haben Berührungsängste zur Wirtschaft und Industrie. Können Sie das bestätigen?

Ja. Viele Menschen, die wenig mit Sponsoring und Spenden zu tun haben, können es sich auch gar nicht vorstellen, dass ein Unternehmen hier Geld zur Verfügung stellt. Hochtief unterstützt zum Beispiel zu Weihnachten mehrere Institutionen und private Initiativen im sozialen Bereich. Ich habe es selbst mehrfach erlebt, dass zunächst Skepsis und Unsicherheit am anderen Ende der Telefonleitung herrschte, wenn ich die Spende angekündigt habe. Wirklich freuen konnte man sich dann oft erst nach der schriftlichen Bestätigung.

Der Staat wird in Zukunft weniger Verantwortung für öffentliche Kultureinrichtungen übernehmen. Was denken Sie aus Sicht Ihres Unternehmens darüber?

Budgetkürzungen helfen ja immer auch, mal über die eigenen Strukturen nachzudenken. Und sicherlich gibt es an der einen oder anderen Stelle Optimierungspotenzial. Dies gilt für Kultureinrichtungen wie für Wirtschaftsunternehmen gleichermaßen. Dennoch denke ich, dass die Wirtschaft künftig noch mehr gefordert sein wird, wenn es darum geht, kulturelle Projekte zu realisieren oder auch einfach nur Bestehendes zu sichern. Da tragen wir auch eine gewisse Verantwortung. Ohne das Engagement von Unternehmen würde vieles nicht zustande kommen. Die Frauenkirche in Dresden ist das beste Beispiel. Und auch das Meisterhaus Kandinsky-Klee würde heute wohl noch seinen Dornröschenschlaf halten.

15 Interview mit Thomas Heilmann, Vorstandsvorsitzender der Scholz & Friends AG, über Sponsoring und Werbung

Warum engagiert sich Ihre Agentur im Bereich Sponsoring?
Das hat zwei Gründe. Zum einen ist es Good Citizenship, wie die Amerikaner sagen, d. h. man will ein guter Mitbürger sein. Zum anderen lernen wir durch diese Projekte natürlich auch immer wieder Neues. Es sind altruistische und egoistische Motive.

Wie hoch war der Sponsoring-Etat 2003 des Scholz & Friends-Netzwerkes?
Wir budgetieren das nicht, aber die Summe wäre sicherlich siebenstellig im Jahr. Der Großteil unseres Sponsorings besteht darin, Dienstleistungen, die wir normalerweise in Rechung stellen, im Dienste der guten Sache je nach Aufwand entweder kostenneutral oder zu geringeren Sätzen zu erbringen.

Viele Unternehmen nehmen Sponsoring als neue Art der Werbung wahr.
Bei uns hat Sponsoring besonders bei der Mitarbeiterfindung einen werblichen Effekt mit einer klar definierter Zielgruppe. Wir unterstützen zum Beispiel Sponsoring-Projekte an Hochschulen, weil wir dort potenzielle Mitarbeiter erreichen. Außerhalb des Personalmarkts bleibt eine niedrige vierstellige Zahl von Personen übrig, die als Marketingverantwortliche über die Vergabe von Werbeetats entscheiden. Bei diesen potenziellen Kunden freuen wir uns natürlich über ein positives Image, aber Informationen über unser Engagement im karikativem Bereich erreichen diesen Personenkreis in der Regel nicht.

Wie stehen Non-Profit-Organisationen mittlerweile zur Werbung?
Die Antikommerzhaltung gegen Werbung hat in der Gesellschaft generell abgenommen. Insofern begegnen wir in unserer Arbeit selten Vorurteilen.

In welchen Sponsoring-Bereichen engagiert sich Scholz & Friends und warum?
Neben den Hochschul-Projekten arbeiten wir teilweise seit mehreren Jahren für einige »Pro-Bono«-Kunden, zum Beispiel für die Organisation Ärzte ohne Grenzen oder für den Deutschen Initiativkreis für das Verbot von Landminen. Zusätzlich gibt es eine Reihe von »Leuchtturm«-Projekten, mit denen wir spontan in Notlagen geholfen haben, zum Beispiel die Aktion »Ich helfe dir« oder die Veranstaltung »Dresden leuchtet wieder« im Zusammenhang mit der Flutkatastrophe in Ostdeutschland. Darüber hinaus unterstützen wir noch einige Projekte im wissenschaftlichen Bereich.

Wie werden Sie auf Projekte aufmerksam?
Wir suchen nicht nach Sponsoring-Projekten, sondern werden in aller Regel angesprochen. Für jede Kooperation gibt es eine eigene Geschichte. Nehmen Sie zum Beispiel die Flutkatastrophe. Ein Sonntagskreis aus Berlin hatte die Idee, Sachspenden aus der Bevölkerung zu koordinieren. Eine klassische Aufgabe des Internets. Montag hat man mir von der Idee erzählt. Ich fand sie spontan so gut, dass ich Thomas Holtrop, den Chef von T-Online, anrief und ihm unsere Idee als ideale Platt-

form für T-Online vorstellte. Gemeinsam haben wir dann das ZDF angesprochen. Dienstag haben alle »Ja« gesagt und am Freitag waren wir online. Zwischenzeitlich hatte ein Team unserer Agentur die Werbekampagne entwickelt und T-Online die Online-Börse programmiert. Am Freitag liefen die ersten TV-Spots im ZDF an. In den nachfolgenden Wochen wurden über das Portal etwa 40.000 Sachspenden vermittelt.

Wie sah es mit Sponsoring-Verträgen in diesem Zusammenhang aus?

Es hat nur ein paar E-Mails gegeben. Das ist im juristischen Sinn ja schon ein Vertrag.

Im Sponsoring sollten, damit es steuerrechtlich keine Probleme gibt, Leistungen und Gegenleistungen in einem Gleichgewicht stehen.

Das ist natürlich von Fall zu Fall verschieden, teilweise leisten wir sicherlich mehr, als wir an wirtschaftlichem Gegenwert bekommen. Aber wir handhaben unsere Aktionen nicht wie klassische Sponsoringprojekte mit Leistung und Gegenleistung. Wie sollte ich etwa bei der Fluthilfe einen Gegenwert berechnen?

Unterstützen Sie die Öffentlichkeitsarbeit der Organisationen?

Die Organisationen bieten uns die Kommunikation gegenüber der Fachöffentlichkeit teilweise als wirtschaftlichen Gegenwert an.

Und wie definieren Sie für sich Sponsoring?

Wenn Sie unser Logo auf einem wissenschaftlichen Buch entdecken, etwa bei Projekten im Hochschulbereich, würde ich dieses Engagement als klassisches Sponsoring bezeichnen. Wenn lediglich Öffentlichkeitsarbeit als Gegenleistung vereinbart wird, würde ich das nicht Sponsoring nennen.

Ist Ihre Arbeit z. B. für Ärzte ohne Grenzen dann also auch kein klassisches Sponsoring?

Ich würde es nicht Sponsoring nennen, da in der Zusammenarbeit mit diesen Organisationen unser Name nur selten auftaucht.

Was bringt Ihr täglicher Umgang mit Unternehmen an Kontaktmöglichkeiten? Sehen Sie sich manchmal als Vermittler?

Ja, absolut. Durch meine Arbeit beispielsweise im Medienbeirat der Bertelsmann-Stiftung treffe ich viele Unternehmer und natürlich bringt man immer mal wieder Leute zusammen.

Steckt hinter Ihrem Sponsoring-Engagement eine Strategie?

Es gibt eine Strategie für die Mitarbeitersuche. Dort wird das Instrument Sponsoring gezielt eingesetzt. In anderen Bereichen sind die Ziele nicht so streng definiert: Die Arbeit für Non-Profit-Kunden bringt Abwechslung und macht Spaß, das ist wichtig für die Mitarbeiterzufriedenheit. Diese Projekte müssen natürlich im ökonomisch vertretbaren Rahmen bleiben und dürfen nur einen kleinen Teil der Kapazitäten binden.

Wie messen Sie den Erfolg einer Sponsorpartnerschaft?

Im Prinzip sollte der Wert dessen, was wir reingesteckt haben, gefühlt sehr viel niedriger sein als der Nutzen, der damit gestiftet worden ist. Wenn Sie viele Millionen Sachspenden generieren und dafür vier Wochen arbeiten, haben Sie einen erkennbaren Wert.

Wie gehen Sie mit Sponsoring-Anfragen um, die Sie sicherlich täglich erreichen?

Dienstleister haben immer ein Problem, ihre Dienstleistung gilt zunächst als nichts wert. Wenn ich diese Geringschätzung spüre, dann hat eine Zusammenarbeit überhaupt keine Chance. Ich befürworte nur dann ein Projekt, wenn ich es persönlich gut finde und wir über die erforderliche Kapazität verfügen. Es müssen Corporate Volunteers, das heißt Freiwillige unter unseren Mitarbeitern gefunden werden. Ich finde es am wirkungsvollsten, wenn das Interesse von den Mitarbeitern und nicht vom Chef kommt.

Haben Sie eine Sponsoring-/Spendenabteilung oder jemanden, der die Corporate Volunteers koordiniert?

Nein. Das läuft alles über die Geschäftsführer der jeweiligen Einheiten.

Was sollte z. B. ein Verein »im Gepäck« haben, um Scholz & Friends für eine Kooperation zu erwärmen?

Beratungsfähigkeit und Offenheit für neue Ideen sind eigentlich das Wichtigste. Offen zu sein klingt so banal, in der Praxis ist es das überhaupt nicht. Und wir müssen das definierte Ziel für halbwegs realistisch und erreichbar halten. Die Organisationen sollten wissen, dass sie mit ihrem Anliegen in einem harten Wettbewerb um Aufmerksamkeit stehen.

Muss man sich auf gleicher Augenhöhe begegnen?

Ich würde das anders formulieren. Man muss schon eine Wellenlänge zueinander haben. Es kann durchaus ganz etablierte Unternehmen und Organisationen geben, die einfach nicht zusammenpassen.

Was können Sie für Non-Profit-Organisationen tun?

Wir können für sie kreative und wirksame Kommunikation entwickeln. Daneben beraten wir sowohl Unternehmen als auch Organisationen in Bezug auf ihre Sponsoring-Konzepte. Aber wir würden nie selbst Sponsoren suchen, da wir keine Agenten sind.

Kann eine Organisation sich den Dienstleister Scholz & Friends leisten?

Es gibt einige, die vom Umsatz und der Mitarbeiterzahl viel größer sind als wir. Dann geht das natürlich. Wir erbringen dann klassische Werbedienstleistungen für die Organisationen, entwickeln Werbe-, Direktmarketing-, PR- und andere Kampagnen.

Wie grenzen Sie sich von einer Agentur wie der Bob Bomlitz Group ab?

Wir sind im Bereich Sponsoring kleiner. Wir planen aber, unser Dienstleistungsangebot in dieser Kommunikationsdisziplin auszuweiten. Denn wir haben den Anspruch, unsere Kunden ganzheitlich zu beraten, und Sponsoring ist eben ein zunehmend wichtiges Marketingthema.

Raten Sie Unternehmen, Sponsoring in ihren Kommunikationsmix aufzunehmen?

Wenn sie es professionell angehen, ja. Ich glaube, dass drei Viertel des Sponsoringgeldes verlorenes Geld ist, wenn das Engagement ohne Plan gemacht oder nicht richtig genutzt wird. Sponsoring macht nur dann Sinn, wenn Sie nicht nur das Logo auf ein Trikot platzieren, sondern Ihr Engagement erlebbar und erfassbar für Ihre Zielgruppe umsetzen. Auf dieses Thema haben wir uns ganz stark spezialisiert und machen Marken erlebbar. Wir rechnen, dass Sie für jeden in Sponsoring investierten Euro einen weiteren Euro für die Aktivierung ausgeben müssen.

Gibt es jenseits der klassischen Gegenleistungen Möglichkeiten, eine Marke einmal anders zu platzieren?

Ja, sicherlich. Aber das ist nicht allein die Aufgabe der Unternehmen, sondern vor allem der Berater. Die müssen überlegen, wie durch Sponsoring eine Bekanntheitssteigerung erzeugt und Sympathie und Kaufbereitschaft erreicht werden kann. Das schaffen Sie eben nicht nur mit der Platzierung des Logos, sondern Sie müssen gerade auf flankierende Maßnahmen setzen.

Kann eine Non-Profit-Organisation überhaupt diese Kreativität aufbringen?

Das fällt Organisationen manchmal ebenso schwer wie normalen Unternehmen. Es gibt zwar Ausnahmen, aber in der Regel fahren sie besser, wenn sie die Sache Fachleuten überlassen. Kommunikation ist ein Handwerk. Wenn Sie ein Haus bauen, lassen Sie ja auch Fachkräfte ran.

Wie kann man Unternehmen als Förderer gewinnen?

Schaffen Sie Markenplattformen und bieten Sie dem Unternehmen an, Good Citizen zu sein. Unternehmen können mehr geben als nur Geld. Bieten Sie Top-Entscheidern einer Marke ein Stück Entscheidungsmacht. Organisationen, die nur das Geld und ansonsten keine Einmischung wollen, machen es sich unnötig schwer.

Immer mehr Unternehmen leisten sich ihre »eigene« Organisation. Stimmt das?

Das ist so. Die Unternehmen möchten auf Nummer sicher gehen und nachvollziehen können, wo und wie ihr Geld eingesetzt wird. Langfristiges Commitment ist außerdem glaubwürdiger.

Wie komme ich als kleine Organisation an Entscheider heran?

Wenn Sie einen goldenen Weg gefunden haben, dann sind die Türen auch sofort wieder zu, weil alle auf diese Weise den Einstieg versuchen. Sie müssen im Einzelfall eine geschickte Entscheidung treffen und Ihre eigenen Netzwerke pflegen.

16 Interview mit Christian Schreider, Public Affairs/Sponsoring, SAP AG, Walldorf, zum SAP-Regiosponsoring

SAP engagiert sich sehr stark im regionalen Bereich.
Was verspricht sich das Unternehmen davon?
Wir wollen damit unsere Verbundenheit mit dem Rhein-Neckar-Dreieck zum Ausdruck bringen, zur Region, deren kreative Köpfe uns groß gemacht haben und die natürlich auch jetzt entsprechende Erwartungen an ein erfolgreiches Unternehmen stellt. Darüber hinaus wollen wir innovative Ideen fördern, die mit unseren global gültigen Werten wie Vielfalt, Kreativität und Verantwortung in Einklang stehen.

Welche Regionen decken Sie ab?
Es handelt sich um Teilbereiche dreier Bundesländer: Rheinland-Pfalz mit der Vorderpfalz, also die Region zwischen Worms über Ludwigshafen, Speyer, bis zur französischen Grenze, dann ein Teil von Südhessen mit dem Odenwald und der Bergstraße sowie Nordbaden rund um den unteren Neckar.

Wie viele Anfragen erreichen Sie?
Pro Sponsoring-Ausschreibung, wir haben zwei im Jahr, sind es rund 200 Anfragen.

Welche Bereiche des gesellschaftlichen Lebens werden unterstützt?
Wir unterstützen eigentlich alle Bereiche des gesellschaftlichen Lebens, haben sie aber in die Kategorien Sport, Soziales, Kultur sowie Bildung und Wissenschaft unterteilt.

Warum so breit gefächert?
Vielfalt ist ein zentrales Merkmal unserer Unternehmenskultur und unseres Anspruches. So möchten wir nach außen auftreten. Wir haben allein in Walldorf Mitarbeiter aus 80 Nationen.

Sie haben bezüglich Sponsor-Partnerschaften Ausschreibungsrunden mit Bewerbungsfristen eingeführt sowie Internetformulare vorbereitet. Warum?
Wir wollen die Nutzung neuer Medien fördern, das ist ein explizites Kriterium. Das soll auch schon bei der Form des Ausschreibungsverfahrens zu sehen sein. Es ist aber auch ein Gebot der Praktikabilität, um der Flut der Anfragen Herr zu werden, um Übersicht zu halten, damit die kreativen Dinge nicht untergehen. Da uns immer mehr Anfragen erreichen, müssen wir auf Strukturierung schon im Bewerbungsverfahren setzen. Denn auch außerhalb der offiziellen Ausschreibungsrunden erreichen uns regionale, nationale, internationale Anfragen aus allen möglichen Bereichen.

Was erwarten Sie von den Antragstellern?
Wir haben klar niedergelegte Kriterien. Das Projekt sollte kreativ, innovativ sein und es sollte ein Teamkonzept dahinter stehen. Der Bezug zur SAP, zu neuen Medien im Allgemeinen sollte auch nicht fehlen. Dann hat man gewisse Chancen. Das

sind die grundsätzlichen Kriterien, an denen sich die Antragsteller orientieren können. Daran können sie messen, wie groß ihre Erfolgsaussichten sind, oder Projekte diesen Kriterien entsprechend entwickeln.

Nachdem die Anträge ins Haus gekommen sind, wie geht es dann weiter?
Wir sichten die Anfragen und führen eine interne Auswertung durch. Es gibt eine kleine Jury, die sich aus Mitarbeitern der Unternehmenskommunikation zusammensetzt. Die entgültige Entscheidung trifft der Vorstand.

Danach laden wir die Ausgewählten ein und besprechen die weitere Entwicklung des Projektes, das Auftreten gegenüber den Medien und der Öffentlichkeit. Ab und an bringen wir auch ein paar eigene Ideen ein und schließen dann den Sponsoring-Vertrag, in der Regel einen Standardvertrag, ab.

Wie hoch ist der jährliche Sponsoring-Etat für den regionalen Bereich?
Pro Jahr sind es 250.000 €. Der ausgezahlte Betrag variiert je nach Projekt. Es ist aber nicht so, dass die Hälfte oder ein Drittel an einen Partner geht. Das wird alles sehr breit verteilt.

Hat sich der Etat seit 2001 verändert?
Wir konnten den Etat trotz wirtschaftlich schlechter Zeiten stabil halten.

Mit wie vielen Mitarbeitern ist die für das SAP-Regiosponsoring zuständige Abteilung besetzt?
Die Unternehmenskommunikation ist sozusagen die Oberabteilung. Darunter fällt das Team Public Affairs unter Leitung von Dr. Caroline King, verantwortlich für die gesellschaftspolitischen Aktivitäten der SAP AG und nicht zu verwechseln mit der PR-Abteilung, mit der wir aber eng zusammenarbeiten. Wir betreuen laufende Projekte und stehen im engen Kontakt zu den Sponsor-Partnern. Das Regiosponsoring gibt es seit fünf Jahren. Es wurde ins Leben gerufen, um eine Verteilungsgerechtigkeit herzustellen. Dahinter steckt ein strategischer Leitfaden. Unser Team ist mit sieben Mitarbeitern besetzt. Das Regiosponsoring wird von eineinhalb Mitarbeitern unter anderen Aufgaben mitbetreut.

Aus welchen beruflichen Bereichen kommen die Mitarbeiter des Teams Public Affairs?
Ganz unterschiedlich. Zwei Kolleginnen sind Kunsthistorikerinnen, zwei aus dem Team sind Politologen, eine ist Germanistin, ich bin Jurist. Der betriebswirtschaftliche Hintergrund ist, was die Ausbildung anbelangt, nicht dominant.

Nennen Sie ein Beispiel einer gelungenen regionalen Sponsoring-Aktion.
Im Bereich Wissenschaft haben Politologen der Universität Heidelberg eine internationale Konfliktforschungsdatenbank am Heidelberger Institut für internationale Konfliktforschung (HIIK) aufgebaut, die sehr innovative Informationsaufbereitung beinhaltet und sehr tief gehende Analysen ermöglicht. Es wird erforscht, wie Konflikte jeglicher Art und Spannungen bis hin zu Kriegen entstehen und vermieden werden können. Das HIIK hatte sich bei einer Ausschreibung beworben und so sind wir aufmerksam geworden. Wir fanden das Thema spannend und haben den

Kontakt gesucht. Im Vordergrund des Projektes stand die Finanzierung. Ansonsten haben wir uns mündlich über die Projekte ausgetauscht. Das Ursprungskonzept war so gut ausgearbeitet, dass wir keine großen Verbesserungsvorschläge hatten.

Gibt es weitere Motivationen für Ihr Sponsoring-Engagement?

Eines der Grundmotive ist der Start-up-Gedanke. Unser Unternehmen ist 31 Jahre alt. Wir waren im Ursprung wie eine Garagen-Firma, eben selbst ein Start-up. Diesen Grundgedanken wollen wir im regionalen Bereich fördern. Wir suchen keine Projekte mit jahrzehntelang etablierten Strukturen, sondern sehr engagierte Einzel- oder Netzwerkinitiativen. Wir wünschen uns aber dennoch ein solides und klar strukturiertes Konzept, das von der Finanzierung reibungslos umsetzbar ist. Im Formular an sich ist nur der Finanzierungsbedarf einzufügen.

Wie oft treffen Sie Ihre Sponsoring-Partner?

Das hängt ganz vom Projekt ab, inwiefern wir gemeinsame Publikationen vorbereiten, ob es um Logoplatzierung geht oder eine stärkere inhaltliche Zusammenarbeit angezeigt ist.

Wie sehen die Gegenleistungen Ihrer Sponsoring-Partner aus?

Wenn die Partner an die Öffentlichkeit gehen, weisen sie auf die Zusammenarbeit mit SAP hin. In der Regel streben wir gemeinsame Pressekonferenzen an. Bei der Projektabwicklung selbst sollte natürlich unsere Marke, sprich das SAP-Logo, präsent sein.

Nennen Sie weitere Projekte.

In Mannheim, einer Stadt mit einem hohen Ausländeranteil, fördern wir beispielsweise die Straßenfußball-WM. Sie wird vom Landessportbund in Zusammenarbeit mit dem Jugendamt der Stadt organisiert. Hier spielen Teams verschiedener Nationalitäten anhand eines ausgeklügelten Systems gegeneinander, zum Beispiel zählen die Tore der gemischten Teams nur dann, wenn auch ein Mädchen getroffen hat – nicht nur meiner Meinung nach ein sehr innovatives Projekt. In der Stadt Worms fördern wir die SAP-Soccer Group, ein Kooperationsprojekt zwischen einer Ganztagsschule und dem Fußballverein Wormatia Worms. Hier geht es um sinnvolle Nachmittagsbetreuung, um ein integratives Konzept, das darauf setzt, Schulen und Ehrenamtliche gewinnbringend zusammenzuführen, diesen pädagogischen Ansatz über verschiedene Unterrichtsfächer zu vernetzen und dies mit Hilfe neuer Medien zu dokumentieren.

Welchen Part übernimmt die lokale Presse bei der Berichterstattung über Ihre Sponsorpartnerschaften?

Das differiert. Manchmal tut sich die Presse schwer damit, das soziale Engagement von Unternehmen in der Region in der Berichterstattung zu erwähnen. Man wundert sich, dass – gerade in Zeiten, in denen sich Staat und Kommunen zunehmend aus verschiedensten Förderungen zurückziehen – eine Zusammenarbeit zwischen Wirtschaft und ehrenamtlichen Einrichtungen nicht positiver herausgestellt wird. Man sollte sich bewusst machen, dass eine Förderpartnerschaft nach außen sichtbar sein muss. Wir wollen uns ja nicht in den Vordergrund drängen, es sollte aber erkennbar sein, dass wir uns gezielt in bestimmten Bereichen engagieren, weil wir darin eine natürliche Verbindung zur Unternehmenskultur sehen. Viele Medienvertreter erkennen das aber auch.

Existieren in Ihrem Unternehmen Sponsoring-Richtlinien?

Ja. Die Richtlinien, die auf unserer Homepage publiziert sind, wurden damals von Fachkollegen aus unserer Abteilung festgelegt. Sie enthalten unsere Grundgedanken: den kreativen und innovativen Ansatz, den Projekt- und Teamgedanken. Was wir nicht unterstützen, sind Kongresse, Konferenzen, Bälle, Festschriften, Ausstellungskataloge oder Umbauten. Fehlt der kreative Ansatz, kommt eine Förderung nicht in Frage.

Gehen Sie mit Ihren Sponsoring-Aktivitäten auf aktuelle Trends bzw. Missstände ein?

Wir haben ein Augenmerk darauf, zentrale gesellschaftliche Herausforderungen anzunehmen. An uns wird ein breit gefächertes Spektrum herangetragen und sehr oft befinden sich darunter innovative Ideen. Letztlich hängt es zu einem gewissen Maß einfach von den eingehenden Bewerbungen ab.

Wer stellt die Anträge?

Meistens Vereinsvertreter, selten Einzelpersonen. Es ist schwierig für Einzelpersonen ein Projekt aufzusetzen, denn in der Regel entstehen gerade Innovationen daraus, dass neue Formen der Zusammenarbeit entstehen.

Was sollte eine Non-Profit-Organisation »im Gepäck« haben?

Einen großen Ideenreichtum und ein wirklich prägnantes Projekt, das gut vermittelt und umgesetzt werden kann.

Wie wichtig ist die Vorlage einer Budgetierung?

Das ist erst in der zweiten Phase wichtig, wenn wir die konkrete Zusammenarbeit besprechen. Dann muss ganz klar eine solide Budgetierung vorgelegt werden, sonst können wir den Zuschlag nicht aufrechterhalten.

Streben Sie Exklusiv-Sponsorverträge an?

Ja. Exklusivität aber nicht in dem Sinne, dass kein anderes Unternehmen das Projekt unterstützen sollte, sondern eher, dass wir als Hauptsponsor auftreten möchten. Wenn das eine gewisse Sogwirkung hat, ist das nur gut.

Wie kontrollieren Sie den Erfolg eines Sponsorings?

Wir sind in der Regel gerne bei der Projektumsetzung dabei und schauen uns an, wie die regionalen Medien die Veranstaltungen bzw. die Projekte aufgreifen. Studien statistischer Natur führen wir bis dato noch nicht durch. Ein Feedback wird allerdings immer eingeholt, in welcher Form, hängt dann von dem speziellen Projekt ab.

17 Interview mit Olav Bouman, Leiter Marketing und Geschäftsführer Panda Fördergesellschaft mbH, WWF Deutschland, Frankfurt am Main, über Umweltsponsoring

Was verbindet die Panda Fördergesellschaft mit WWF Deutschland?
Die Vermarktung der Markenrechte von WWF Deutschland liegt bei der Panda Fördergesellschaft, d. h. z. B. die Logovergabe läuft über uns. Wir sind außerdem zuständig für Unternehmenskooperationen.

**Seit wann gibt es beim WWF eine Sponsoring-Abteilung und was versprechen
Sie sich davon?**
Der WWF geht seit seiner Gründung Kooperationen mit Unternehmen ein. Eine
Sponsoring-Abteilung gibt es seit der Gründung der Panda Fördergesellschaft,
Mitte der 80er Jahre. Unternehmenskooperationen sind für uns einfach ein wichti-
ger Teil unseres Marketingmixes.

Wie viele Mitarbeiter hat die PFG? Welche Ausbildung bringen sie mit?
In der PFG arbeiten vier Mitarbeiter. Ein Kommunikationsfachmann, ein Geistes-
wissenschaftler und zwei Betriebswirtinnen.

Gab es ursprünglich interne Vorbehalte gegen das Sponsoring?
Der WWF ist keine unternehmensfeindliche Organisation. Unternehmen sind für
uns ein ganz wichtiger Bestandteil innerhalb unserer Gesellschaft und damit wichtige Kooperationspartner. Natürlich kann es immer auch Vorbehalte gegen bestimmte Kooperationen geben. In einer Befragung durch ein von uns beauftragtes
Marktforschungsinstitut befürworteten zwei Drittel unserer Mitglieder die Zusammenarbeit mit Unternehmen, wenn wir dadurch nicht in unserer inhaltlichen Arbeit beeinflusst werden.

Wurden Sponsoring-Richtlinien aufgestellt?
Ja. Es würde aber zu weit führen, alle Richtlinien aufzuzählen. Darüber hinaus beziehen wir Informationen von Ratingagenturen, aber auch Primär- und anderes Se-
kundärmaterial mit ein.

**Gehen Sie mit »Allianz-Ideen« auf Unternehmen zu oder verhält es sich eher
umgekehrt?**
Die Unternehmen kommen eher auf uns zu. Wenn wir Unternehmen ansprechen,
suchen wir im Vorfeld nach Berührungspunkten und legen ein maßgeschneidertes
Konzept vor.

Wie viele Sponsoring-Verträge schließen Sie jährlich ab?
Das verändert sich von Jahr zu Jahr.

Wer sind zurzeit Ihre Sponsoring-Partner?
Es gibt eine große Anzahl von Sponsoringpartnern. Beispielhaft zu nennen sind
Dr. Oetker, das Internetportal Web.de und der Europapark in Rust.

Wie wurden die Kontakte aufgenommen?

Üblicherweise spüren die Unternehmen irgendwo einen Mangel in ihrer Außendarstellung. Man nimmt sie in ihrem Umweltengagement nicht so wahr, wie sie es gerne hätten. Hier geht es um Image und darum, welche Dimension die Marke oder das Unternehmen im Sozialen und/oder Umweltbereich hat. Von diesem Punkt bis zu einer Kontaktaufnahme mit dem WWF ist es dann nicht mehr weit.

Wie gestaltet sich die Zusammenarbeit?

Wir bieten den üblichen Imagetransfer an. Hat das Unternehmen eine akzeptable Marke und ein positives Erscheinungsbild, dann stellen wir ihm unser positives Image zur Verfügung. Oder es wird wie im Regenwald-Projekt der Firma Krombacher die Imagebildung mit einer klaren Verkaufsförderung kombiniert.

Steckt das Umweltsponsoring noch in den Kinderschuhen?

Üblicherweise ist es so, dass die Umweltorganisationen traditionell doch eher eine Distanz zu Unternehmen verspüren und Bedenken haben, manipuliert zu werden. Das führt dazu, dass Umweltsponsoring meines Erachtens noch eine Menge Entwicklungspotenzial hat.

Was erwartet ein Unternehmen von einer Non-Profit-Organisation?

Grundsätzlich sollte man eine positive Einstellung zum Umgang mit Wirtschaftunternehmen mitbringen. Wichtig ist dabei auch, dass man die Sprache der Unternehmen beherrscht. Unternehmen haben die Gewinnmaximierung als Ziel. Das ist nicht grundsätzlich verwerflich und ein ganz wichtiger Aspekt in einer Kooperation. Die Kunst ist es, die Interessen des Unternehmens und die Interessen der Non-Profit-Organisation zu beider Vorteil zu verbinden.

Was verspricht sich ein Unternehmen davon, den WWF zu unterstützen?

Neben Imagetransfer und Verkaufsförderung streben viele Unternehmen an, sich im Bereich Umwelt noch weiter zu verbessern, dazuzulernen. Wir unterscheiden daher nach inhaltlichen und kommerziellen Kooperationen. Wobei die Grenzen natürlich fließend sind.

Der WWF ist im Vergleich zu anderen Non-Profit-Organisationen bezüglich der Sponsoring-Aktivitäten sehr innovativ.

Wir versuchen eben über die üblichen gedanklichen Schranken hinwegzugehen. Wenn wir die richtigen Bausteine zusammenfügen, dann erreichen wir unser Ziel, nämlich den Erhalt der Natur.

Was raten Sie anderen Non-Profit-Organisationen, die über Sponsoring nachdenken?

Sponsoring muss von innen heraus kommen. Die Organisation muss eben grundsätzlich dazu bereit sein, mit einem Unternehmen zu kooperieren. Dabei darf sie sich aber auch nicht verlieren. Kein Unternehmen darf auf Grund finanzieller Unterstützung die Möglichkeit haben, auf die inhaltliche Arbeit Einfluss zu nehmen. Die Organisation muss sich als Marke gut positionieren, stark werden und glaubwürdig sein. Dann finden sich auch entsprechende Partner.

Wie viel Einfluss gewähren Sie Unternehmen?

Wir sind einem Know-how-Transfer gegenüber durchaus aufgeschlossen. Unsere grundsätzlichen inhaltlichen Positionen sind jedoch unantastbar.

Wie viel Einsicht erhält Ihr Sponsor-Partner?

Eine Organisation sollte in der Lage sein, ihre Zahlen offen zu legen. Das ist eine grundsätzliche Voraussetzung. Ein Partner will wissen, wohin sein Geld geht.

Wie viel Professionalität erwartet ein Sponsoring-Partner von Ihnen?

Viele Unternehmen sind erstaunt, dass wir über fundierte betriebswirtschaftliche Kenntnisse verfügen. Das ist im Corporate Fundraising aber tatsächlich Grundvoraussetzung. Daher kann es auch von Vorteil sein, wenn Corporate Fundraiser schon mal in Unternehmen gearbeitet haben. Professionalität ist die absolute Basic Skill im Corporate Fundraising.

Nennen Sie ein Beispiel einer gelungenen Partnerschaft.

Natürlich die Krombacher Regenwaldkampagne. Die größte und erfolgreichste Charity Promotion, die jemals in Deutschland durchgeführt wurde.

Die Partnerschaft mit Krombacher hat nicht nur positive Pressestimmen gebracht.

Wir haben unsere Mitglieder zu verschiedenen Zeitpunkten befragt, wie sie die Kooperation beurteilen. Über 90 Prozent unserer Förderer haben der Kooperation zugestimmt – auch nach dem Presserummel wegen angeblich wettbewerbswidriger Werbung. Befragungen der allgemeinen Öffentlichkeit ergaben ähnlich hohe Zustimmungswerte. Was bleibt da noch zu sagen.

Streben Sie eher kurz-, mittel- oder langfristige Sponsoring-Partnerschaften an?

Üblicherweise streben wir bei größeren Projekten mittel- bis langfristige Kooperation an.

Was sind Ihre klassischen Gegenleistungen?

Die wichtigste Gegenleistung ist der Imagetransfer. Zurzeit ist aber vor allem die Verkaufsförderung, also die Charity Promotion gefragt.

Was hat Sponsoring mit Werbung zu tun?

Wenn Sie Sponsoring bundesweit richtig nutzen wollen, führt kein Weg an der Werbung vorbei.

Wie viel Vorlauf sollte für ein Sponsoring-Projekt einkalkuliert werden?

Das ist absolut unterschiedlich. Mit Krombacher haben wir uns am 23. Dezember 2001 das erste mal getroffen und am 15. Januar 2002 waren wir uns einig. In der Regel sollte ein Sponsoring-Verantwortlicher schon einen größeren Zeitrahmen einplanen.

Wer ist für die steuerlichen, d. h. juristisch relevanten Fragen bezüglich eines Sponsorings beim WWF verantwortlich?
Dazu braucht man unbedingt zuverlässige Berater. Wir greifen u. a. auf einen Markenjuristen innerhalb unseres Netzwerkes zurück.

Wie strategisch sind Ihre Sponsoring-Aktivitäten ausgerichtet?
Wir haben eine ganz klare Vorstellung davon, wie viele Kooperationen wir in Zukunft haben wollen, mit welchen Zielen und in welchen Größenordnungen sie sich bewegen sollen.

Wie sehen Ihre Zukunftspläne aus?
In direkter Nachfolge zur Krombacher Regenwaldkampagne (die ja weiterläuft) stand der Europapark. Eine ganz andere Art der Kooperation. Hier haben wir mit dem Europapark zusammen ein 4-D-Kino entworfen, das im Jahr ca. von einer Million Menschen besucht wird, die sich dort über eine Mischung aus Lernen und Unterhaltung, so genanntes Edutainment, unseren Themen nähern können. Seien Sie sicher, dass Sie von uns zum Thema Unternehmenskooperationen noch so einiges hören werden.

18 Interview mit Eberhard Duchstein, Inhaber Buchhandlung Anita Reuffel, Koblenz, über Sponsoring und Mittelstand

Nicht nur große Unternehmen zeichnen sich durch ihre Sponsoring-Aktivitäten aus. Auch Sie als mittelständisches Einzelhandelsunternehmen engagieren sich. Warum?
Ich halte das für eine klassische Aufgabe des Bürgertums. Hier in Koblenz hat das eine lange Tradition. Bereits Ende des 18. Jahrhunderts haben die Bürger ein eigenes Theater gebaut. Weitere Einrichtungen wurden dem großen Trierer Kurfürsten gewidmet. Heute hat das weniger mit Obrigkeit, sondern mit einer wirtschaftlich schwierigen Zeit zu tun. Man unterstützt kulturelle Einrichtungen, damit sie sich trotz mangelnder staatlicher Unterstützung weiterentwickeln können. Darüber hinaus will ich meinem Unternehmen ein kulturpartizipierendes und förderndes Image geben. Meine Kunden, aber auch die Bürger dieser Stadt sollen merken, dass unsere Buchhandlung sich gesellschaftlich gebunden fühlt, dass wir uns mit den Inhalten unserer Bücher positiv identifizieren.

Was ist der Hauptnutzen Ihres Engagements im Bereich Sponsoring?
Wir möchten eine gute Positionierung als lokaler engagierter Bürger, als lokal engagiertes Unternehmen, als Partner für alle, die Engagement zeigen, erreichen. Ob das nun im Rahmen von Literatur, Musik oder Theater etc. ist, wir wollen sinnvolle Kooperationen eingehen.

Was würden Sie anderen mittelständischen Unternehmen von Ihren Erfahrungen weitergeben?

Ich würde von meinen guten Erfahrungen berichten und von dem Erfolg, den diese Bemühungen bisher hatten. Viele Institutionen sprechen uns an. Kam es zu einem Gesprächsaustausch oder gar zu einer Förderung, erinnern sich diese Institutionen sehr positiv an uns. Davon profitieren wir. Den Nachbarunternehmern würde ich raten, sich ein ihrem Unternehmen nahe stehendes Projekt auszuwählen und dieses zu unterstützen.

**Sie engagieren sich im Bereich Kultur- und Jugendsponsoring.
Welche Projekte fördern Sie? Skizzieren Sie die Zusammenarbeit.**

Wir waren Mitveranstalter der Verleihung des Josef-Breitbach-Preises der Akademie in Mainz, die zum 100. Geburtstag des Koblenzer Schriftstellers erstmalig in Koblenz stattgefunden hat.

Des Weiteren haben meine Frau und ich die Lesenacht der bisherigen Preisträger organisiert und das ganze Projekt finanziell unterstützt. Dann unterstützen wir die Literatur-Matinee des Volkshochschulfreundeskreises, vermitteln und finanzieren die Autoren. Wir sind Partner des Kulturamtes der Stadt Koblenz bei der Durchführung der Koblenzer Jugendwoche, unterstützen auch hier die Autoren, die an den Schulen lesen, finanziell. Zu unserem Engagement gehört auch, Schulen im Rahmen der Leseförderung sowie Kindergärten zu uns in die Buchhandlung einzuladen. Wir lassen sie bei uns übernachten, Bücher dinglich und per Schlafsack erfahren. Eine Mitarbeiterin tritt als Lesehexe auf. Zusätzlich unterbreiten wir Schulen Projektvorschläge zur Leseförderung. Für interessierte Koblenzer organisieren wir eine Fahrt zur Frankfurter Buchmesse. Wir geben regionale Veröffentlichungen heraus und wir unterstützen Jugendliche, indem wir deren Publikationen durch Inserate finanzieren. Dann gibt es noch viele andere Dinge im literarischen Bereich und Kooperationen mit dem Theater, das uns sehr nahe steht. Im Bereich der Kunst sind wir ebenfalls engagiert.

Wie wurden Sie auf diese Projekte aufmerksam?

Ich bin ein aktiver und aufmerksamer Bürger der Region. Ich lese die Zeitung und werde aufmerksam oder eine Idee wird mir angetragen. Unser Engagement hängt davon ab, wie wir das Projekt einschätzen.

Was braucht ein Projekt, damit Sie sich dafür entscheiden?

In der Entscheidung liegt sicherlich ein wichtiges Element des Gelingens. Es gibt natürlich auch Projekte, bei denen ich nicht mitmache, etwa einem Sportprojekt. Es hängt mit der nicht vorhandenen Affinität der Bereiche Buch und Sport zusammen. Mein Augenmerk liegt auf kulturelle Aktionen und Initiativen, wie Literatur, Musik, Bildende Kunst. Hierin fühle ich mich zu Hause.

Hat es sich herumgesprochen, dass Sie als Kultur-Sponsor agieren?

Das ist schwer zu sagen. Die Summe aller derer, die mit mir in Kontakt treten, ist sicher nicht gering. Es sind etwa 30 bis 50 im Jahr. Das kann ein freundschaftlicher Anruf sein, bis hin zu einer unbeholfenen E-Mail. Es gibt verschiedene Möglichkeiten der Kontaktaufnahme von Seiten der Interessenten. Das hängt sehr vom Projekt, aber auch vom Niveau ab. Die Form ist mir nicht so wichtig. Ich sehe ja immer, wer und welches Engagement dahinter steckt. Das weiß ich dann richtig zuzuordnen.

Treten Sie als Hauptsponsor auf oder reihen Sie sich auch als Co-Sponsor ein?

In einer Stadt wie Koblenz gibt es nur vier Hauptsponsoren. Das ist die Sparkasse, der Energieversorgungsbetrieb, der Busbetreiber und die Regionalzeitung. Diese Sponsoren nehmen sich größeren Projekten an. Mit einer Sparkasse mit einem Bilanzvolumen von mehreren hundert Millionen € kann ich natürlich nicht mithalten. Ich suche mir die Projekte aus, die sie mir übrig lassen. Das sind in der Regel auch die spannenderen und interessanteren, d. h. die kulturellen. Mein Engagement nehme ich am liebsten als Hauptsponsor oder entscheidender Sponsor wahr. Ich möchte mich ungern hinten einreihen.

Streben Sie eher langfristige Sponsoring-Partnerschaften an?

Absolut. Ich will Verbindungen aufbauen. Als mittelständischer Kaufmann möchte ich ein stabiles Netzwerk aufbauen und da sucht man natürlich kontinuierliche Beziehungen.

Wer kümmert sich in Ihrer Buchhandlung um Sponsoring-Aufgaben. Ist das »Chefsache«?

Meine Frau und ich sind Ansprechpartner. Unsere Sponsoring-Aktivitäten sind zwar zusätzliche Arbeit, aber die eigentlich wichtige Arbeit. Wenn man es geschafft hat, sein Unternehmen logistisch zum Selbstläufer zu machen, wenn man selber nicht mehr in die Ablaufprozesse eingreifen muss, dann ist gesellschaftliches Engagement eine reizvolle und sehr schöne Aufgabe.

Sehen Sie Sponsoring als eine Art Werbung und Öffentlichkeitsarbeit?

Ja. Von vornherein war das ein wichtiges Argument. Ausgangspunkt war der verschärfte Wettbewerb mit den Buchfilialisten. Wir haben uns überlegt, wo ist das Alleinstellungsmerkmal des Einzelhandels? Das sind vor allem die Marke, die Orts- und Mentalitätskenntnisse und das Netzwerk. Diese Voraussetzungen bringen die Großfilialisten nicht mit. Und aus Erkenntnis heraus ist eine Verstärkung des Sponsoringgedanken entstanden. Dies war eine strategische Überlegung, verbunden mit der Liebe zu unserer Stadt und zu ihren kulturellen Einrichtungen.

Wie viel Prozent des Kommunikationsetats geht zu Gunsten eines Sponsorings?

Es ist etwa ein Viertel meines Werbeetats und liegt bei 20.000 €. Wenn Sie dieses Geld ausschließlich dem klassischen Werbeetat dazugeben würden, hätten sie es schlecht ausgegeben. Man sieht so viele schlechte Anzeigen. Häufig gehen diese unter. Das sind einmalige Kontakte, hinzu kommt, dass die Zeitungsauflagen im Augenblick stark rückläufig sind. Nur noch ein Viertel der Einwohner haben unsere Regionalzeitung abonniert. Die Reichweite verringert sich und die Wirkung lässt nach. Sponsoring betrachte ich daher als echte Alternative zur Werbung.

Hat sich das Image Ihrer Buchhandlung durch die Förderung von Projekten durch Sponsoring positiv verbessert?

Sicher hat es sich verändert. Man will als Unternehmen sympathisch wahrgenommen werden. Mir ist es wichtig, meine Buchhandlung als Marke in der Mittelrheinregion um Koblenz herum und in den umliegenden Städten aufzubauen. Ich denke, das ist mir gelungen.

Nennen Sie die Gegenleistungen der Gesponsorten.

Erstmalig wurde mir von einem pfiffigen Gymnasialdirektor einer Koblenzer Eliteschule des Sports ein Sponsoringvertrag vorgelegt. Er fragte an, was er von uns als Leistung bekommt, wenn er alles bei uns kauft. Im Rahmen der Buchpreisbindung kann ich ihm keine Rabatte geben, ihn aber ideell durch Sponsoring-Maßnahmen unterstützen. Die Gegenleistung der Schule kann vertraglich den Passus beinhalten, dass sie alle Bücher bei uns kauft. Ansonsten lege ich keinen vordergründigen Wert auf Sponsoring-Verträge. Ich werde nie Leistungen und Gegenleistungen, Erwartungen formulieren, die ich an das Sponsoring knüpfe. Klar, Logoplatzierungen kommen manchmal in Frage, aber das handhabe ich eher zurückhaltend. Ich will mich nicht in den Vordergrund drängen.

Wie messen Sie den Erfolg Ihres Sponsorings?

Den Erfolg kann ich nicht messen. Ich kann nur grundsätzlich sagen, wie gut mein Unternehmen funktioniert, wie es grundsätzlich am Markt positioniert ist und die Angriffe der Wettbewerber abgewiesen hat. Eines der vielen Erfolgsfaktoren meiner Firma ist, dass wir das alles geschafft haben.

Seit wann gehört Sponsoring zu Ihrer Unternehmenskultur?

Im Grunde genommen sind wir schon sehr lange aktiv. Das Engagement ist aus der Tradition meiner Eltern, die meine Vorgänger in der Buchhandlung waren, entstanden. Gegenüber dem Musikverein, aus einer großen Liebe zur Musik und der Verpflichtung die damit einhergeht. Strukturiert und in Textform gebracht haben wir unsere Sponsoring-Aktivitäten allerdings erst vor vier Jahren mit dem Aufbau unserer Homepage.

Wie sieht Ihr Engagement in der Zukunft aus?

Es gibt sicherlich Tendenzen, die öffentliche Verwaltung zu unterstützen. Wir haben beispielsweise hier in Koblenz in den sieben Gymnasien und Realschulen einen Reparaturstau. Es ist einfach kein Geld da. Es wird von einem Defizit von 50 Millionen € gesprochen. Das ist mehr als die Hälfte des Jahresetats dieser Stadt. Sicherlich geht die Entwicklung dahin, private Investoren in die Aufgaben der öffentlichen Hand einzubinden, damit dies wieder funktioniert. Man kann sich vorstellen, dass über solche privat finanzierten Projekte eine Art Sponsoring entsteht. Die öffentliche Hand ist in allen Bereichen zunehmend nicht mehr in der Lage Aufgaben zu übernehmen. Hier wird ein neuer Anknüpfpunkt der Unternehmen liegen.

19 Interview mit Siegbert Ketelhut, Leiter Öffentlichkeitsarbeit/Interne Kommunikation, VNG – Verbundnetz Gas AG, Leipzig, über Sponsoring in den neuen Bundesländern

Sie unterstützen kulturelle Ereignisse, engagieren sich für soziale Initiativen, sind Förderer des Sports, der Wissenschaft und Jugend. Warum so breit gefächert?
Wir fördern vorrangig Themen, die unsere Kompetenz betreffen und unsere Werte transportieren. Übergeordnetes Ziel ist dabei die Förderung des Standortes Ostdeutschland. Wir sind hier zwar breit gefächert aktiv, überlegen uns aber vor jedem Engagement genau, welche Projekte Dritter zu unserer Firmenphilosophie passen bzw. entwickeln eigene Initiativen.

Sehen Sie sich als Ost-Unternehmen verpflichtet, Aufbauarbeit bezüglich des Sponsorings zu leisten?
Der geschäftliche Erfolg der VNG ist von der Entwicklung Ostdeutschlands abhängig, denn dies ist unser wichtigster Markt. Hier beliefern wir Stadtwerke, Regionalversorger und Industrieunternehmen mit Erdgas. Nur wenn sich genügend private und industrielle Endverbraucher für diese Region entscheiden, werden wir über unsere Kunden davon profitieren können. Indem wir bürgerschaftliches Engagement unterstützen, fördern wir die so genannten weichen Standortfaktoren.

Hat sich Ihrer Meinung nach Sponsoring in Ost-Unternehmen als Kommunikationsinstrument bereits etabliert?
Es gibt sehr wenige Ost-Unternehmen, die im Bereich Sponsoring überdurchschnittlich aktiv sind und es dann auch als Kommunikationsinstrument zur Umsetzung der eigenen Firmenphilosophie einsetzen können. Ostdeutsche Energieunternehmen engagieren sich gegenüber anderen Branchen eher mehr im Bereich des Sponsorings. Da es unter den Top 500 in Westdeutschland nur zwei und unter den Top 100 in Ostdeutschland 14 Energieunternehmen gibt, ist die Wahrnehmung im Osten wesentlich intensiver.

Tauschen Sie sich, was Sponsoring-Aktivitäten angeht, mit anderen Unternehmen in Ihrer Region aus?
Ja, unbedingt. Unser Sportsponsoring betreiben wir zusammen mit unseren Kunden, das heißt Regionalversorgern und Stadtwerken. Aber auch sonst gilt: Wir haben kein Interesse an Projekten, in die wir nicht die Stakeholder unseres Unternehmens, also Kunden, Kommunen, Aktionäre, Vorlieferanten, Marktpartner und natürlich auch Mitarbeiter einbeziehen können.

Nehmen Sie eine Vorbildfunktion wahr?
Wir haben Projekte, die sicherlich Vorbildfunktion haben, z. B. das Verbundnetz der Wärme. Das ist ein eigenes Projekt, bei dem wir mit erheblichem finanziellen und personellen Einsatz das Ehrenamt in Ostdeutschland fördern. Mit dieser Initiative sind wir im dritten Jahr, dagegen ist ganz neu das »Verbundnetz für den Sport«.

Hier fördern wir die sportliche Karriere von ca. 60 Leistungssportlern der D- bis B-Kader der acht ostdeutschen Olympiastützpunkte mit 275.000 € jährlich. In dieses Projekt werden auch die VNG-Kunden der entsprechenden Regionen mit einbezogen.

Seit wann gehören Sponsoring-Aktivitäten zu Ihrem Kommunikations-Mix?

Seit der Stunde Null, das heißt mit Gründung der VNG als AG, also seit 1991.

In welchen Bereichen sehen Sie die größten Defizite bzw. Potenziale für Partnerschaften? Was tun Sie im Bereich Umweltsponsoring? Wie verteilen sich die Ausgaben?

Sport hat einen Anteil von 70 %, Kultur und Soziales 25 % und Wissenschaft 5 %. Umweltsponsoring gehört bei uns mit zum Geschäft. Wir arbeiten mit dem umweltfreundlichsten Energieträger Erdgas und setzen uns aber auch für neue Einsatzmöglichkeiten ein. Wir forcieren den Einsatz von Erdgasfahrzeugen und den Bau von Erdgastankstellen. Aktiv arbeiten wir bei der Initiative Brennstoffzelle mit.

Warum geben Sie im Bereich Sportsponsoring erheblich mehr Geld aus als in den anderen?

Sportsponsoring betreiben wir in der Regel mit unseren Kunden in ihren jeweiligen Einzugsgebieten. Diese Form des Sponsorings ist gleichzeitig auch ein gutes Kundenbindungsinstrument und deshalb legen wir einen besonderen Wert darauf.

Wie viele Sponsoring-Anträge erhalten Sie monatlich?

Monatlich? Ich mache das am besten an den Eingängen täglich fest. Anrufe sind es im Durchschnitt zwei, eine schriftliche Anfrage alle drei Tage. Die Frequenzen erhöhen sich, wenn in den Medien über ein VNG-Sponsoring geschrieben wird.

Wie gut sind die Anfragen ausgearbeitet?

Das ist ganz unterschiedlich, mal amateurhaft, mal professionell. Wenig Verständnis habe ich für solche Antragsteller, die sich nicht vor der Formulierung ihres Anliegens über das Unternehmen und seine Produkte informieren. Der Serienbrief ist leicht erkennbar. Ein Sponsoring muss zum Unternehmen passen. Ein Blick auf die Homepage kann im Vorfeld hier Klarheit schaffen.

Ist man von den Profis abgeschreckt, die wollen ja auch Geld verdienen?

Damit habe ich kein Problem. Professionalität steht für Erfolg.

Wie schnell reagieren Sie auf eine Anfrage?

Im Durchschnitt antworten wir innerhalb von 14 Tagen.

Welche Vorlaufzeit sollte eingeplant werden?

Mehrere Monate, denn ein großes Projekt muss entsprechend budgetiert werden.

Wer ist Ihnen willkommen, wen lehnen Sie sofort ab?

Anträge, die konzeptionell so aufgearbeitet sind, dass sie etwas mit unserem Unternehmen und unseren Produkten zu tun haben, haben eine größere Chance. Ausschlaggebend ist das Konzept und die klare Darstellung des Nutzens für unser Unternehmen und die Region. Wichtig ist auch die Qualität der angebotenen Gegenleistungen.

Wie viele Sponsor-Partnerschaften gehen Sie über das Jahr verteilt ein?

Uns geht es bei den Partnerschaften nicht so sehr um die Anzahl, sondern mehr um Qualität und Wirkung auf unsere Zielgruppen. Aber wenn Sie darauf bestehen: Sportsponsoring ca. 60, Kultur-, Sozial- und Wissenschaftssponsoring insgesamt ca. 15.

Gehen Sie gezielt auf die Suche nach Sponsor-Partnern?

Nein. Wir reagieren vor allem auf das, was an Anfragen vorliegt oder entwickeln – wie schon erwähnt – eigene Projekte.

Wie reagieren Sie auf »Notfälle«?

Ein kleines Beispiel. Wir haben der Sachsensail, die im vergangenen Sommer nach St. Petersburg segelte, kurzfristig 15.000 € zur Verfügung gestellt. Wenn wir sehen, dass kurzfristige Aufkündigung von Sponsor-Partnerschaften ein Projekt gefährden könnte, weichen wir schon mal von unserer Strategie ab.

Wie hoch ist Ihr Sponsoring-Etat 2003?

Das Spenden- und Sponsoringaufkommen beträgt ca. vier Millionen €.

Hat sich Ihr Sponsoring-Etat in den vergangenen drei Jahren verändert?

Nein. Der ist relativ gleich geblieben.

Existieren in Ihrem Unternehmen Sponsoring-Richtlinien?

Ja, es gibt Richtlinien zum Bürgerschaftlichen Engagement der VNG.

Was verspricht sich Ihr Unternehmen von Sponsoring-Partnerschaften?

Der Nutzen liegt in der Schaffung von Image, Bekanntheit, Partnerschaften und in der Kundenbindung. Letztlich geht es aber auch und insbesondere um die gesellschaftliche Entwicklung.

Was bieten Ihnen die Organisationen als Gegenleistung an?

Das ist verschieden. Die Palette umfasst den Einsatz unseres Logos bei der Veranstaltungswerbung und -ausstattung, die Einbeziehung in die Pressearbeit, Freikarten etc. Doch das alles ist für uns gar nicht so ausschlaggebend. Uns geht es um das Pflegen von Partnerschaften.

Was bringen Ihrer Meinung nach persönliche Kontakte?

Persönliche Kontakte erleichtern immer den Einstieg, sind aber keine Garantie für Erfolg.

Viele Non-Profit-Organisationen haben Berührungsängste gegenüber der Wirtschaft und Industrie.

Müssen sie nicht haben. Wir wissen um die finanzielle Schwäche des Staates. Allerdings hat unsere Unterstützung auch ihre Grenzen. Für Kampfsportarten zum Beispiel geben wir kein Geld aus. Das passt nicht zu unserem Claim »Angenehm«.

Schließen Sie immer Sponsoring-Verträge ab?

Ja, immer. Wir haben einen Standardvertrag entwickelt und legen die Leistung des potenziellen Partners und unsere Leistungen fest und besprechen uns gegebenenfalls mit unserer Rechtsabteilung.

Glauben Sie, dass es regionale Unterschiede in der Sponsoring-Bereitschaft gibt? Wird in Bayern mehr gesponsert als in Berlin?

Klar gibt es Unterschiede und dies hängt von dem Wirtschaftspotenzial der Region ab. Wenn ich die Bereitschaft der Energieunternehmen in Ostdeutschland sehe, die ist sicherlich vergleichbar mit denen in Bayern. Nur die kleinen mittelständischen Unternehmen, die stark ums Überleben kämpfen, können kaum auf komplexe Sponsoring-Anfragen reagieren.

Wie messen Sie den Erfolg von Sponsoring-Partnerschaften?

Im Bereich Soziales und Kultur ist unser Engagement kaum messbar. Wir nutzen natürlich Instrumente der Presseauswertung. Beim Sport sieht das anders aus. Da haben wir in der Regel Agenturen, die das Sponsoring organisieren. Hier bekommen wir Zahlen zu Reichweiten und Besucherzahlen.

Anhang 1

Weiterführende Informationen

Zeitschriften

Absatzwirtschaft
Verlagsgruppe Handelsblatt GmbH
Kasernenstr. 67
D-40213 Düsseldorf
Telefon   +49 (0) 211/8 87–0
Fax   +49 (0) 211/8 87–0
E-Mail   absatzwirtschaft@vhb.de
Internet   www.vhb.de

Fundraising Aktuell
Deutscher Fundraising Verband e.V.
Emil von Behring-Str. 3
D-60439 Frankfurt am Main
Telefon   +49 (0) 69/95 73 30 70
Fax   +49 (0) 69/95 73 30 71
E-Mail   info@fundraisingverband.de
Internet   www.fundraisingverband.de

HORIZONT/HORIZONT.NET
Deutscher Fachverlag GmbH
Mainzer Landstr. 251
D-60326 Frankfurt am Main
Telefon   +49 (0) 69/75 95–01
Fax   +49 (0) 69/75 95–29 99
E-Mail   Schuetz@HORIZONT.NET
Internet   www.horizont.net

Kress Report
Kress Verlag GmbH
Im Breitspiel 5
D-69126 Heidelberg
Telefon   +49 (0) 62 21/33 10–0
Fax   +49 (0) 62 21/33 10–1 00
E-Mail   post@kress.de
Internet   www.kress.de

New BusinessVerlag GmbH & Co. KG
Eidelstedter Weg 22
D-20255 Hamburg
Telefon   +49 (0) 40/60 90 09–0
Fax   +49 (0) 40/60 90 09–15
Internet   www.new-business.de/news/
sponsoring/index.html
(News zum Thema Sponsoring)

Sponsor News
Kürbs Verlag
Postfach 810564
D-81095 München
Telefon   +49 (0) 89/92 09–14 63
Fax   +49 (0) 89/92 09–14 62
Internet   www.sponsornews.de

Sponsor Visions
pilot media GmbH und Co.KG
Große Reichenstraße 27
Afrikahaus
D-20457 Hamburg
Telefon   +49 (0) 40/30 37 66–0
Fax   +49 (0) 40/30 37 66–99
E-Mail   info@pilot-group.de
Internet   www.pilot-group.de

SPONSORs
Position EDITLINE Verlags- und
Produktionsgesellschaft mbH
Galileo-Galilei-Str. 28
D-55129 Mainz
Telefon   +49 (0) 61 31/9 58 36–36
Fax   +49 (0) 61 31/95 83–66
E-Mail   info@sponsors.de
Internet   www.sponsors.de

W & N Stiftung & Sponsoring
Position Verlags GmbH
Thaddäusstraße 33
D-33415 Verl
Telefon   +49 (0) 52 46/9 25 10–0
Fax   +49 (0) 52 46/92 19 99
Internet   www.stiftung-sponsoring.de

W & V ONLINE
Europa-Fachpresse-Verlag
GmbH & Co. KG
Emmy-Nother-Straße 2/E
D-80992 München
Telefon   +49 (0) 89/5 48 52–00
Fax   +49 (0) 89/5 48 52–1 08
Internet   www.wuv.de

Wichtige Internetadressen

http://www.finanznachrichten.de/
nachrichten/artikel-2721291.asp

http://www.freenet.de/freenet/finanzen/
rekorde/unternehmensgiganten/03.html

http://www.hoppenstedt.de

http://www.kress.de

http://www.stamm.de

http://www.top500.de/g0030100.htm

http://www.zimpel.de

Marktforschung, Statistik, Trends

http://www.agenturcafe.de/corporate/
index_12956.htm
Der Branchendienst für Kommunika-
tionsprofis

http://www.agma-mmc.de
Qualitative Bestimmung von Ziel-
gruppen: AG.MA Arbeitsgemeinschaft
Media-Analyse

http://www.awa-online.de und
www.ifd-allensbach.de
Allensbacher Werbeträgeranalyse AWA

http://www.bauermedia.com
VA Verbraucher-Analyse

http://www.bbdo-interone.de/de/home/
studien.html
Par.0006.Link1Download.tmp/
Bob-Bomliz_SP_Trends_2002.pdf
Studie der Bob Bomliz Group mit Prof.
Arnold Hermanns von der Universität der
Bundeswehr

http://www.gesis.org/Dauerbeobachtung/
Allbus/index.htm
Mit der Allgemeinen Bevölkerungsum-
frage der Sozialwissenschaften (ALLBUS)
werden aktuelle Daten über Einstellun-
gen, Verhaltensweisen und Sozialstruktur
der Bevölkerung in der Bundesrepublik
Deutschland erhoben.

http://www.gfk.de
GfK-Panel Gesellschaft für Konsum-
forschung

http://www.inra.de
Internationale Marktforschungsagentur

http://www.ispr.de
Agentur für Sportrechte

http://www.kohtes-klewes.de
Kommunikationsstrategien und
-programme, Markttrends

http://www.pilot-group.de/research/
sponsorvisions.php
Sponsorvisions

http://www.pz-online.de
Zielgruppenfinder, Werbeforschung

http://www.statistikportal.de
Hier finden Sie die Statistikportale der
verschiedenen Landesämter.

Auszeichnungen

ISA Internationaler Sponsoring Award
http://www.kommunikationsverband.de

Art Directors Club Preis
http://www.adc.de/frameset/

Veranstaltungen/Kongresse

6. Deutscher Sponsoring Kongress 2004,
Mai 2004
Kongressmotto 2004:
THE FUTURE OF SPONSORSHIP
http://www.sponsoringforum.de/
sponsoringforum/start.htm

Fundraising-Kongress
auf europäischer Ebene ist der jährlich
stattfindende Fundraising-Kongress in
Noordwijk/Holland mit Abstand der
wichtigste und auch größte.
http://www.ifc-resource-alliance.org

ISPO Sportsponsoring-Kongress;
hat sich in den letzten Jahren zum
wichtigsten Trendbarometer in der Sport-
sponsoring-Szene entwickelt. Veranstalter
ist die ESB Europäische Sponsoring-
Börse.
http://www.sportsponsoringkongress.de

Ratingagenturen

Diese Agenturen durchleuchten Unternehmen nach festgelegten Kriterien

Everling
http://everling.biz

Imug
http://www.imug.de

Oekom
http://www.oekom.de

Scoris
http://www.scoris.de

Südwind
http://www.suedwind-institut.de

Verbände und Beratungsstellen

AKS Arbeitskreis Kultursponsoring
Haus der Deutschen Wirtschaft
D-11053 Berlin
Telefon   +49 (0) 30/20 28 14 97
Fax   +49 (0) 30/20 28 24 97
E-Mail   aks@bdi-online.de
Internet   www.aks-online.org

Bundesverband der Deutschen
Industrie e.V.
Breite Straße 29
D-10178 Berlin
Telefon   +49 (0) 30/20 28–0
Fax   +49 (0) 30/20 28–24 50
E-Mail   presse@bdi-online.de
Internet   www.bdi-online.de

Deutscher Fundraising Verband e.V.
Emil-von-Behring-Str. 3
D-60439 Frankfurt
www.sozialmarketing.de
Telefon   +49 (0) 69/95 73 30–70
Fax   +49 (0) 69/95 73 30–71
Internet   www.sozialmarketing.de

Deutscher Industrie- und Handels-
kammertag (DIHK) e.V.
Breite Straße 29
D-10178 Berlin
Telefon   +49 (0) 30/2 03 08–0
Fax   +49 (0) 30/2 03 08–10 00
E-Mail   dihk@berlin.dihk.de
Internet   www.ihk.de

ESB Europäische Sponsoring-Börse
Postfach 519
CH-9001 St. Gallen
Telefon   +41 (0) 71/2 23 78–82
Fax   +41 (0) 71/2 23 78–87
E-Mail   info@esb-online.com
Internet   www.esb-online.com

Fachverband für Sponsoring und Sonder-
werbeformen e.V. (FASPO)
Am Born 19
D-22765 Hamburg
Telefon   +49 (0) 40/60 95 08–33
Fax   +49 (0) 40/60 95 08–34
E-Mail   ziemann@faspo.de
Internet   www.sponsoring-verband.de

Maecenata Institut
Position für Philanthropie und Zivilgesell-
schaft
Albrechtstraße 22
D-10117 Berlin
Telefon   +49 (0) 30/28 38 79–09
Fax   +49 (0) 30/28 38 79–10
E-Mail   mi@maecenata.de
Internet   www.maecenata.de

Anhang 2

Sponsoringengagement der Unternehmen im Überblick

	Bildung	Kultur	Kunst	Sport	Soziales	Umwelt	Wissenschaft	Sonstiges
A. Sutter GmbH/Holding	X	X	X	X				
ABB AG					X			
Adam Opel AG					X			
Adecco Personaldienstleistungen GmbH					X			
Adidas-Salomon AG/World of Sports					X			
Aloys F. Dornbracht GmbH & Co. KG	X	X	X		X			
Alpha 2000 Computer und Bürosysteme GmbH	X				X			
ALSCO Berufskleidungs-Service GmbH	X							
Altana AG	X	X					X	
AMB Generali Holding AG		X		X	X			
American Express	X	X	X	X	X	X		
Antwerpes AG							X	
AOL Deutschland GmbH & Co. KG				X				
Arcor AG & Co. KG				X	X			
AS – T/E/L/E/K/O/M GmbH				X				
AUDI AG		X		X			X	
Avacon AG	X	X	X	X				X
Aventis Pasteur MSD	X				X			X
Aventis Pharma Deutschland GmbH	X	X	X	X	X	X		X[1]
B. Braun Melsungen AG	X	X	X	X	X			
Bahlsen GmbH & Co. KG	X				X			
Bank für Sozialwirtschaft AG					X			
BASF Aktiengesellschaft	X	X		X	X		X	

	Bildung	Kultur	Kunst	Sport	Soziales	Umwelt	Wissenschaft	Sonstiges
Bayer AG		X		X	X			
Bayerische Hypo- und Vereinsbank AG		X		X				
Beiersdorf AG	X	X		X	X			
berolina Schriftbild GmbH & Co. KG	X			X		X		
betapharm Arzneimittel GmbH					X			
Bewag Aktiengesellschaft		X	X	X	X	X		
BMW Group	X	X	X		X			
Brauerei C. & A. VELTINS GmbH & Co.		X		X				
Bremer Landesbank/Kreditanstalt Oldenburg – Girozentrale	X	X						
BRITA GmbH		X	X	X				
British American Tobacco (Germany) GmbH		X	X					
Buchhandlung Anita Reuffel	X	X	X					
Bundesverband der Deutschen Volks- und Raiffeisenbanken e.V. (BVR) Bildung	X	X	X	X				
Coca-Cola GmbH	X			X				
Commerzbank AG					X	X		
DaimlerChrysler AG	X	X	X		X	X		
DaimlerChrysler Services AG		X	X					
debitel AG	X	X	X	X	X			
Delta Lloyd Deutschland AG					X			X^2
Deutsche Bahn AG	X	X	X	X	X	X		
Deutsche Lufthansa Aktiengesellschaft					X	X		
Deutsche Post AG Zentrale	X	X		X	X			
Deutsche Telekom AG		X	X	X	X			
DEUTSCHER HEROLD – Allgemeine Versicherung AG					X			
DKV Deutsche Krankenversicherung AG		X	X					
Dr. Ing. h.c. F. Porsche AG		X		X				
Drägerwerk AG – Dräger Stiftung		X	X			X	X^3	X^2

	Bildung	Kultur	Kunst	Sport	Soziales	Umwelt	Wissenschaft	Sonstiges
Dresdner Bank Aktiengesellschaft	X	X	X	X	X			
E.ON AG		X	X	X				
EastLink GmbH	X	X						
Energieversorgung Offenbach AG (EVO)		X		X	X			
entega Vertrieb GmbH & Co. KG		X		X				
envia Mitteldeutsche Energie AG, Chemnitz				X		X		X[2]
E-Plus Mobilfunk GmbH & Co. KG				X				
ESAG Energieversorgung Sachsen Ost AG		X		X				
ExxonMobil Central Europe Holding GmbH	X	X	X	X	X	X		X[4]
Fielmann AG						X		
Ford-Werke AG	X	X		X	X			
FUJIFILM PHOTO FILM EUROPE GMBH			X	X				
GASAG – Berliner Gaswerke Aktiengesellschaft		X	X	X	X	X		
Gasversorgung Süddeutschland	X	X	X	X	X	X		
Gebr. Röchling KG	X							
Gerling-Konzern Versicherungs-Beteiligungs-AG						X		
Germanwings GmbH				X				
Gerolsteiner Brunnen GmbH & Co. KG				X				
GEW RheinEnergie AG				X				
Gothaer Versicherungsbank VVaG		X		X			X	
Hamburger Sparkasse AG		X	X	X				
Hamburgische Electricitäts-Werke AG (HEW)		X	X	X				X
Hamburg-Mannheimer Versicherungs-AG	X			X	X			
HANSA-FLEX Hydraulik GmbH								X[5]
HanseMerkur Versicherungsgruppe				X	X			
Hapag-Lloyd Stiftung		X	X		X			
Hasseröder Brauerei GmbH		X		X	X	X		
Heidelberg Cement AG	X	X	X					

	Bildung	Kultur	Kunst	Sport	Soziales	Umwelt	Wissenschaft	Sonstiges
Heidenheimer Volksbank eG		X		X				
Henkel KGaA	X	X	X	X	X	X		
Herweck AG				X				
HEXAL AG					X			
HOCHTIEF Aktiengesellschaft	X	X	X					
Holsten-Brauerei AG		X		X		X		
HSH Nordbank AG				X				
HÜBNER GmbH			X					
HUGO BOSS AG		X	X					
HVB Group Bayerische Hypo- und Vereinsbank AG	X	X			X		X	
Hyundai Motor Deutschland GmbH		X	X	X	X			
IBM Deutschland GmbH	X	X	X		X			
Infineon Technologies AG				X				
Ingram Micro Distribution GmbH				X	X			
InterNetWire Communications GmbH			X	X	X			
ipi GmbH				X	X			
ISD Software und Systeme GmbH			X	X				
Itzehoer Versicherung			X					X[6]
JENDATA Computersysteme GmbH	X			X	X			
JENOPTIK AG	X							
Jung von Matt AG	X	X	X	X	X	X		
Kampmann GmbH				X				X[2]
KfW-Bankengruppe	X		X			X		X
Klement & Partner IT-Consulting GmbH	X			X				
KomTel GmbH				X				
Krombacher Brauerei				X		X		
Kuttenkeuler GmbH				X				
Landesbank Baden-Württemberg		X	X	X				

	Bildung	Kultur	Kunst	Sport	Soziales	Umwelt	Wissenschaft	Sonstiges
Landesbank Hessen-Thüringen Girozentrale			X	X				X[2]
Licher Privatbrauerei Jhring-Melchior GmbH & Co. KG	X	X		X	X			X[7]
LRP – Landesbank Rheinland-Pfalz	X		X				X	X[8]
MAST-JÄGERMEISTER AG				X				
MAXDATA Computer GmbH & Co. KG				X				
McDonald's Deutschland Inc.			X	X	X			
Merck Finck & Co, Privatbankiers		X	X					
Merck KGaA	X	X	X	X	X			
Messer Griesheim GmbH				X				
Michelin Reifenwerke KGaA					X			X[6]
Microsoft Deutschland GmbH	X			X				
Mitsubishi Motors Deutschland GmbH	X		X	X				
MM-Cosmetic GmbH				X		X		
Münchener Rückversicherungs-Gesellschaft	X	X	X			X		X
NaturEnergie AG			X	X				
NEFkom Telekommunikation GmbH & Co. KG	X				X			X[2]
Nestlé Deutschland AG				X				
NetCologne Gesellschaft für Telekommunikation mbH	X	X	X	X	X		X	X[2]
NIKE INTERNATIONAL Niederlassung Deutschland				X				
Nokia GmbH	X		X	X	X			
NORD/LB Norddeutsche Landesbank	X	X	X	X				
Norddeutsche Affinerie AG			X	X	X			X[9]
NÜRNBERGER VERSICHERUNGSGRUPPE			X	X				X[2]
O$_2$ (Germany) GmbH & Co. OHG		X	X	X				
OBI Bau- und Heimwerkermärkte GmbH & Co.				X				
OTIS GmbH & Co. OHG	X			X				
Philip Morris GmbH		X	X	X		X		X

	Bildung	Kultur	Kunst	Sport	Soziales	Umwelt	Wissenschaft	Sonstiges
Postbank Zentrale				X	X			
ProLogiX Distribution GmbH & Co. KG				X				
ProSiebenSat.1 Media AG			X		X			
Pyromedia GmbH	X				X			
Quelle AG				X	X	X		
Raiffeisen Hauptgenossenschaft Nord AG, Hannover	X	X		X				
REWE-Zentral-Aktiengesellschaft				X	X			
Ruhrgas Aktiengesellschaft		X	X	X		X		X[10]
s.Oliver Bernd Freier GmbH & Co. KG				X	X			
SAP Deutschland AG & Co. KG	X		X	X	X		X	
Schering AG, Berlin					X			
Scholz & Friends AG	X	X	X		X			
Sebapharma GmbH & Co. KG				X				
SICK AG	X				X		X[11]	X[2]
Siemens AG	X	X	X	X	X			
Škoda Auto Deutschland GmbH		X	X	X	X			
SL – Marketing & Management			X					
Software Design & Management			X					
SOLAR Fashion GmbH & Co. KG				X	X			
Sony Deutschland GmbH		X	X	X				
SPAR Handels-Aktiengesellschaft						X		
SPATEN-LÖWENBRÄU-GRUPPE			X	X				
Spreequell Mineralbrunnen			X	X				X[2]
Stadtwerke München GmbH			X	X				
Stadtwerke Münster GmbH		X	X	X	X	X		
Stadtwerke Osnabrück AG	X	X	X	X	X	X		X[12]
Stromversorgung Aggertal GmbH					X			X[2/13]
swb AG	X	X	X	X	X			

	Bildung	Kultur	Kunst	Sport	Soziales	Umwelt	Wissenschaft	Sonstiges
Techem AG			X	X		X		
Tengelmann Warenhandelsgesellschaft KG					X	X		
Tenovis GmbH & Co. KG			X	X	X		X	
Thyssengas GmbH	X		X	X				X[13]
TOGAL-WERK München					X	X		
TOTAL Deutschland GmbH			X	X	X	X		
transtec AG		X		X	X			
TUI AG	X	X	X	X	X	X	X	
Unilever Deutschland GmbH		X	X		X		X	
VICTORIA Versicherungen		X		X	X			
VNG – Verbundnetz Gas Aktiengesellschaft	X	X	X	X	X	X		
Volvo Car Germany GmbH			X	X	X			
Wal-Mart Germany GmbH & Co. KG					X			
Warsteiner Brauerei					X			
WEDECO AG Water Technology					X	X		
Werner & Mertz GmbH		X			X		X	
WestLB AG			X	X	X			X[14]
Württembergische Hypothekenbank AG		X	X					
ZF Sachs AG					X			

1) Lokales (internationale, nationale und interdisziplinäre Projekte für eine nachhaltige Zukunft)
2) Regionales
3) Forschung
4) Tierschutz
5) Vereinssponsoring
6) Verkehrssicherheit
7) Gastronomie
8) Denkmalschutz
9) Alles mit Kupfer
10) Architektur
11) Forschung
12) Schulen
13) Jugend
14) Wirtschaftskongresse

Literaturverzeichnis

Backerra, H. u. a. (April 2002): Kreativitätstechniken, Hanser Fachbuch, München

Bassenge, Ch. (Juni 2000): Dienstleister als Sponsoren, Deutscher Universitäts-Verlag, Wiesbaden

Beier, S. (Januar 2003): Hochschul-Sponsoring. Rahmenbedingungen und Faktoren erfolgreicher Kooperationen, Deutscher Universitäts-Verlag, Wiesbaden

Bischof, R. (Juni 2003): Wie Profis Sponsoren gewinnen, Businessvillage, Göttingen

Bortoluzzi-Durbach, E./Frey H. (November 2002): Sponsoring – der Leitfaden für die Praxis, Haupt Verlag, Bern

Brockes, H.-W. (Januar 2003): Sponsoren gewinnen leicht gemacht, mit CD-ROM, Wrs, Verlag, Planegg

Brückner M./Przyklenk A. (1998): Sponsoring, Imagegewinn und Werbung, Ueberreuter, Frankfurt

Bruhn, M. (November 2002): Sponsoring, Systematische Planung und integrativer Einsatz, Th. Gabler Verlag, Wiesbaden, 3. Auflage

Damm-Volk, K. (Dezember 2002): Sportsponsoring als Kommunikationsinstrument im Marketing, Roderer, Regensburg

Deibert, V. u. a. (2002): Going Public Media. IPO und VC-Führer Deutschland 2002. Sonderausgabe. Who is who? Wolfratshausen

Dinkel, Michael (November 2003): Sponsoring-Management als Basis für erfolgreiches Sportsponsoring von Vereinen, Afra Verlag, Butzbach-Griedel

Gaede, W. (2001): Abweichen von der Norm, Langen/Müller, München, Sondereinband

Gazdar, K./Kirchhoff K. R. (September 2002): Unternehmerische Wohltaten: Last oder Lust? Von Stakeholder Value, Sustainable Development und Corporate Citizenship bis Sponsoring, Hermann Luchterhand Verlag, Unterschleißheim/München

Geckle, G./Zimmermann, J. (Juni 2002): Spenden- und Sponsoringratgeber für Vereine, mit CD-ROM, WRS, Planegg

Grasskamp, W. u. a. (September 2001): Mäzene, Stifter und Sponsoren, Hatje Cantz Verlag, München (Ostfildern)

Haibach, M. (August 2002): Handbuch Fundraising, Campus Verlag, Frankfurt/M.

Hermanns, A./Riedmüller, F. (Juni 2003): Sponsoring und Events im Sport, Vahlen, München

Heuer, C.-H. (Januar 2003): Veranstaltungssponsoring, Recht und Wirtschaft GmbH, Heidelberg

Hillebrecht, S. W. (Juli 1999): Spendenaquisition und Sponsoring im Kontext eines kirchlichen Marketing, Nonprofit Verlag & Service, Konstanz

Kemper, F. H. (März 2001): Health Sponsoring, Urban & Fischer Verlag, München

Kotteder, F./Bauer, M. (Dezember 2000): Das Who is Who der internationalen Großkonzerne, Heyne, München

Lang, R./Haunert F. (Juli 1999): Handbuch Sozial-Sponsoring. Grundlagen, Praxisbeispiele, Handlungsempfehlungen (Book on Demand), Beltz, Weinheim

Liedtke, R. (2004): Wem gehört die Republik? Eichborn, Frankfurt/M.

Lommatzsch, L. (Juli 2003): Schulsponsoring, Vdm Verlag Dr. Müller, Düsseldorf

Mertz, B. A. (Dezember 2003): Steuerliche Behandlung von Spenden, Sponsoring und Werbung. Ein Leitfaden für Kunst und Kultur, Ludwig, München

Nöllke, M. (März 2002): Kreativitätstechniken, Haufe Verlag, Freiburg

Pricken, M. (Oktober 2001): Kribbeln im Kopf. Kreativitätstechniken & Braintools für Werbung & Design, Schmidt, Mainz

Pricken, M. (Oktober 2003): Visuelle Kreativität, Schmidt, Mainz

Schöffmann, D. (Januar 2003): Wenn alle gewinnen, Edition Körber Stiftung, Hamburg

Schwethen, S. (Dezember 2002): Fundraising, Gabler, Wiesbaden

Strahlendorf, P. (Dezember 2003): Jahrbuch Sponsoring 2004, New Business, Hamburg

Urselmann, M. (Dezember 2002): Fundraising, Erfolgreiche Strategien führender Nonprofit-Organisationen, Verlag Paul Haupt, Bern/Stuttgart/Wien

Vögele, S. (1997): 99 Erfolgsregeln für Direktmarketing, Der Praxisratgeber für alle Branchen, Verlag Moderne Industrie, Bonn

Wegner, K. (Mai 2002): Der Sportsponsoringvertrag, Nomos, Baden-Baden

Werner, K./Weiss, H. (September 2003): Das neue Schwarzbuch Markenfirmen, Deuticke, Wien

Witt, M. (August 2000): Kunstsponsoring, Erich Schmidt Verlag, Berlin

Zeller, Christa (Mai 2001): Sozialsponsoring, Don Bosco Verlag, München

Antwortcoupon

1. Wir möchten in Zukunft mit unseren Sponsoring-Aktivitäten in den Sponsoring-Guide aufgenommen werden.

   Unternehmen:

   Ansprechpartner Sponsoring:

   Abteilung/Funktion:

   Anschrift:

   Telefon:

   Fax:

   E-Mail:

   Homepage:

   Sponsoringbereiche sind:

   Folgende Projekte unterstützen wir

   ▪

   ▪

   ▪

2. Unser Unternehmen ist bereits aufgenommen. Bitte nehmen Sie folgende Korrekturen vor:

3. Bitte streichen Sie unseren Eintrag in der nächsten Ausgabe.

Bitte faxen an:
Fundoffice
Eusebia de Pol
Fax +49 (0) 030/7 84 59 73
depol@fundoffice.de

Fundoffice

> Fundoffice ist die Berliner Agentur für Fundraising

> Fundoffice berät, konzipiert und setzt um

> Arbeitsfelder

- PR und Medien

- Sponsoren

- Spender

- Stiftungen

- Fördermittel

- Events

Treten Sie mit uns in Kontakt. Wir freuen uns auf Sie!

> Fundoffice

Eusebia de Pol
Geschäftsführerin

Auf dem Grat 47
14195 Berlin

Fon 030 782 87 17
Fax 030 784 59 73
depol@fundoffice.de
www.fundoffice.de